Uni-Taschenbücher 375

Eine Arbeitsgemeinschaft der Verlage

Birkhäuser Verlag Basel · Boston · Stuttgart
Wilhelm Fink Verlag München
Gustav Fischer Verlag Stuttgart
Francke Verlag München
Harper & Row New York
Paul Haupt Verlag Bern und Stuttgart
Dr. Alfred Hüthig Verlag Heidelberg
Leske Verlag + Budrich GmbH Opladen
J. C. B. Mohr (Paul Siebeck) Tübingen
R. v. Decker & C. F. Müller Verlagsgesellschaft m. b. H. Heidelberg
Quelle & Meyer Heidelberg
Ernst Reinhardt Verlag München und Basel
K. G. Saur München · New York · London · Paris
F. K. Schattauer Verlag Stuttgart · New York
Ferdinand Schöningh Verlag Paderborn · München · Wien · Zürich
Eugen Ulmer Verlag Stuttgart
Vandenhoeck & Ruprecht in Göttingen und Zürich

Peter Ulrich
Edgar Fluri

Management

Eine konzentrierte Einführung

Dritte, neu bearbeitete Auflage

Verlag Paul Haupt Bern und Stuttgart

EDGAR FLURI (1947), Dr. rer. pol., studierte Wirtschafts- und Sozialwissenschaften an der Universität Basel. Von 1972 bis 1975 wissenschaftlicher Assistent am Betriebswirtschaftlichen Institut der Universität Basel. Nach einem Auslandaufenthalt seit 1977 in der Wirtschaftsprüfung und -beratung tätig. Veröffentlichung: «Massnahmenplanung in der Management-Ausbildung» (1977).

PETER ULRICH (1948), Prof. Dr. rer. pol., studierte Wirtschafts- und Sozialwissenschaften an den Universitäten Fribourg und Basel. Von 1972 bis 1976 wissenschaftlicher Assistent am Betriebswirtschaftlichen Institut der Universität Basel. Seit 1976 in der Unternehmensberatung tätig, unterbrochen von einem Forschungs- und Habilitationsprojekt. Seit Frühjahr 1984 o. Professor für Wirtschaftswissenschaft mit sozialwissenschaftlicher Ausrichtung an der Universität-Gesamthochschule Wuppertal. Buchveröffentlichungen: «Organisationslehre» (zusammen mit W. Hill und R. Fehlbaum, 3. Aufl. 1981); «Die Grossunternehmung als quasi-öffentliche Institution» (1977); «Transformation der ökonomischen Vernunft» (erscheint 1984).

CIP-Kurztitelaufnahme der Deutschen Bibliothek

Ulrich, Peter:
Management: e. konzentrierte Einf. /
Peter Ulrich; Edgar Fluri. – 3., neu bearb. Aufl. –
Bern; Stuttgart: Haupt, 1984.
   (UTB für Wissenschaft: Uni-Taschenbücher; 375)
   ISBN 3-258-03291-2

NE: Fluri, Edgar:; UTB für Wissenschaft /
Uni-Taschenbücher

17

Dritte, neu bearbeitete Auflage 1984

Copyright © 1975 by Paul Haupt Berne
Alle Rechte vorbehalten
Jede Art der Vervielfältigung ohne Genehmigung des Verlags ist unzulässig.
Printed in Switzerland

Geleitwort

Management als Forschungs- und Lehrgebiet hat in den letzten Jahren in dem Masse zunehmende Bedeutung erlangt, als die Leitungsaufgaben in sozialen Systemen komplexer, die Umweltbedingungen der Organisationen dynamischer und die Beobachter des Verhaltens dieser Systeme und ihrer Leitungsorgane kritischer geworden sind.
Es wurden deshalb auch vermehrte Anstrengungen zur Aus- und Weiterbildung von Leitungskräften unternommen und eine nicht mehr überblickbare Zahl von Aufsätzen und Büchern veröffentlicht, die sich mit Einzelaspekten, Teilfunktionen und Techniken des Managements befassen.
Indessen gibt es im deutschsprachigen Raum nur wenig Publikationen, die im Sinne einer in den Vereinigten Staaten längst entwickelten Lehre des «General Management» Leitungskonzepte anbieten, mit denen die wichtigsten Managementfunktionen und ihre grundlegenden Zusammenhänge dargestellt werden.
Solche Konzepte bilden aber die Voraussetzung für eine gedankliche Integration der zahlreichen Teilaspekte und Methoden und sind damit für eine systematische Managementausbildung unentbehrlich.
Mit ihrer «Managementlehre» versuchen P. Ulrich und E. Fluri dieser Grundidee Rechnung zu tragen. Die Eignung dieses Lehrtextes für die Kaderausbildung hat sich ebenso erwiesen wie für Studenten an Universitäten und Wirtschaftsfachschulen.

Prof. Wilhelm Hill

Vorwort zur dritten Auflage

Dieses Buch bietet eine konzentrierte, aber umfassende Einführung in die Probleme des allgemeinen Managements. Für die dritte Auflage wurden – neben einer intensiven Detailpflege im gesamten Text – vor allem die drei ersten Teile des Buches einer weitgehenden Neubearbeitung unterzogen, die den veränderten Managementanforderungen der 80er Jahre Rechnung trägt. Als *Lernziele* liegen dem Text jedoch wie bisher zugrunde

- die Erarbeitung *systematischen Grundlagenwissens* des Managements mit Hilfe
  - klarer Grundbegriffe,
  - einer bewusst einfach gehaltenen, praxisnahen Gesamtkonzeption,
  - ausgewählter, praktikabler Methoden;
- die Einübung in einen *situativen Denkstil,* der
  - auf einem zeitgemässen Leitbild der Unternehmung aufbaut,
  - auf eine ganzheitliche und handlungsorientierte Betrachtungsweise von Managementproblemen zielt und
  - die situationsbezogene Beurteilung der Wirkungszusammenhänge von Handlungs- und Gestaltungsalternativen fördert.

Im *Teil I* wird zunächst der Überlegung Rechnung getragen, dass eine Konzeption der Unternehmungsleitung als Basis eine tragfähige Konzeption der Unternehmung selbst voraussetzt. Im Anschluss an den Entwurf eines zeitgemässen Unternehmungsmodells werden die wesentlichen Situationsfaktoren dargestellt, die ein erfolgreiches Management beachten muss. Schliesslich werden die Grundbegriffe und Grundfunktionen des allgemeinen Managements erläutert.

Im *Teil II* werden die weltanschaulich-normativen Grundfragen des unternehmerischen Handelns besprochen und Ansätze zu einer tragfähigen Unternehmungsphilosophie dargestellt. Darauf aufbauend wird die Unternehmungspolitik als wirkliche Politik der Unternehmung konzipiert, was zu einem klaren Verständnis dieser häufig verkürzt dargestellten Managementfunktion und ihrer wachsenden Bedeutung für die Sicherung des unternehmerischen Erfolgs führt.

Im *Teil III* wird eine umfassende Konzeption der Unternehmungsplanung und Kontrolle vorgestellt. Besonderes Gewicht wird auf die Aufgaben und Methoden der strategischen Planung gelegt, der unter den heutigen turbulenten Wirtschaftsbedingungen erstrangige Bedeutung für die längerfristige Existenzsicherung der Unternehmung zukommt. Anschliessend werden die operative Planung und das Controlling behandelt.

Im *Teil IV* wird auf die vielfältigen Probleme der Organisation und Mitarbeiterführung eingegangen. Im Rahmen einer klaren Systematik werden die zahlreichen Gestaltungsvariablen, zeitgemässe Organisations- und Führungskonzepte, das Konzept der Organisationsentwicklung sowie die Methoden und Techniken des Organisierens behandelt. Das Verständnis für die situationsgerechte Verwendbarkeit der alternativen Organisations- und Führungsformen wird mit Hilfe einfacher Denkmodelle erleichtert.

Im *Teil V* werden schliesslich ein Konzept und die Instrumente des Management Development (Kaderförderung) dargestellt, einer Leitungsfunktion, deren volle Bedeutung erst in jüngster Zeit erkannt worden ist.

Jeder Teil ist mit Kontrollfragen versehen, zu denen sich Antworten im Anhang finden. Wir empfehlen, jeweils einen mit Kontrollfragen versehenen Teil oder Abschnitt als Lerneinheit zu betrachten. Sie erleichtern sich damit den Überblick über die Zusammenhänge. Jede Lerneinheit wird ergänzt durch aktualisierte Literaturempfehlungen.

Diese Einführung in das Management ist aus der Weiterentwicklung eines Lehrtextes hervorgegangen, der für einen internen Kaderkurs der Firma Sandoz AG, Basel, verfasst wurde, und der sich in den bis heute regelmässig durchgeführten Kursen bewährt hat. Für die Möglichkeit, den ursprünglichen Lehrtext zu verfassen und bei der Durchführung der Kurse während mehrerer Jahre mitzuwirken, danken wir den Herren Dr. E. Sieber und J.-C. Fivaz. – Bei der Erarbeitung des Textes gingen wir vom Leitungskonzept von Prof. W. Hill aus. Wir hoffen, dass sich der klare und überzeugende Aufbau seines Konzeptes auch in diesem Buch niedergeschlagen hat. An der ursprünglichen Fassung hat unser Kollege am Betriebswirtschaftlichen Institut, Raymond Fehlbaum, mitgearbeitet. Sein gedanklicher Einfluss ist auch im jetzt vorliegenden Text noch wirksam. Für seinen wesentlichen Anteil an der Entstehung des Buches danken wir ihm.

Bereits in der zweiten Auflage konnten wir den Gehalt und den Praxisbezug des Buchs erhöhen, indem wir neueren Konzepten und Methoden des Managements mehr Gewicht verliehen haben. In die glei-

che Richtung zielen die Veränderungen in der *dritten Auflage*. Die wichtigsten Verbesserungen betreffen
- die überarbeitete Darstellung der Konzeption des allgemeinen Managements, die die heute vorrangigen Managementaufgaben besser zur Geltung bringt, wobei jedoch an der bewährten, einfachen Systematik der Grundfunktionen des Managements festgehalten wird (Teil I)
- eine wesentlich vertiefte Durchdringung der unternehmungsphilosophischen und -politischen Managementaufgaben (Teil II)
- die stark erweiterte Darstellung der Aufgaben und der wichtigsten Instrumente der strategischen Planung und ihre Weiterführung zum umfassenderen Konzept des strategischen Managements (Teil III).

Zürich und Basel, im Januar 1984   Die Verfasser

Inhaltsübersicht

I Grundlagen
1 Eine situative Konzeption der Unternehmung 15
2 Konzeption des allgemeinen Managements 36

II Unternehmungsphilosophie und Unternehmungspolitik
1 Unternehmungsphilosophie 49
2 Unternehmungspolitik 65

III Unternehmungsplanung und Kontrolle
1 Grundkonzeption 91
2 Strategische Planung 98
3 Operative Planung und Durchführungsplanung 114
4 Kontrolle 124

IV Organisation und Führung
1 Gemeinsame Grundlagen 139
2 Organisation 145
3 Führung 205

V Management Development (Kaderförderung)
1 Grundkonzeption 225
2 Instrumente des Management Development 232

Anhang
Antworten zu den Kontrollfragen 251
Literaturverzeichnis 266
Sachregister 274

I Grundlagen

1 Eine situative Konzeption der Unternehmung 15
  11 Zwei Grundmodelle der Unternehmung 15
    111 Altes Grundmodell der Eigentümer-
      Unternehmung 16
    112 Neues Grundmodell der Unternehmung als
      multifunktionaler, quasi-öffentlicher Institution .. 16
  12 Der situative Ansatz 19
    121 Grundidee 19
    122 Die wichtigsten situativen Einflüsse 19
  13 Personenspezifische Einflüsse 20
    131 Der einzelne Mensch 20
    132 Zwischenmenschliches Verhalten 23
  14 Aufgabenspezifische Einflüsse 26
    141 Routine- und Problemlösungsaufgaben 26
    142 Technologie 26
    143 Aufgabenspezifische Umwelt 28
  15 Soziokulturelle Umwelteinflüsse 31
  16 Zusammenfassung der situativen Konzeption 31
  • Kontrollfragen 34
  • Literaturempfehlungen 35

2 Konzeption des allgemeinen Managements 36
  21 Zum Begriff des Managements 36
  22 Funktionen des Managements 38
  23 Entscheidungsprozesse im Management 40
  • Kontrollfragen 44
  • Literaturempfehlungen 45

1 Eine situative Konzeption der Unternehmung

Das allgemeine Management, das Gegenstand dieses Buches ist, befasst sich vorwiegend mit den Problemen der Gesamtleitung der Unternehmung. Eine zeitgemässe Managementkonzeption setzt daher zunächst eine *zeitgemässe Konzeption der Unternehmung* voraus.

11 Zwei Grundmodelle der Unternehmung

Um die wesentlichsten Zusammenhänge eines Gegenstandes zu überblicken, pflegt man ihn in einem *Modell* in der Weise vereinfacht und von konkreten Einzelaspekten abstrahiert abzubilden, dass die grundlegenden Merkmale klar ersichtlich werden. Welches nun allerdings die grundlegenden, wesensbestimmenden Merkmale einer Unternehmung sind, ist keine eindeutig beantwortbare Frage: eine Unternehmung im England des 19. Jahrhunderts wird zum Beispiel mit einer Unternehmung im jugoslawischen System der Selbstverwaltung wenig gemeinsam haben. Somit ist kein Unternehmungsmodell denkbar, das allgemein akzeptiert würde. Vielmehr liegen jeder Definition und Wesensbestimmung der Unternehmung bestimmte sozialphilosophische und ordnungspolitische Vorstellungen zugrunde.

Diskussionen über Probleme der Unternehmungsleitung führen deshalb so leicht zu Missverständnissen und Uneinigkeit, weil die Diskussionspartner von verschiedenen Unternehmungsmodellen ausgehen und daher aneinander vorbeireden. Um die Spannweite solcher Unternehmungsmodelle zu verdeutlichen, seien zwei recht weit auseinanderliegende Modelle stichwortartig charakterisiert: ein älteres, das man als «klassisch» bezeichnen könnte, und ein neueres, das sich gegenwärtig gegenüber dem klassischen Grundmodell im akademischen Bereich – und hoffentlich bald auch in der Praxis – durchzusetzen beginnt und das dieser Arbeit zugrunde gelegt werden soll.

111 Altes Grundmodell der Eigentümer-Unternehmung

Dieses Modell sieht die *Unternehmung als private Erwerbseinheit* eines oder mehrerer Eigentümer-Unternehmer. Die Unternehmung ist deren privatwirtschaftliches Instrument zur Verfolgung individueller Ziele. Sozialphilosophische Vorstellungen, von denen das Modell im wesentlichen ausgeht:
1. Grundmerkmal der Unternehmung ist ihr gesellschaftsrechtlicher Status als privater Zweckverband von Kapitaleigentümern.
2. Es herrscht eine freie marktwirtschaftliche Konkurrenz, in der jeder die Chance hat, aufgrund eigener Leistung Kapitaleigentümer und Unternehmer zu sein.
3. Zwischen der Verfolgung individueller Ziele und den Zielen der Volkswirtschaft besteht eine Harmonie (Postulat von Adam Smith, 1776). Beispiel für diese Vorstellung: «Was gut ist für General Motors, ist gut für Amerika».
4. Gewerbefreiheit, Vertragsfreiheit, Recht auf Privateigentum und die Bindung der Staatsmacht durch den formalen Rechtsstaat (Staatsverfassung) verkörpern und garantieren die Freiheit des Staatsbürgers schlechthin.

Das Modell der Unternehmung als privatwirtschaftlicher Erwerbseinheit eines oder mehrerer Eigentümer baut eindeutig auf den Vorstellungen des klassischen Liberalismus auf. Seine Prämissen sind heute nicht mehr gegeben. Wir benötigen deshalb ein Grundmodell, das der heutigen Realität besser gerecht wird.

112 Neues Grundmodell der Unternehmung als multifunktionaler, quasi-öffentlicher Institution

Dieses moderne sozialwissenschaftliche Modell versucht die Unternehmung aus ihrem Verhältnis zur gesamten gesellschaftlichen Umwelt und nicht allein aus ihren Eigentumsverhältnissen heraus zu verstehen. Die Unternehmung wird als *pluralistische Wertschöpfungseinheit* gesehen, die sozioökonomische Funktionen für verschiedene Anspruchsgruppen, wie Arbeitnehmer, Kapitalgeber, Kunden, Staat und Öffentlichkeit, erfüllt. Ihre Grundfunktion ist zunächst die Schaffung von ökonomischen Werten durch die Erstellung entgeltlicher Leistungen (Produkte oder Dienstleistungen) für Abnehmer. Die geschaffenen Geldwerte, die der Unternehmung verbleiben (Wertschöpfung), dienen der Erfüllung weiterer Funktionen, wie

- Einkommenserzielung für die beschäftigen Mitarbeiter
- Kapitalverzinsung (d.h. Entschädigung von Eigen- und Fremdkapitalgebern, also von Investoren und Gläubigern)
- Steueraufkommen für den Staat (zur Finanzierung der Staatsaufgaben)
- soziale und u.U. kulturelle Funktionen (Ausbildung, Forschung und Entwicklung, Sozialleistungen usw.).

Je umfangreicher der Funktionskatalog wird, um so mehr ist die Unternehmung nicht mehr Privatangelegenheit der Eigentümer, sondern berührt – vor allem als Gross- und Grösstunternehmung – elementare Interessen der Gesamtgesellschaft. Es findet eine «Entprivatisierung» der Institution ‹Unternehmung› statt. Faktisch sind die grossen Unternehmungen längst zu *quasi-öffentlichen Institutionen* geworden.[1] Ihr Eigentum ist zwar privat, aber ihre Wirkungszusammenhänge sind – wie die sogenannten «externen Effekte» (gesellschaftliche Kosten und Nutzen privaten Handelns) belegen – öffentlich relevant. Je grösser eine Unternehmung wird, um so mehr wird ihre (privat-)rechtlich verankerte »Privatautonomie« zu einer juristischen Fiktion.[2]

In Zielbildungsprozessen, deren Zusammenhänge hier nicht untersucht werden können,[3] fliessen die verschiedenen Funktionen in einer bestimmten Gewichtung in ein Zielsystem der Unternehmung ein.

Das beschriebene Modell kann wegen seiner Ausrichtung auf die gesellschaftliche Umwelt auf das allgemeine Grundmodell des *offenen Systems* zurückgeführt werden, das einige weitere grundsätzliche Charakterisierungen der Unternehmung erlaubt. Unter einem *System* kann zunächst allgemein eine geordnete Gesamtheit von beliebigen Elementen mit wechselseitigen Beziehungen untereinander verstanden werden (Beispiel: eine Fussballmannschaft). *Offen* ist ein System, wenn es auch Beziehungen zu seiner Umwelt aufrechterhält (gegnerische Mannschaft, Schiedsrichter, Trainer, Publikum). Ist innerhalb einer Teilgesamtheit des Systems die Beziehungsintensität wesentlich grösser als gegenüber andern Teilgesamtheiten, so nennt man sie ein *Subsystem* (Sturm, Verteidigung). Ein Subsystem lässt sich weiter bis zu seiner letzten Einheit, den *Elementen* des Systems

---

[1] Vgl. Ulrich, Peter: Die Grossunternehmung als quasi-öffentliche Institution, Stuttgart 1977.
[2] Vgl. Ott, Claus: Recht und Realität der Unternehmenskorporation, Tübingen 1977. – Zu den externen Effekten (v.a. sozialen Kosten) vgl. unten, Abschnitt II/13.
[3] Vgl. dazu Abschnitt II/21: Begriff und Wesen der Unternehmungspolitik.

(einzelne Spieler) aufgliedern. Es besteht also eine logische *Systemhierarchie,* die vom Supersystem (System und seine Umwelt) über das System selbst und verschiedene Ebenen von Subsystemen bis zu den Elementen hinuntergeht. Was System, Supersystem und Subsystem ist, hängt jeweils von der Betrachtungsebene ab; aus der Sicht der Unternehmungsleitung ist die Unternehmung das System, aus der Sicht der Volkswirtschaft ist sie hingegen ein Subsystem.

Das offene System ‹Unternehmung› weist folgende weitere Merkmale auf:
- Es ist ein *multifunktionales* System, d.h. es erfüllt (als quasi-öffentliche Institution) Funktionen für verschiedene Teilumwelten.
- Es ist ein *soziotechnisches* System, d.h. in diesem System wickeln Menschen mit Hilfe von technischen Mitteln aller Arten arbeitsteilige Prozesse ab.
- Es ist ein *wirtschaftlich selbsttragendes* System, d.h. zur Erhaltung seiner Existenz und damit zur Erfüllung seiner Funktionen muss es ertragbringend, zumindest aber kostendeckend wirtschaften.

Das beschriebene Grundmodell der Unternehmung ist mit einer relativ breiten Spanne von sozialphilosophischen Vorstellungen vereinbar. Einige wesentliche *Grundannahmen,* auf denen es aufbaut, lassen sich in folgenden Punkten zusammenfassen:
1. Die Unternehmung ist primär ein Subsystem der Gesamtgesellschaft, das verschiedene sozioökonomische Funktionen erfüllt.
2. Zwischen den Zielen, die die Unternehmungsleitung verfolgt, und den Kriterien der gesamtgesellschaftlichen Wohlfahrt oder Lebensqualität kann Harmonie aber auch Konflikt bestehen («Was gut ist für General Motors, muss nicht gut sein für Amerika»).
3. Strukturen und Prozesse in Unternehmungen sind stark von ihrer Umwelt geprägt und nur aus dieser heraus verständlich.
4. Nicht der gesellschaftsrechtliche Status der Unternehmung als Zweckverband der Kapitaleigentümer, sondern ihr soziologischer Status als Organisation, d.h. als strukturiertes arbeitsteiliges System von Menschen, die verschiedene Beiträge für die Funktionsfähigkeit der Unternehmung leisten, wird als Grundmerkmal betrachtet. Systemmitglieder sind in erster Linie diejenigen Personen, die der Unternehmung ihre Arbeitszeit zur Verfügung stellen, und nicht nur die Kapitaleigentümer.

Dieses neue Grundmodell der Unternehmung tritt gegenüber dem älteren Modell, das sie als private Erwerbseinheit sieht, um so mehr in den Vordergrund, je weiter die faktische «Entprivatisierung» einer Unternehmung fortgeschritten ist. Es hat daher vor allem für Unternehmungen von einer gewissen Grösse Bedeutung. In diesem Sinn wird es auch den weiteren Ausführungen zugrunde gelegt.

12 Der situative Ansatz

121 Grundidee

Das situative Denken ergibt sich zwingend aus dem oben dargestellten Systemansatz: Gemäss Punkt 3 wird das System «Unternehmung» in ständiger Wechselwirkung zu seinem Supersystem gesehen. Sowohl unternehmungsinterne als auch unternehmungsexterne Einflussfaktoren bestimmen nicht nur die wahrscheinlichen Ausprägungen bestimmter Merkmale, sondern auch den Erfolg bestimmter Management-Massnahmen.

Im Unterschied zu älteren Management-Lehren, welche versuchten, allgemeingültige Prinzipien (z.B. Organisationsprinzipien) aufzustellen, besteht das Ziel beim situativen Denken immer nur darin, *situativ relativierte* (begrenzt gültige) *Aussagen* zu gewinnen in der Form: *Wenn* die Situation X bzw. Y gegeben ist, dann ist die Massnahme A bzw. B am geeignetsten, das Ziel zu erreichen. Das situative Denken ist nicht nur für die Theorie, sondern auch für die Praxis grundlegend. Alle Empfehlungen mit dem Anspruch auf absolute Gültigkeit müssen von vornherein skeptisch betrachtet werden. Beispiele für solche unzweckmässigen, *nicht situativen Empfehlungen* sind etwa Aussagen folgender Art:

– «Ein Vorgesetzter darf nicht mehr als fünf Mitarbeiter haben.»
– «Der Führungsstil XY ist der beste.»

Ein modernes, auf dem beschriebenen neuen Unternehmungsmodell aufbauendes Management-Konzept kann demgegenüber nur ein *situatives Konzept* sein. Es kommt darauf an, dem unternehmungsspezifischen Management-Konzept eine umfassende und sorgfältige *Situationsanalyse* zugrunde zu legen. Das setzt eine Systematik aller wesentlichen Einflussfaktoren der Unternehmung voraus, wie sie im folgenden skizziert wird.

Schon an dieser Stelle ist allerdings zu betonen, dass die Wirkungszusammenhänge zwischen Situationsfaktoren und unternehmerischem Erfolg nicht mechanistisch verstanden werden dürfen. Entscheidend ist letztlich stets, was das Management aus den situativ gegebenen Handlungsspielräumen macht.

122 Die wichtigsten situativen Einflüsse

Im soziotechnischen System «Unternehmung» werden bestimmte Aufgaben von bestimmten Personen mit gewissen technischen Mitteln durchgeführt. Die erste Gruppe von Einflussfaktoren, die immer zu berücksichtigen ist, stellen *personenspezifische Einflüsse* dar, also alles, was direkt mit den Menschen in der Unternehmung zusammenhängt. Die Motivation und Einstellung, die Kenntnisse und Fähigkeiten der Individuen; die Prozesse in Gruppen (Gruppendynamik); Status- und Autoritätsstrukturen im Gesamtsystem usw. sind zu berücksichtigen.

Die zweite Gruppe der zu berücksichtigenden Einflussfaktoren sind *aufgabenspezifische Einflüsse,* d.h. der Charakter der von einem Individuum oder einer Gruppe zu erfüllenden Aufgabe(n), die dazu eingesetzte Technologie, sowie die innerbetriebliche (organisatorische) Umwelt einerseits und die externe Umwelt, die durch die Aufgabe entsteht (wirtschaftliche Umwelt, politisch-rechtlicher Rahmen, ökologische Umwelt) anderseits.

Eine dritte Gruppe bilden die allgemeinen *soziokulturellen Umwelteinflüsse*. Sie spielen u.a. bei Problemen der Unternehmungspolitik eine zentrale Rolle (oder sollten dies tun).

Im folgenden wird kurz auf jene wichtigsten Einflussfaktoren eingegangen, deren Verständnis unbedingt nötig ist.

13 Personenspezifische Einflüsse

131 Der einzelne Mensch

Menschliches Verhalten kann als Reaktion auf bestimmte Stimuli (Reize), die auf das Individuum einwirken, interpretiert werden, wobei die Art der Reaktionen abhängt von der Bedeutung, die ein Stimulus für das Individuum besitzt. Ein sehr einfaches Modell von Leavitt[4] stellt dies folgendermassen dar (Abb. I/1):

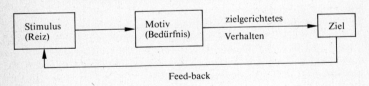

Abb. I/1:   Einfaches Verhaltensmodell

---

[4] Vgl. Leavitt, H.J.: Managerial Psychology, 3. Aufl., Chicago 1972.

Motive sind unbefriedigte Bedürfnisse, welche das Verhalten des Individuums in einem bestimmten Moment steuern. Sie werden durch irgendeinen Stimulus aktiviert. Um ein elementares Beispiel zu nehmen:

Stimulus (Reiz): leerer Magen
Motiv: Hunger
Ziel: Essen

Mit der Zielerreichung wird der Kreislauf durch einen Feed-back geschlossen: Stimulus und Motivation werden beseitigt.
In Wirklichkeit hängt das individuelle Verhalten nicht nur von Motiven ab, sondern auch
– von *Einstellungen und Erwartungen* (z.B. genereller Pessimismus)
– von *Kenntnissen und Fähigkeiten* (Wissen, Intelligenz, Geschicklichkeit).

Die *Einstellungen und Erwartungen* eines Individuums werden durch sein persönliches *Wertsystem,* das es durch Erziehung und Erfahrung erworben hat, bestimmt. *Kenntnisse und Fähigkeiten* hängen wesentlich von der *Ausbildung* ab.

Von der Motivation, der Einstellung, Kenntnissen und Fähigkeiten hängt das Verhalten des Individuums weitgehend ab.

Welches sind nun die Bedürfnisse, durch welche das Individuum motiviert (d.h. zum Handeln aktiviert) werden kann? Nach *Maslow*[5] unterscheidet man häufig:

1. physiologische Bedürfnisse (Bsp. Hunger, Durst, Wärme)
2. Sicherheitsbedürfnisse (Bsp. Schutz vor Gefahr und Unrecht, soziale Sicherheit)
3. soziale Bedürfnisse (Geborgenheit in einer Gruppe, Liebe, Freundschaft)
4. Ego-Bedürfnisse (Selbstwertgefühl, Prestige, Anerkennung)
5. Individuationsbedürfnisse (Entfaltung der eigenen Persönlichkeit und persönlicher Fähigkeiten).

Diese Klassifikation ist so angelegt, dass im allgemeinen die Bedürfnisse in dieser Reihenfolge das Individuum motivieren (1 bis 5). Erst wenn die tieferen Bedürfnisse (z.B. 1., 2., 3.) befriedigt sind, werden die höheren Bedürfnisse (z.B. 4., 5.) wirksam. Die dargestellte Reihenfolge muss allerdings nicht immer zutreffen. Die dominanten Bedürfnisse des Individuums sind weitgehend situationsbedingt (Beispiel: 12 Uhr: Hunger geht vor!).

---

[5] Maslow, Abraham: Motivation and Personality, New York 1954.

In den modernen Industriestaaten sind bei einem grossen Teil der Bevölkerung physiologische und Sicherheitsbedürfnisse befriedigt: die Individuen müssen deshalb zunehmend aufgrund ihrer höheren Bedürfnisse zu gewünschtem Verhalten motiviert werden. In der Unternehmung wird dieser Entwicklungstrend ganz besonders deutlich.

Wird das Individuum daran gehindert, seine motivierenden Bedürfnisse zu befriedigen, so tritt *Frustration* ein. Das frustrierte Individuum macht einen *negativen Lernprozess* durch, durch den seine Einstellungen und Erwartungen nachteilig beeinflusst werden. Im späteren Verhalten erscheinen diese Effekte wieder (Misstrauen, Angst, Widerstand, Gleichgültigkeit). In der Unternehmung wirkt Frustration vor allem auch negativ auf die Leistungsbereitschaft.

Motivation, Einstellungen und Erwartungen, Kenntnisse und Fähigkeiten stehen, wie soeben deutlich wurde, in einer komplexen, noch wenig geklärten Wechselwirkung. Sie determinieren zusammen im wesentlichen die *kognitiven Prozesse* des Individuums (Wahrnehmung, Interpretation der Wahrnehmung, Suchen nach und Bewerten von Reaktionsmöglichkeiten, Entscheidung) und damit sein Verhalten.

Um ein bestimmtes Verhalten eines Individuums zu verstehen und richtig zu beurteilen, müssen wir nicht nur wissen, *wie* es reagiert, sondern auch, *warum* es so reagiert. Es ist sinnvoller, etwa bei einem unerwünschten Verhalten nach den *Ursachen* zu suchen als dem oder den betreffenden Personen Böswilligkeit, Faulheit oder andere negative Eigenschaften zu unterstellen, weil durch solche Werturteile die Einsicht in die Zusammenhänge erschwert oder gar blockiert und das zwischenmenschliche Verständnis verunmöglicht wird.

Motivation, Einstellungen und Erwartungen, Kenntnisse und Fähigkeiten hängen im wesentlichen – d.h. abgesehen von momentanen Stimmungseinflüssen und eventuell vererbten Prägungen – vom *Sozialisationsprozess* ab, den das Individuum durchgemacht hat, das heisst[6]

a) von seiner frühkindlichen Erziehung im schichtspezifischen Milieu seines Elternhauses (Milieu heisst: die Sozialstruktur, in welcher ein Individuum aufwächst und sich auskennt): man nennt diese Phase die *primäre Sozialisation;*

---

[6] Vgl. etwa Gottschalch, W./Neumann-Schönwetter, M./Soukup, G.: Sozialisationsforschung, (Fischer Taschenbuch) Frankfurt 1971, sowie bezüglich der Sozialisation im Betrieb speziell Bosetzky, H./Heinrich, P.: Mensch und Organisation. Aspekte bürokratischer Sozialisation, Köln 1980.

b) von der weiterführenden, in der Schule und anderen Institutionen ausserhalb der Familie erfolgenden Einübung in die gesellschaftlich akzeptierten und erwarteten Verhaltens- und Denkmuster: man bezeichnet diese Phase als *sekundäre Sozialisation;*
c) von der Prägung, die das Individuum im Betrieb selbst erfährt, insbesondere von der Beeinflussung seines Selbstbildes und Selbstvertrauens, der Möglichkeit zur Weiterentwicklung oder Verkümmerung seiner Kenntnisse und Fähigkeiten, und von den Erfolgs- oder Misserfolgserlebnissen im Betrieb und ihren Rückwirkungen auf Einstellungen und Motivationen. Wir können für diese spezielle Phase den (nicht allgemein üblichen) Begriff der *tertiären Sozialisation* verwenden.

Über die Sozialisationsmechanismen hängt das Verhalten der Mitarbeiter in der Unternehmung also aufs engste mit den gesamtgesellschaftlichen Erscheinungen der gegenwärtigen (und früheren) Zeit zusammen. *Konflikte* zwischen den unternehmungsextern erworbenen Denk- und Verhaltensweisen mit dem in der Unternehmung verlangten Verhalten lassen sich im allgemeinen nur durch eine Anpassung der Unternehmung an die durch veränderte primäre und sekundäre Sozialisation neuentstandene gesellschaftliche Situation wirklich lösen. Diese Einsicht ist vor allem in bezug auf die jungen Mitarbeiter von grundlegender Bedeutung.

132 Zwischenmenschliches Verhalten

In einem arbeitsteiligen System wie der Unternehmung ist das Individuum in ein Netz von zwischenmenschlichen Beziehungen gestellt. In diesem Netz hat es einen bestimmten Status und erfüllt eine bestimmte Rolle. Der *Status* ist der soziale Rang, den ein Individuum in einem sozialen System einnimmt. Er ist am Prestige und an den Statussymbolen, die diesem Rang zukommen, ersichtlich. Die *Rolle* ist die Gesamtheit der Verhaltenserwartungen, die einem Individuum in einer bestimmten Position entgegengebracht wird. Status und Rolle haben einen starken Einfluss darauf, wie sich ein Individuum gegenüber anderen Individuen verhält. Sowohl einzelne Gruppen als auch die Gesamtunternehmung weisen eine *Rollen- und Statusstruktur* auf, die für die gegenseitigen Kommunikationsbeziehungen zwischen den Individuen (Kommunikationsstruktur) und ihre gegenseitigen Beeinflussungsmöglichkeiten *(Macht- und Autoritätsstruktur)* grundlegend ist.

Unter *Macht* soll die Fähigkeit eines Individuums A verstanden werden, ein Individuum B in irgendeiner Weise so zu beeinflussen, dass B ein von A gewünschtes Verhalten zeigt. Nur dann hat also A

Macht, wenn sein Beeinflussungsversuch tatsächlich eine Gefolgsbereitschaft bei B hervorruft. Erreicht A keine Gefolgsbereitschaft von B, so ist sein Beeinflussungsversuch gescheitert. Um seinen Einflussversuch durchzusetzen, bedient sich das Individuum irgendeiner Machtbasis, so etwa der Möglichkeit, negative *Sanktionen* (Bestrafungen) auszuüben oder positive Sanktionen (Belohnungen) zu gewähren bzw. vorzuenthalten. Beispiele in der Unternehmung:
– negative Sanktionen: Tadel, Androhung, Versetzung, Entzug finanzieller Mittel, Entlassung, zivil- oder strafrechtliche Klage.
– Gewährung (Vorenthaltung) von positiven Sanktionen: Gewährung (Entzug) von Anerkennung, Beförderung oder Lohnerhöhung, Zuteilung (Entzug) von Statussymbolen.

Neben Sanktionen stellt *Autorität* die wichtigste Basis für die Beeinflussung anderer Individuen dar. Ein Individuum A besitzt gegenüber dem Individuum B Autorität, wenn dieses die Einflussnahme von A für legitim (rechtmässig) hält und ihr deshalb (a) freiwillig (d.h. nicht aufgrund von in Aussicht gestellten Sanktionen) und (b) spontan (ohne darüber noch zu entscheiden) folgt, sei die Basis dieser Anerkennung
– die organisatorische Position des A als Vorgesetzter (Positionsautorität),
– die Überlegenheit von A an aufgabenbezogenen Kenntnissen und Fähigkeiten (Fachautorität) oder
– die persönliche Ausstrahlung von A (Persönlichkeitsautorität).

Autoritätsprobleme werden im Abschnitt über Fragen der Menschenführung (Organisation und Führung) eine zentrale Rolle spielen.

Am intensivsten spielt die zwischenmenschliche Beeinflussung in der unmittelbaren Arbeitsgruppe des Individuums. Als *Gruppe* soll eine Mehrzahl von Personen bezeichnet werden, wenn sie in regelmässigem, persönlichem wechselseitigem Kontakt stehen und eine gemeinsame Aufgabe oder ein gemeinsames Ziel verfolgen.

Mit den Prozessen in Gruppen (z.B. Angleichungsprozesse, Zielbildungsprozesse, Konflikte) befasst sich die *Gruppendynamik.* Sie beruht auf der Grundannahme, dass sich das Individuum in einer Gruppe anders verhält, als wenn es isoliert handelt.[7] Das Gruppenverhalten ist geprägt von den in der Gruppe vorherrschenden *sozialen Bedingungen,* d.h. unter anderem

---

[7] Vgl. dazu z.B. Hofstätter, Peter R.: Gruppendynamik, (Rowohlt Taschenbuch) Reinbek b. Hamburg 1957.

a) von der Kommunikationsstruktur zwischen den einzelnen Gruppenmitgliedern (Stern, Kette, Kreis oder Netz)
b) von den gemeinsamen Ansichten der Gruppenmitglieder über die anzustrebenden Ziele und über die Mittel, mit denen diese Ziele erreicht werden können (Gruppenkultur).

zu a) Kommunikationsstruktur: Häufig wird zwischen folgenden Kommunikationsstrukturen unterschieden (Abb. I/2):

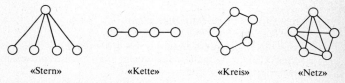

Abb. I/2:   Kommunikationsstrukturen

Die Gruppenleistung in bezug auf die ihr vorgegebene Aufgabe steht in Beziehung zur Kommunikationsstruktur der Gruppe:
– bei einfachen, immer wiederkehrenden Aufgaben sind hierarchische Kommunikationsstrukturen überlegen (vor allem «Stern»)
– bei Problemlösungsaufgaben sind Kommunikationsstrukturen, bei denen möglichst viele Gruppenmitglieder untereinander Informationen austauschen können (vor allem «Netz») überlegen.

zu b) Gruppenkultur: Im Verlauf der Zusammenarbeit entwickeln sich zwischen den Mitgliedern einer Gruppe gemeinsame Wert- und Zielvorstellungen, deren Anerkennung (Akzeptanz) teilweise Voraussetzung für die Wertschätzung eines Gruppenmitglieds ist. Dadurch übt die Gruppe auf Aussenseiter Druck aus, ihre *Gruppennormen* zu anerkennen oder aber die Gruppe zu verlassen. Dieser Gruppendruck ist um so stärker, je mehr sich die dominierenden Gruppenmitglieder mit den Gruppennormen identifizieren, und je höher der Integrationsgrad der Gruppe ist. Herausragende Bedeutung kommt den Einstellungen und Gruppennormen der obersten Geschäftsleitung zu. Die von ihr vorgelebten Denkweisen, Wert- und Zielvorstellungen haben einen tiefgreifenden Einfluss auf die Gruppennormen in der gesamten Unternehmung, sei es dass die Mitarbeiter sich mit den Wert- und Zielvorstellungen der obersten Leitung weitgehend identifizieren, oder sei es dass sie diese für wenig überzeugend oder unglaubwürdig halten und ihnen im Extremfall sogar

Widerstand entgegenstellen. In ihrer Gesamtheit bilden die in einer Unternehmung wirksamen Einstellungen und Verhaltensnormen eine spezifische Organisations- oder *Unternehmungskultur.* Diese ist für die Leistungsfähigkeit der Unternehmung ebenso bedeutsam wie ihre formalen Organisationsstrukturen, Führungssysteme und Geschäftsstrategien.[7a]

14 Aufgabenspezifische Einflüsse

141 Routine- und Problemlösungsaufgaben

Ein wichtiges Merkmal zur Erfassung des *Aufgabencharakters* ist darin zu sehen, ob die Aufgabe routiniertes oder problemlösendes Verhalten verlangt.

Ein Verhalten ist *routiniert,* wenn es ohne Suche nach alternativen Verhaltensmöglichkeiten aufgrund einer früher gelernten Reaktion auf bestimmte Stimuli spontan erfolgt: dagegen ist ein Verhalten *problemlösend,* wenn keine früher gelernte Reaktion zur Verfügung steht, so dass das Individuum zuerst alternative Verhaltensformen suchen, bewerten und sich für eine davon entscheiden muss. Problemlösendes Verhalten ist also nötig bei allen innovativen, d.h. neuartigen Aufgaben.

Durch die Wahl eines entsprechenden Verfahrens lässt sich der Routinecharakter einer Aufgabe beeinflussen.[8]

Grundsätzlich sollte in der Unternehmungshierarchie der Problemlösungsanteil der Aufgaben von unten nach oben zunehmen: Abweichungen sind jedoch häufig, besonders etwa bei innovativ tätigen Stäben und Projektgruppen, deren Aufgaben einen wesentlich höheren Innovationsanteil haben, als dies bei anderen Stellen auf ihrer hierarchischen Ebene der Fall ist, und die deshalb auch anders geführt werden müssen.

142 Technologie

Unter Technologie soll hier die Gesamtheit aller technischen Mittel und Verfahren verstanden werden, die für die Erstellung der Unternehmungsleistung, d.h. ihrer Produkte und Dienstleistungen, eingesetzt werden. Welche Technologie eingesetzt wird, hängt im

---

[7a] Vgl. dazu Deal, T.E./Kennedy, A.A.: Corporate Cultures. The Rites and Rituals of Corporate Life, Reading Mass. 1982.
[8] Vgl. dazu Abschn. IV/234: Standardisierung.

wesentlichen (a) von der zu lösenden Aufgabe, (b) vom Stand der wissenschaftlich-technologischen Entwicklung und (c) von Wirtschaftlichkeitsüberlegungen und den Finanzierungsmöglichkeiten der Unternehmung ab. Häufig wird ein Kompromiss zwischen dem Wünschbaren, dem technisch Möglichen und dem wirtschaftlich Vertretbaren notwendig sein. Geht es um die Abgrenzung von manuell und maschinell zu bewältigenden Aufgaben, so wird ausserdem zukünftig im Rahmen der multifunktionalen Ausrichtung der Unternehmungen immer mehr auch dem Beschäftigungseffekt technologischer Konzepte sowie anderen Nebenwirkungen Rechnung zu tragen sein.

Zu unterscheiden sind die *Fertigungstechnologie* als die Technologie der physischen Gütererstellung und die *Informationstechnologie* als die Technologie der Datenverarbeitung. Beide Technologiearten lassen sich nach verschiedensten Kriterien unterteilen; als besonders wichtiges, allgemeines Merkmal sticht jedoch der Automations- und Integrationsgrad heraus. Dieser hat zuerst in der Fertigungstechnologie stark zugenommen und später auch die Informationstechnologie revolutioniert, indem «manuelle» und mechanische Datenverarbeitung zuerst durch die elektronische Datenverarbeitung bei Einzelanwendungen (z.B. Lohnabrechnung, Debitorenbuchhaltung, Fakturierung) und neuerdings immer mehr auch durch integrierte Datenverarbeitungs-, Textverarbeitungs- und Telekommunikationssysteme abgelöst wurden und werden. Dank ihrer Echtzeitverarbeitung, ihrer Dialogfähigkeit gegenüber dem Benützer und ihrer enormen Datenverarbeitungskapazität erlauben diese Systeme die Unterstützung von Entscheidungsprozessen mit aktuellen, aufbereiteten Informationen und die Überwachung komplexer Abläufe auf einem früher undenkbaren Informationsniveau.

Einen sehr hohen Integrationsgrad erreichen schliesslich Systeme, die auch die Fertigungstechnologie mittels EDV überwachen und steuern. In modernen Konzepten der Produktionsplanung und -Steuerung (PPS) können die gesamten Betriebsdaten in einem Betriebsdatensystem erfasst und aufbereitet und dann dem zentralen EDV-System als Basis für die rechnerische Unterstützung bzw. Durchführung von Planungs-, Dispositions-, Kontroll- und Kostenrechnungsaufgaben zugeleitet werden. Auch die Produktionsanlagen selbst werden immer häufiger vollautomatisch von einem dem Betriebsdatenerfassungssystem angeschlossenen Prozessrechner gesteuert (sogenannte Prozesssteuerung).

Für die Beurteilung der *Auswirkungen* der Technologie auf das Management sind besonders die jeweiligen *Anforderungen an die Ausbildungsstruktur* des Personals zu beachten. Mit zunehmendem

Automations- und Integrationsgrad der eingesetzten Technologie ergibt sich eine Tendenz zu einer gewissen Polarisierung von eher monotonen, hochstandardisierten Datenerfassungs-, Überwachungs- und Hilfsaufgaben auf der einen Seite und von äusserst anspruchsvollen Problemlösungsaufgaben der Systementwicklung und des Systemunterhalts auf der andern Seite. Integrierte Informationssysteme setzen präzis geplante, *hochstandardisierte Arbeitsabläufe* im operativen Bereich voraus, bieten anderseits aber aufgrund ihrer hohen und raschen Auskunftsbereitschaft dem Management mehr Planungs- und Dispositionsmöglichkeiten. Dazu muss das System allerdings dem Benützer jene Informationen liefern, die seinen tatsächlichen *Informationsbedürfnissen* entsprechen. Das ist keineswegs eine banale Forderung, geht es doch darum, mit einem Minimum an verdichteten Daten eine optimale Aussagekraft zu erreichen und der Gefahr unverdaulicher «Zahlenfriedhöfe» zu entgehen.
Zusammenfassend lässt sich festhalten, dass von der technologischen Entwicklung bedeutsame Einflüsse auf die Art der in der Unternehmung zu bewältigenden Aufgaben und auf die Möglichkeiten ihrer Durchführung, Planung und Steuerung ausgehen. Diese Einflüsse betreffen vor allem die unteren und mittleren Ebenen der Unternehmung, deren Aufgaben unmittelbar technologisch unterstützt werden; die unternehmungspolitischen und strategischen Aufgaben der obersten Leitung werden davon nur indirekt betroffen, es sei denn, die Technologieentwicklung sei selbst ein wirtschaftliches Tätigkeitsgebiet der Unternehmung.

143 Aufgabenspezifische Umwelt

Jede Aufgabe muss unter bestimmten Umweltbedingungen erfüllt werden. Dabei lässt sich grundsätzlich zwischen der *aufgabenspezifischen* und der übrigen *soziokulturellen Umwelt* unterscheiden.
Als aufgabenspezifische Umwelt (task environment) wird nur jener Ausschnitt aus der Umwelt bezeichnet, der den Charakter der Unternehmungsaufgaben direkt prägt. Entscheidend sind hier Komplexität (und damit: die Ungewissheit) sowie Dynamik (und damit: die Anforderungen an die Innovationsfähigkeit) auf den *unternehmungsspezifischen Märkten*.
Die vier grundlegenden Märkte, mit denen die Unternehmung in Beziehung steht, sind
– der Beschaffungsmarkt (Lieferanten)
– der Absatzmarkt (Kunden)
– der Finanzmarkt (Geldgeber)
– der Personalmarkt (Mitarbeiter).

Weitere Faktoren der «task environment» sind
- die lokale, regionale und volkswirtschaftliche *Infrastruktur* (sozialökonomische Produktivitätsvoraussetzungen wie Verkehrsverbindungen, Energieversorgung, öffentliche Dienste)
- die *ökologischen Bedingungen* der Produktionsstandorte der Unternehmung (Umweltverschmutzung, Rohstoffe, Bevölkerungsdichte)
- die spezifisch ihre Branche betreffenden *rechtlichen Rahmenbedingungen.*

Der Einfluss dieser Märkte und Faktoren auf das Management variiert in seinen Prioritäten. Oft übt ein bestimmter Markt einen besonders starken *Druck* auf die Unternehmung aus: er stellt dann nicht nur der Unternehmungsleitung die grössten Probleme, sondern prägt sogar entscheidend das Management-Denken und die hierarchische Stellung der verschiedenen Subsysteme der Unternehmung:

a) So übt in Zeiten der allgemeinen *Kapitalknappheit* der Kapitalmarkt einen besonders grossen Druck auf das Management aus. Die Wahrung oder Verbesserung der Liquidität, der Kreditwürdigkeit und der Selbstfinanzierungskraft der Unternehmung kann zur entscheidenden Existenzvoraussetzung werden. Finanzierungsprobleme beschäftigen dann die oberste Geschäftsleitung vorrangig, und der Finanzchef nimmt eine dominierende Stellung ein.

b) In Zeiten ungenügender Nachfrage auf den Absatzmärkten der Unternehmung wird dagegen das *Marketing* zum «kritischen» Erfolgsfaktor. Nur diejenigen Unternehmungen können ihre Marktposition halten, die die Kundenbedürfnisse qualitativ am besten und am effizientesten zu befriedigen in der Lage sind. Das setzt ein konsequentes Marketing-Denken der gesamten Unternehmungsleitung voraus.

c) Ist aus strukturellen oder konjunkturellen Gründen der Arbeitsmarkt für die benötigten Spezialisten und Kader ausgetrocknet, so kommt der *Personalpolitik* der Unternehmung eine vorrangige Bedeutung zu. Die Attraktivität der Unternehmung auf dem Arbeitsmarkt, das heisst ihre Fähigkeit zur Gewinnung der bestqualifizierten und leistungsfähigsten Mitarbeiter, kann zum Schlüssel für den längerfristigen Erfolg werden.

d) Neuerdings wirft die Ökologie zentrale Probleme auf, nicht nur im Zusammenhang mit dem Umweltschutz, sondern auch wegen der für die Zukunft zu erwartenden weiteren Verknappung verschiedener Rohstoffe und der Energie; für einige Branchen könnte damit schon bald der *Beschaffungsmarkt* zum kritischen Engpass werden.

Die Vorstellung der Unternehmung als eines Systems, das ein ständiges Gleichgewicht zwischen dem Druck der verschiedenen Märkte aufrecht zu erhalten versucht, ist zwar etwas grob, aber geeignet, um die (labilen) Zusammenhänge zwischen Unternehmung und wirtschaftlicher Umwelt zu erfassen.

Die aufgabenspezifische Umwelt lässt sich nicht nur auf der Ebene der Gesamtunternehmung erfassen, sondern auch für *Subsysteme*. Was Umwelt (Supersystem) ist, muss gemäss dem Systemansatz relativ verstanden werden. Für einzelne Subsysteme tritt als «Filter» vor die unternehmungsexterne Umwelt eine zusätzliche *unternehmungsinterne Umwelt,* insbesondere eine *organisatorische Umwelt:* die hierarchische Stellung, die Kompetenzen, die verfügbaren Mitarbeiter, Ressourcen und Kommunikationskanäle zu irgendwelchen Servicestellen, das Vorgesetztenverhalten, aber auch «ungeschriebene Gesetze» der Firmentradition beschränken die möglichen Lösungen eines Problems und den Erfolg des Subsystems (der Abteilung, der Stelle). Abb. I/3 symbolisiert den «Umweltdruck» auf ein Subsystem der Unternehmung als Kombination unternehmungsexterner und -interner Einflüsse.

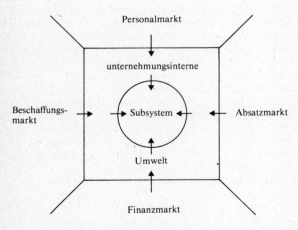

Abb. I/3: Die aufgabenspezifische Umwelt eines Subsystems der Unternehmung

Selbstverständlich bedürfen die Merkmale der aufgabenspezifischen Umwelt der Unternehmung, vor allem ihrer Märkte, einer gründlichen und detaillierten Analyse, wenn die sich bietenden Chancen und die drohenden Gefahren sowie die ihnen gegenüberstehenden Stärken und Schwächen der eigenen Unternehmung rechtzeitig erkannt werden sollen. Eine solche Umwelt- und Unternehmungsanalyse stellt die wichtigste Informationsgrundlage für die strategischen Managemententscheidungen über eine erfolgversprechende Produkt/Markt-Konzeption und das aufzubauende Leistungspotential der Unternehmung dar. Darauf kommen wir in den Ausführungen zur strategischen Planung zurück (Abschnitt III/2).

15 Soziokulturelle Umwelteinflüsse

Über die branchen- oder aufgabenspezifischen Bedingungen hinaus unterliegt die Unternehmung als offenes System vielfältigen soziokulturellen Einflüssen ihrer Zeit und – oft noch stärker – früherer Zeiten. Vor allem im Rahmen der regelmässigen Überprüfung der Unternehmungspolitik müssen wesentliche *gesellschaftliche Veränderungen* erkannt und die Unternehmung diesen Veränderungen in sinnvoller Weise angepasst werden.

Vor allem Grossunternehmungen werden aber nicht nur von der gesellschaftlichen Umwelt beeinflusst, sondern berühren ihrerseits durch ihre unternehmungspolitischen Verhaltensweisen entscheidende Interessen der Gesamtgesellschaft. Mit zunehmender *Grösse* wächst ihr Einflusspotential, womit auch die Notwendigkeit übergeordneter, demokratisch legitimierter *rechtlicher Regelungen* zunimmt.

Aber nicht nur die Gesamtheit der rechtlichen Regelungen, sondern auch der Druck der *öffentlichen Meinung* ist eine wichtige Komponente der soziokulturellen Umwelt. Oft gibt die Entwicklung der öffentlichen Meinung bedeutsame Hinweise auf kommende gesetzliche Regelungen, denn der Gesetzgeber ist ja, sofern die Demokratie funktioniert, seinerseits einem gewissen Druck der öffentlichen Meinung ausgesetzt. Ohne Zweifel werden die gesamten politischen Rahmenbedingungen die Entscheidungen der Unternehmungsleitung in Zukunft noch stärker beeinflussen als heute.

16 Zusammenfassung der situativen Konzeption

Die Unternehmung wird als offenes, multifunktionales soziotechnisches System verstanden, das von verschiedensten Einflussfaktoren geprägt wird. Diese lassen sich gliedern in
- personenspezifische Faktoren: Kenntnisse und Fähigkeiten, Motivation und Einstellungen («Unternehmungskultur»), Gruppendynamik (Kommunikationsstrukturen und Gruppennormen), Status- und Autoritätsstrukturen
- aufgabenspezifische Faktoren: Routine- oder Problemlösungsaufgaben, Technologie, aufgabenspezifische Umwelt (v.a. Märkte und ökologische Umwelt), organisatorische Umwelt von Subsystemen
- sozio-kulturelle Umwelt (unter Berücksichtigung der Unternehmungsgrösse).

Situatives Denken zeichnet sich dadurch aus, dass bei jedem Managementproblem in systematischer Weise (a) alle Funktionen der Unternehmung und (b) alle wesentlichen Faktoren der drei Einflussbereiche berücksichtigt werden. Zur Verdeutlichung seien einige *gegenwärtig besonders bedeutsame Veränderungen* der situativen Bedingungen für die Unternehmungsleitung zusammengestellt:
- Motivationsverschiebungen und veränderte Einstellung zum Leistungsprinzip
- Anstieg des Ausbildungsniveaus
- Abbau des Autoritätsempfindens
- Wachstum der Unternehmungen durch Zusammenschlüsse
- zunehmend integrierter Einsatz von Informationstechnologie (Computerisierung aller Informationsverarbeitungsprozesse im administrativen und technischen Bereich)
- Strukturwandel der Absatzmärkte infolge des technologischen Fortschritts (z.B. Mikroelektronik)
- Umstrukturierung des Arbeitsmarktes, Problem der Arbeitslosigkeit
- neue gesellschaftliche Ansprüche an die Unternehmung (Verantwortung für Ausbildung, Infrastruktur, Sozialwesen usw.)
- Zunahme der Umweltverschmutzung, Verknappung von einzelnen Rohstoffen
- Zunahme der gesellschaftspolitischen Kritik an den industriegesellschaftlichen Lebens- und Arbeitsformen.

In abstrakter Weise lassen sich die situativen Einflussfaktoren zusammenfassend auch nach dem Kriterium, welche *Anforderungen* sie ganz allgemein an die Unternehmungsleitung stellen, beschreiben. Dabei sind zu berücksichtigen:

a) die *Komplexität* der Situation, d.h. die Vielfalt der Faktoren, die auf die Unternehmung einwirken, und das Ausmass ihrer gegenseitigen Interdependenzen
b) die *Dynamik* der Situation, d.h. die Änderungsrate, das Entwicklungstempo der Faktoren
c) das Ausmass der *Ungewissheit* oder anders gesagt: die Informationsmenge, die der Unternehmungsleitung über die Situation und ihre zukünftige Entwicklung zur Verfügung steht.

Es lässt sich dann die generelle Aussage machen, dass eine Unternehmung in einer komplexen, turbulenten und unsicheren Situation grundsätzlich anders zu leiten ist als eine Unternehmung in einer einfachen, statischen und transparenten Situation.

Kontrollfragen zu I/1

1. Von welchem Grundmodell der Unternehmung geht das (deutsche und schweizerische) Gesellschaftsrecht aus?
2. Von welchem Grundmodell gehen die Vertreter der Mitbestimmungspostulate aus?
3. Welche Funktionen hat die Unternehmung nach dem zweiten Grundmodell zu erfüllen?
4. Welches sind die Motivationsstufen nach Maslow?
5. Was verstehen Sie unter Sozialisation? Welche Phasen lassen sich unterscheiden?
6. Charakterisieren Sie die Begriffe «Macht» und «Autorität».
7. Was ist unter dem Begriff der «Unternehmungskultur» zu verstehen?
8. Mit welchen Märkten steht die Unternehmung in Kontakt?
9. Überlegen Sie sich einige Probleme der Unternehmungsleitung, die typisch grössenspezifisch sind, d.h. erst bei einer bestimmten Unternehmungsgrösse auftreten.
10. Welcher Zusammenhang besteht zwischen der Grösse der Unternehmung und ihrer Beziehungsintensität zur politischen Umwelt? Auf welche Realität war die liberale Wirtschaftsphilosophie eines Adam Smith (1776) zugeschnitten?
11. Welche Variablen gehören zur ökologischen Umwelt?
12. Versuchen Sie in systematischer Reihenfolge wesentliche situative Einflussfaktoren auf die Unternehmung zu nennen.

Literaturempfehlungen zu I/1

Gesamtdarstellungen des Situationsansatzes und der Situationskomponenten geben:

Farmer, R.N.: Introduction to Business: Systems and Environment, New York 1972. – Dieses Lehrbuch bietet einen systematischen Überblick über die «Constraints» des Management.

Hill, W./Fehlbaum, R./Ulrich, P.: Organisationslehre – Ziele, Instrumente und Bedingungen der Organisation sozialer Systeme, UTB 259 und 365, 3. Aufl., Bern 1981 (1974). – Vgl. darin vor allem S. 319 ff.

Kast, F.E./Rosenzweig, J.E.: Organization and Management: A Systems and Contingency Approach, 3. Aufl., New York 1979.

Kast, F.E./Rosenzweig, J.E. (eds.): Contingency Views of Organization and Management, Chicago 1973. – Dieser hervorragende Reader bietet eine kommentierte Zusammenstellung aller wesentlichen Beiträge zur Situationstheorie (Kontingenztheorie) des Management.

Staehle, W.H.: Management. Eine verhaltenswissenschaftliche Einführung, München 1980, S. 66 – 90.

Zu den personenspezifischen Einflussfaktoren eignen sich als Einführung:

Bosetzky, H./Heinrich, P.: Mensch und Organisation. Aspekte bürokratischer Sozialisation. Eine praxisorientierte Einführung in die Soziologie und die Sozialpsychologie der Verwaltung, Köln 1980.

Deal, T.E./Kennedy, A.A.: Corporate Cultures. The Rites and Rituals of Corporate Life, Reading Mass. 1982.

Hill, W./Fehlbaum, R./Ulrich, P.: Organisationslehre, a.a.O., S. 56 – 121.

Leavitt, H.J.: Managerial Psychology, 3. Aufl., Chicago/London 1972 (deutsche Übers.: Grundlagen der Führungspsychologie, 2. Aufl., München 1979).

Rosenstiel, L.v.: Grundlagen der Organisationspsychologie, Stuttgart 1980.

Einen konsequenten Ansatz zum Verständnis der aufgabenspezifischen Einflüsse bieten:

Pfeffer, J./Salancik, G.: The External Control of Organizations. A Resource Dependence Perspective, New York 1978.

2 Konzeption des allgemeinen Managements

21 Zum Begriff des Managements

Management ist die Leitung soziotechnischer Systeme in personen- und sachbezogener Hinsicht mit Hilfe von professionellen Methoden. In der sachbezogenen Dimension des Managements geht es um die Bewältigung der Aufgaben, die sich aus den obersten Zielen des Systems ableiten, in der personenbezogenen Dimension um den richtigen Umgang mit allen Menschen, auf deren Kooperation das Management zur Aufgabenerfüllung angewiesen ist. Bevor wir auf diese Leitungsfunktionen näher eingehen, sind einige grundlegende Abgrenzungen nötig.

Zunächst stellt sich die Frage nach dem Verhältnis des Begriffs ‹Management› zu dem der *Unternehmungsleitung*. Dieser ist weniger umfassend, bezieht er sich doch nur auf die Leitung eines bestimmten Typus soziotechnischer Systeme. Zwar stellen sich für die Leitung anderer soziotechnischer Systeme wie öffentlicher Verwaltungen, Spitäler, Verbände usw. grundsätzlich ähnliche Aufgaben. Angesichts der spezifischen gesellschaftlichen Funktionen und Existenzbedingungen von Unternehmungen ist jedoch die Übertragbarkeit der Methoden der Unternehmungsleitung auf andere Systeme beschränkt.[9] Im vorliegenden Buch stehen in erster Linie Unternehmungen im Blickpunkt. Wir verwenden deshalb die beiden Begriffe des Managements und der Unternehmungsleitung synonym. Demgegenüber verwenden wir den Begriff der *Führung* im spezielleren Sinn von Menschenführung *(leadership)*.

Die Begriffe ‹Management› und ‹Unternehmungsleitung› können beide sowohl im institutionellen als auch im funktionellen Sinn verstanden werden. Als *Institution* umfasst das Management alle Instanzen in der Unternehmung, die über Kompetenzen zur Festlegung, Steuerung und Koordination der Aktivitäten untergeordneter Stellen verfügen. Die Entscheidungs- und Weisungsbefugnisse des Managements sind nicht an die leitenden Personen selbst, sondern an ihre formalen Positionen in der Organisation gebunden. *Manager* sind demnach Führungskräfte, die auf der Grundlage ihrer formalen

---

[9] Vgl. Drucker, P.: Die Praxis des Managements, München/Zürich 1970, S. 15ff., sowie ausführlich Staehle, W.H.: Management. Eine verhaltenswissenschaftliche Einführung, München 1980, S. 60ff.

Leitungsposition unternehmerische Funktionen ausüben. Es ist nicht notwendig, dass sie zugleich die Kapitalbereitstellungsfunktion des klassischen Eigentümer-Unternehmers erfüllen. Für ihre Berufung in Leitungspositionen ist daher ihre fachliche und persönliche Qualifikation hinreichend und grundsätzlich ausschlaggebend: Management ist ihr Beruf. Der historische Prozess der fortschreitenden Ablösung der Managementfunktion vom Kapitaleigentum (Trennung von Eigentum und Verfügungsmacht) widerspiegelt die zunehmende *Professionalisierung* der Unternehmungsleitung infolge der gestiegenen und weiter steigenden Qualifikationsanforderungen.[10]

Als *Funktion* umfasst das Management alle zur Bestimmung der Ziele, der Struktur und der Handlungsweisen des Unternehmens sowie zu deren Verwirklichung notwendigen Aufgaben, die nicht ausführender Art sind. *Ausführungs*funktionen sind umgekehrt dadurch charakterisiert, dass bei ihnen die wesentlichen Entscheidungen in bezug auf Ziele, Massnahmen und Mittel bereits getroffen und vorgegeben sind. Die Abgrenzung zwischen Management- und Ausführungsfunktionen deckt sich nicht völlig mit der institutionellen Abgrenzung von Leitungsinstanzen (Kader) und übrigen Stellen. Vielmehr umfasst in der Regel ein grosser Teil aller Stellen in einer Unternehmung sowohl leitende als auch ausführende Funktionen. Die verschiedenen hierarchischen Positionen unterscheiden sich *graduell* durch das jeweilige Verhältnis der Anteile leitender und ausführender Funktionen (Abb. I/4).

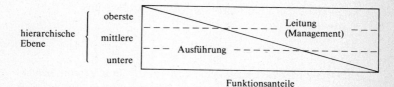

Abb. I/4: Positionsabhängige Anteile von Leitungs- und Ausführungsfunktionen

---

[10] Die These der fortschreitenden Trennung von Eigentum und Verfügungsmacht und der aufkommenden «Herrschaft der Manager» (Managerialism) wurde zuerst von Berle, A. A./Means, G. C.: The Modern Corporation and Private Property, New York 1932 (2. Aufl. 1968) entwickelt und von Burnham, J.: The Managerial Revolution, New York 1941, popularisiert. Sie wurde seither empirisch vielfach bestätigt. Zu ihrer historischen und ordnungspolitischen Interpretation vgl. Ulrich, P.: Transformation der ökonomischen Vernunft, Bern/Stuttgart 1984, Kapitel 7.

Unterscheiden lassen sich ferner Probleme des *allgemeinen Managements,* für das im Englischen der Begriff ‹*general management*› gebräuchlich ist, von solchen des *speziellen Managements* einzelner Funktionsbereiche des Unternehmens (Marketing, Forschung und Entwicklung, Einkauf, Materialwirtschaft, Produktion, Finanz- und Rechnungswesen, Personalwesen), das im Englischen als ‹*functional management*› bezeichnet wird.

Die Problemstellung des allgemeinen Managements, auf das sich das vorliegende Buch konzentriert, besteht in der Entwicklung und Anwendung einer umfassenden Konzeption und eines systematischen Instrumentariums für die Gesamtleitung der Unternehmung oder zumindest eines selbständigen Geschäftsbereichs mit eigener Ergebnisverantwortung (Profit Center).[11] Nicht zum Gegenstandsbereich des allgemeinen Managements gehören dagegen die inhaltlichen Probleme der einzelnen Funktionsbereiche (z.B. Marketing-Management, Forschungsmanagement, Produktionsmanagement, Finanzmanagement, Personalmanagement). Für diese vielfältigen Probleme des speziellen Managements stellen die Konzeption, die Methoden und die Instrumente des allgemeinen Managements jedoch den Rahmen dar, der die Ausrichtung aller Leitungsaktivitäten auf die Ziele der Gesamtunternehmung sicherstellt und funktionsbereichsbezogene Suboptimierungen infolge sogenannten «Ressortdenkens» verhindert. Für die praktische Anwendung bedürfen die weitgehend formalen Aussagen der Konzeption des allgemeinen Managements stets der inhaltlichen Ausfüllung und Vertiefung gemäss den besonderen Anforderungen jedes Funktionsbereichs.

22 Funktionen des Managements

Grundlegend für eine umfassende Konzeption des allgemeinen Managements ist die Wahl einer klaren Systematik der Leitungsfunktionen. Über die Gliederungsart und die unterschiedene Anzahl solcher Funktionen besteht allerdings in der Fachliteratur keine Einigkeit. Die wirklichen Aktivitäten von Managern sind derart vielfältig und variantenreich, dass sie sich kaum eindeutig in eine strenge Systematik einordnen lassen. Je detaillierter der gewählte Funktionskatalog ist, desto grösser werden unter diesen Umständen die Abgrenzungsprobleme zwischen den einzelnen Funktionen, und um so mehr gerät der ganzheitliche Charakter des *General Management* aus dem

---

[11] Zur Geschäftsbereichs- und Profit-Center-Organisation vgl. Abschnitt IV/231.

Blick. Komplizierte Management-Modelle können die entscheidende Voraussetzung erfolgreichen Managements, nämlich das Verständnis für die Zusammenhänge zwischen allen Managementaufgaben und den Sinn für die je nach den situativen Rahmenbedingungen vorrangigen Problemstellungen, auf die sich die Führungskräfte besonders zu konzentrieren haben, weder ersetzen noch fördern.

Wir beschränken uns aus diesen Gründen darauf, im Anschluss an das Leitungskonzept von Hill[12] *vier umfassende Hauptfunktionen des Managements* zu unterscheiden:

1. Unternehmungsphilosophie und Unternehmungspolitik
2. Unternehmungsplanung und Kontrolle
3. Organisation und Führung
4. Kaderförderung (Management Development).

1. Als zentraler Bezugspunkt jeder durchdachten Managementkonzeption ist in der Geschäftsführung der Konsens zu suchen über ein *unternehmungsphilosophisches Leitbild,* das die Funktion eines obersten handlungsorientierenden Wertsystems des Managements erfüllt und die gesellschaftliche Legitimation des unternehmerischen Handelns glaubwürdig begründet. Aufgabe der *Unternehmungspolitik* ist es, darauf aufbauend den Grundzweck (Leistungsbereiche), die Ziele und die Verhaltensgrundsätze der Unternehmung gegenüber Mitarbeitern, Kunden, Lieferanten, Kapitalgebern, Staat und Öffentlichkeit zu bestimmen und durch die Entwicklung und permanente Pflege konsensorientierter, tragfähiger Beziehungen zu allen diesen Gruppen deren Unterstützungs- oder Kooperationsbereitschaft sicherzustellen.
2. Aufgabe der *Planung* ist es einerseits, auf der Grundlage der unternehmungspolitischen Grundsatzentscheidungen sowie der sorgfältigen Analyse der gegenwärtigen und zukünftigen Umweltbedingungen und der eigenen Stärken und Schwächen der Unternehmung die aufzubauenden Markterfolgspotentiale (Produkte und Markpositionen) und die zu ihrer Realisierung erforderlichen betrieblichen Leistungspotentiale zu bestimmen (strategische Planung). Anderseits sind die festgelegten strategischen Ziele periodisch in operationale, d. h. überprüfbare und auf einen Zeitraum bezogene Ziele und Massnahmenpläne umzusetzen (operative Planung) sowie die erforderlichen Mittel zuzuteilen (Budgetierung). Sowohl auf der strategischen als auch auf der operativen Ebene ist die Zielverwirklichung im Rahmen eines geeigneten

[12] Vgl. Hill, W.: Beitrag zu einer modernen Konzeption der Unternehmungsleitung, Die Unternehmung 22 (1968), Heft 4.

Kontrollsystems laufend zu überprüfen, um möglichst frühzeitig Plan- und Budgetabweichungen relevanter Grössen zu erkennen und notwendige Korrekturmassnahmen einleiten zu können (Controlling).
3. Die in der Unternehmungspolitik und Planung aufgestellten Zielsetzungen sind durch interpersonale Arbeitsprozesse, das heisst durch die Differenzierung und Koordination der anfallenden Aufgaben, zu verwirklichen. Das setzt eine effiziente und zugleich flexible *Organisation* voraus, die den Einsatz der Mitarbeiter und sämtlicher Ressourcen (Know How, Sach- und Geldmittel) konsequent auf die strategischen Prioritäten ausrichtet. Es gilt zweckmässige strukturelle Regelungen, aber auch eine tragfähige Organisationskultur zu entwickeln, in deren Rahmen die Führungskräfte und Mitarbeiter ihr Leistungspotential entfalten und zur Wirkung bringen können. Der *Mitarbeiterführung* fällt die Funktion zu, mit Hilfe eines geeigneten Führungsstils und wirksamer Führungstechniken eine leistungsstimulierende und zugleich den Mitarbeiterbedürfnissen gerecht werdende Gruppenkultur zu schaffen und die Aufgabenerfüllung sicherzustellen.
4. Schliesslich ist es Aufgabe der gegenwärtigen Leitungskräfte der Unternehmung, ihre eigenen Nachfolger rechtzeitig auszuwählen, zu fördern und einzuführen, damit die Kontinuität des Managements gewahrt werden kann. Die Qualität des nachrückenden Kaders ist der Schlüssel zum längerfristigen Erfolg der Unternehmung. Deshalb betrachten wir die *Sicherstellung eines qualifizierten Kadernachwuchses (Management Development)* als vierte Grundfunktion des Managements.

23 Entscheidungsprozesse im Management

Bei der Erfüllung der oben skizzierten Leitungsfunktionen müssen in jeder Phase und auf jeder Stufe Entscheidungen gefällt werden. Ein rationaler oder intuitiver Entscheidungsprozess – individuell oder kollektiv, in wenigen Sekunden oder mehreren Monaten ablaufend – bildet die Grundlage und Voraussetzung jeglichen Handelns. Entscheidungen zu treffen ist also ein immanentes Kennzeichen des Managements. Nicht selten wird deshalb ‹Management› mit der Abwicklung von Entscheidungsprozessen nahezu gleichgesetzt.
Diese Gleichsetzung ist allerdings nur haltbar, wenn beachtet wird, dass dabei zwei gänzlich verschiedene Entscheidungstypen vorkommen, geht es im Management doch ganz allgemein darum, bestimm-

te *Zwecke* oder *Ziele* mittels geeigneter *Strategien* und *Massnahmen* zu verwirklichen.

Soweit es um die Bestimmung der Zwecke sowie von Handlungsgrundsätzen geht, liegt ein *normatives Willensbildungsproblem* vor, das nur auf dem Wege der argumentativen Verständigung *(Konsensfindung)* unter allen vom unternehmerischen Handeln Betroffenen innerhalb oder ausserhalb der Unternehmung rational gelöst werden kann. Es liegt auf der Hand, dass dieser Typus von Entscheidungsprozessen vor allem für die rationale Gestaltung der Unternehmungspolitik, der Organisation und der Mitarbeiterführung von erheblicher Tragweite ist.[13] Analytische Problemlösungs- und Entscheidungstechniken tragen zur Verbesserung der Kommunikationskultur und -Struktur, um die es hier grundsätzlich geht, direkt nichts bei, weil sie eben nur für die Analyse technischer Probleme brauchbar sind.

Solche *technischen Probleme* liegen vor, wenn es um die Ermittlung optimaler Strategien, Massnahmen und Mittel zur Verwirklichung vorgegebener Zwecke und Grundsätze geht. In diesem Fall lässt sich der Entscheidungsprozess als *empirisch-analytischer Informationsverarbeitungsprozess* begreifen und rational gestalten: erforderlich ist die Beschaffung und entscheidungslogische Auswertung objektiver Informationen über die Wirkungszusammenhänge alternativer Strategien und Massnahmen *(Zweck-Mittel-Analyse)* unter Berücksichtigung des situativen Bedingungsrahmens. Die Erweiterung der Fragestellung um die Kategorie der *Bedingungen* ist dabei wesentlich. Solche Bedingungen, wie sie bereits im Situationskonzept der Unternehmung dargestellt worden sind, schränken einerseits die Anzahl Lösungsmöglichkeiten eines Problems ein (Constraints) und führen anderseits dazu, dass bestimmte Strategien und Massnahmen in verschiedenen Situationen völlig unterschiedliche Zielwirkungen haben können. Das technische Entscheidungsproblem lautet deshalb in allgemeiner Form: Mit welchen Strategien und Massnahmen können unter den gegebenen Bedingungen die gesetzten Ziele am besten erreicht werden?

Soweit nun ein Problemlösungs- und Entscheidungsprozess als empirisch-analytischer Informationsverarbeitungsprozess verstanden werden kann, läuft er grundsätzlich in folgenden Phasen ab:[14]

---

[13] Vgl. zu den konzeptionellen Konsequenzen der Notwendigkeit rationaler Normenbildung im Management Ulrich, P.: Konsensus-Management: Die zweite Dimension rationaler Unternehmensführung, Betriebswirtsch. Forsch. u. Praxis 35 (1983), S. 70 – 84.

[14] Vgl. zur analytischen Entscheidungslogik Gäfgen, G.: Theorie der wirt-

1. *Problemstellung und Problemanalyse:* Für die Qualität der zu treffenden Entscheidung ist es von wesentlicher Bedeutung, dass ein Entscheidungsproblem richtig erkannt, analysiert und definiert wird. Dazu ist die Beschaffung und Verarbeitung der relevanten *Informationen* sowie die Bestimmung und Formulierung der zu erreichenden *Ziele* notwendig.
2. *Erarbeitung von Alternativen:* In dieser zweiten Phase geht es um die Erarbeitung von alternativen Möglichkeiten zur Erreichung der gesteckten Ziele unter Beachtung der gegebenen Bedingungen. Kreatives Denken kann in dieser Phase wesentlich zu einer guten Problemlösung beitragen.
3. *Bewertung der Alternativen und Entscheid:* Ausser nach gegebenen Zielen und Bedingungen können die Handlungsalternativen nun in bezug auf Wirtschaftlichkeit, Zeitverhältnisse, Risiko oder andere, subjektive Kriterien beurteilt werden. Sind sowohl die Handlungsalternativen wie auch die als relevant erachteten Kriterien quantifizierbar, kann die optimale Lösung mittels Entscheidungstheorie, mathematischer Programmierung usw. berechnet werden.

   In komplexen Entscheidungssituationen mit mehreren, konkurrierenden Zielkriterien ist normalerweise eine optimale Lösung gar nicht definierbar: es wird dann statt dessen nach *einer befriedigenden Lösung* gesucht (satisficing solution). Befriedigend ist eine Lösung, wenn sie dem *Anspruchsniveau* des Entscheidenden entspricht, d.h. wenn sie die für jedes Zielkriterium aufgestellten Mindestwerte erfüllt.[15]
4. *Durchsetzung* der gewählten Alternative und
5. *Kontrolle* der Zielerreichung: Die Kontrolle muss schon in der Durchführungsphase erfolgen und sowohl die Entwicklung der relevanten Bedingungen als auch die Zielerreichung selbst umfassen. Damit soll die Zielerreichung auch bei geänderten bzw. falsch angenommenen Bedingungen rechtzeitig sichergestellt werden.

In Abb. I/5 ist dieser Entscheidungsprozess dargestellt: dabei ist berücksichtigt, dass sich relevante Informationen einerseits auf Tatsachen, anderseits auf Wertvorstellungen beziehen können.

Ein solcher Entscheidungsprozess kann je nach Art des Entscheidungsproblems *programmierbar* oder *nicht-programmierbar* sein.

---

schaftlichen Entscheidung, 3. Aufl., Tübingen 1974. – Zur verhaltenswissenschaftlichen Erklärung des Entscheidungsverhaltens vgl. Kirsch, W.: Entscheidungsprozesse, 3 Bände, Wiesbaden 1971.

[15] Vgl. March, J.G./Simon, H.A.: Organizations, New York 1958.

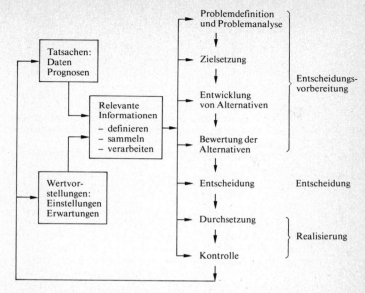

Abb. I/5: Der Entscheidungsprozess als analytischer Informationsverarbeitungsprozess

Bei programmierbaren Entscheiden sind die Variablen bekannt, bleiben konstant oder ändern sich relativ wenig, und die relevanten Daten sind leicht quantifizierbar. Alle diese Entscheidungen können im Prinzip automatisiert werden (EDV). Beispiele: Lagerbewirtschaftung, Produktionssteuerung. – Nicht-programmierbare bzw. nicht programmierte Entscheidungen müssen getroffen werden bei neuartigen, komplexen, schlecht strukturierten Problemen, bei welchen mehrere Ziele und Präferenzen abgewogen werden müssen und Ungewissheiten in bezug auf die gegenwärtigen und künftigen Umweltbedingungen und die Wirkung einer bestimmten Handlungsvariante bestehen. Echte Entscheidungsprozesse auf der Ebene des *General Management,* um die es in diesem Buch geht, betreffen zum überwiegenden Teil solche schlecht strukturierte Probleme, deren Lösungswege nur in geringem Mass programmiert und standardisiert werden können.

Kontrollfragen zu I/2

1. Was versteht man allgemein unter Leitung und Führung? Wie werden die beiden Begriffe im vorliegenden Text definiert und unterschieden?
2. Was ist unter der Professionalisierung des Managements zu verstehen?
3. Worin besteht die Problemstellung des «allgemeinen Management»?
4. Welches sind die Hauptfunktionen der Unternehmungsleitung? Skizzieren Sie in wenigen Stichworten ihre Aufgaben und Bedeutung.
5. Welche beiden grundlegenden Typen von Entscheidungsprozessen sind zu unterscheiden, und welches sind die jeweils rationalen Problemlösungsmethoden?
6. Welche grundsätzlichen Bestimmungsfaktoren sind bei jeder analytischen Entscheidung zu beachten?
7. Wie gehen Sie bei der systematischen Lösung eines Problems vor?

Literaturempfehlungen zu I/2

Als einführende Gesamtdarstellungen des allgemeinen Managements können empfohlen werden:

Filley, A.C./House, R.J./Kerr, S.: Managerial Process and Organizational Behavior, 2. Aufl., Glenview Ill. 1976.
Fulmer, R.M.: The New Management, New York/London 1974.
Koontz, H./O'Donnell, C.: Management: A systems and contingency analysis of managerial functions, 6. Aufl. der «Principles of Management» (1. Aufl. 1955), New York 1976.
Koontz, H./O'Donnell, C. (Hrsg.): Management: A Book of Readings, 2. Aufl., New York 1968.
Luthans, F.: Introduction to Management: A Contingency Approach, New York 1976.
Massie, J.: Essentials of Management, 2. Aufl., Englewood Cliffs, N.J. 1971.
Miner, J.B.: The Management Process: Theory, Research, and Practice, New York 1973.
Mintzberg, H.: The Nature of Managerial Work, New York 1973.

Einen kompendiumsartigen Gesamtüberblick über den Stand der verhaltenswissenschaftlichen Managementforschung und -Theorie bietet:

Staehle, W.H.: Management. Eine verhaltenswissenschaftliche Einführung. München 1980.

Der alternative Ansatz einer zweidimensionalen Managementkonzeption ist in kürzester Form dargestellt in:

Ulrich, P.: Konsensus-Management. Zur Ökonomie des Dialogs, gdi-impuls 1 (1983), Nr. 2, S. 33 – 41.

Dieser Ansatz findet seine praktische Bestätigung in einer mit Nachdruck zur Lektüre empfohlenen Praxisstudie über die Managementgrundsätze «exzellent» geführter amerikanischer Unternehmen sowie im aufschlussreichen Vergleich mit ebenso erfolgreichen japanischen Managementmethoden:

Pascale, R.T./Athos, A.G.: Geheimnis und Kunst des japanischen Managements, München 1982.
Peters, Th.J./Waterman, R.H. jr.: In Search of Excellence. Lessons from America's Best-Run Companies, New York 1982 (deutsche Übersetzung: Auf der Suche nach Spitzenleistungen, Landsberg 1983).

Ergänzend zum vorliegenden Buch seien drei einführende Lehrbücher empfohlen, die sich mit Entscheidungsmethoden für das Management befassen:

Brauchlin, E.: Brevier der betriebswirtschaftlichen Entscheidungslehre, Bern/Stuttgart 1977.

Lindley, D.: Einführung in die Entscheidungstheorie, Frankfurt 1974.

Müller-Merbach, H.: Operations Research – Fibel für Manager, 2. Aufl., München 1971.

II Unternehmungsphilosophie und Unternehmungspolitik

1 Unternehmungsphilosophie 49
  11 Begriff und Wesen der Unternehmungsphilosophie 49
  12 Die Priorität der wertenden Betrachtung 51
  13 Die Notwendigkeit neuer unternehmungs-
    philosophischer Konzepte 52
  14 Ansätze zu einer zeitgemässen Unternehmungs-
    philosophie...................................... 54
    141 Das «Ethos ganzer Systeme» 54
    142 Die Idee der «sozialen Verantwortung» der Unter-
      nehmung 56
    143 Die Idee der konsensorientierten Unternehmungs-
      politik...................................... 58
    144 Die Idee der gesellschaftlich rationalen Unter-
      nehmungsverfassung 61

2 Unternehmungspolitik 65
  21 Begriff und Wesen der Unternehmungspolitik 65
  22 Grundprobleme im unternehmungsinternen
    Beziehungsfeld 69
    221 Die Machtverteilung und ihre Legitimation 69
    222 Die Ertragsverteilung 70
  23 Grundprobleme im unternehmungsexternen
    Beziehungsfeld 71
    231 Das Verhalten auf dem Absatzmarkt 71
    232 Das ökologische Verhalten 72
    233 Das entwicklungspolitische Verhalten 74
  24 Die schriftliche Formulierung einer Unternehmungs-
    politik 77
    241 Funktionen der schriftlich fixierten Unter-
      nehmungspolitik 77
    242 Elemente der schriftlich formulierten Unter-
      nehmungspolitik 79
- Kontrollfragen 86
- Literaturempfehlungen 87

1 Unternehmungsphilosophie

«Ich fürchte, wir Unternehmer entscheiden uns zu oft für konventionelle Lösungen, wenn die Welt um uns das Äusserste an schöpferischer Kraft, Einfallsreichtum und Kühnheit verlangt.»
(Thomas J. Watson Jr.[1])

11 Begriff und Wesen der Unternehmungsphilosophie

Unter *Philosophie* versteht man im allgemeinen das Bemühen um die ganzheitliche Deutung des Seins, das heisst um eine vernünftige «Weltanschauung», die zugleich als Leitbild für die praktische (normative) Lebensausrichtung des Menschen dient. Vor allem in der Wirtschafts- und Sozialphilosophie geht es nicht nur um die theoretische Gesamtinterpretation von Wirtschafts- und Gesellschaftsordnungen, sondern stets auch um den Entwurf und die ethische Begründung normativer (wertbezogener) Handlungs-und Gestaltungsgrundsätze für die Praxis.
Unternehmungs- und *Managementphilosophie* ist dementsprechend die ganzheitliche Interpretation der wirtschaftlichen und gesellschaftlichen Funktion und Stellung der Unternehmung und der daraus abzuleitenden Sinnzusammenhänge und Wertbezüge des Managements. Es geht nur um eine vernünftige, gesellschaftlich verantwortbare unternehmerische Praxis. Als Teilbereich der Wirtschafts- und Sozialphilosophie kommt die Unternehmungsphilosophie ohne deren umfassendere Wertvorstellungen und Grundannahmen nicht aus. Die Unternehmungsphilosophie schliesst so im Grunde immer drei Leitbilder ein:
– ein Menschenbild
– ein Leitbild der Wirtschafts- und Gesellschaftsordnung
– ein Unternehmungsleitbild.
Das Bemühen um die Konsensfindung innerhalb der Unternehmungsleitung über ein unternehmungsphilosophisches Leitbild, das eine gemeinsame Wertbasis aller Führungskräfte darstellt, ist keineswegs Ausdruck eines weltfremden Idealismus, der mit den wirklichen «Alltagskriterien» des unternehmerischen Handelns unvereinbar wäre, sondern schafft im Gegenteil überhaupt erst das normative Fundament einer durchdachten, klaren und dauerhaft tragfähigen

---

[1] Watson, Th.J., Jr.: IBM – Ein Unternehmen und seine Grundsätze, München, 3. Aufl. 1966.

Managementkonzeption. Jeder Konzeption der Unternehmungsleitung liegt nämlich eine bestimmte Unternehmungsphilosophie zugrunde – nur ist sie den Führungskräften nicht immer bewusst. Ohne die gedankliche Auseinandersetzung mit den wünschbaren gesellschaftlichen Funktionen und Wertorientierungen des eigenen unternehmerischen Handelns riskiert das Management jedoch, über kurz oder lang ungewollt gegen die eigenen Zielvorstellungen und Überzeugungen zu handeln oder unzulänglich durchdachte Nebenwirkungen («externe Effekte») bei der Verfolgung der Unternehmungsziele in Kauf zu nehmen, die sich eines Tages höchst kontraproduktiv auswirken können, beispielsweise indem sie image- und geschäftsschädigende Reaktionen kritischer gewordener Bezugsgruppen der Unternehmung oder der Öffentlichkeit provozieren. Wenn eine Unternehmungsleitung wertfrei zu handeln glaubt, indem sie «nur» Unternehmungsleitung sein und zu ethisch-politischen Fragen keine Stellung nehmen will, so hat sie sich im vorherein «blind» für jene Geschäftsmoral und jene Politik entschieden, deren Wertvorstellungen und Interessen ihr Handeln entgegenkommt – ob beabsichtigt oder nicht. Demgegenüber ist es wohl besser, wenn das Management sich um Transparenz und Klarheit über die eigene Unternehmungsphilosophie bemüht. Es geht dabei nicht um mündliche oder schriftliche Bekenntnisse zu schönen Phrasen, sondern um *Klarheit über die impliziten Wertvorstellungen* des tatsächlichen eigenen Handelns.

Immer häufiger wird aus diesen Gründen in der Praxis ein *Unternehmungsleitbild* sogar schriftlich formuliert. Es stellt in noch allgemeinerer und grundsätzlicher Art als die ausführlicheren unternehmungspolitischen Richtlinien ein oberstes Wertsystem des Managements dar, das gleichermassen

- als Grundlage für die Festlegung der Unternehmungspolitik
- als kurzgefasste Orientierung über Grundsätze und Ziele der Unternehmung für (neue) Mitarbeiter
- als PR-Instrument (Public Relations = «Öffentlichkeitsarbeit» im Sinne der Firmenwerbung)

dienen kann. Die Gefahr ist allerdings – gerade im Hinblick auf die letztgenannte Leitbild-Funktion – gross, dass nur wohlklingende, aber folgenlose Bekenntnisse abgegeben werden. Besser ist es, wenn möglichst nüchtern formulierte, der Praxis dienende Leitlinien dokumentiert werden.[2]

---

[2] Zu den möglichen inhaltlichen Gesichtspunkten des Unternehmungsleitbilds, die mit jenen der ausführlicher formulierten und operationaleren un-

12 Die Priorität der wertenden Betrachtung

Wenn die Unternehmungsphilosophie tatsächlich eine ganzheitliche philosophische und ethische Grundlage der Unternehmungsleitung sein soll, so muss sie als Aufgabe ersten Ranges für das Top-Management verstanden werden.

Im Gegensatz zu dieser einfachen Einsicht greift eine falsch verstandene These von der *«Verwissenschaftlichung des Managements»* immer mehr um sich. Nach dieser These wächst parallel zur wachsenden Komplexität und damit zum Informationsbedarf der Unternehmungsleitung die Notwendigkeit, dass sich Top Manager bei ihren Entscheidungen auf wissenschaftlich erhärtete Tatsachen, auf *«Facts»* stützen.

Diese These ist richtig im Sinne einer absoluten Zunahme der verwendeten «Facts», jedoch nicht im relativen Sinn. Je komplexer die Facts werden, um so wichtiger ist nämlich ihre Einordnung in ein Leitbild und in ein Wertsystem. «Facts» ermöglichen nicht die Flucht vor wertender Stellungnahme.

Wenn das Top Management nicht zum blossen Koordinator der Experten werden und nicht die durch Experten faktisch getroffenen Entscheidungen nur noch ratifizieren will («Unterschrift geben»), muss es sich um so mehr auf die Ausrichtung der Unternehmungsleitung auf eine fundamentale Managementphilosophie konzentrieren.

In diesem Sinne vertritt der Amerikaner O.H. Nowotny[3] die These, dass in Zukunft eher *mehr* «Values» (also Managementphilosophie) und *relativ* weniger «Facts» für die oberste Unternehmungsleitung benötigt werden.

Die Priorität der wertenden Betrachtung wird im Middle und Lower Management ausgeglichen durch mehr «Facts», wie dies die Abbildung II/1 symbolisiert. *Wertende Betrachtung* heisst dabei allerdings

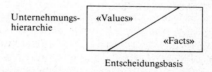

Abb. II/1: Entscheidungsgrundlagen auf verschiedenen Leitungsebenen

ternehmungspolitischen Richtlinien grundsätzlich übereinstimmen, vgl. weiter unten, Abschnitt II/242.

[3] Nowotny, O.H.: American versus European Management Philosophy, Harvard Business Review, March-April 1964.

nicht: starre Vertretung von «tabuierten», der rationalen Analyse entzogenen Wertvorstellungen, sondern aktive Auseinandersetzung mit der sich wandelnden gesellschaftlichen Realität und kritische Prüfung, ob die eigene «Moral» dieser Realität noch gerecht wird. Deshalb kann man Nowotny (a.a.O.) nur zustimmen, wenn er feststellt:

«There is hardly a better way for top managers to become more mature than to try to understand and, if necessary, to assimilate the values and beliefs of others which are different from their own.»

13 Die Notwendigkeit neuer unternehmungsphilosophischer Konzepte

Solange die traditionelle liberale Wirtschaftsphilosophie eines Adam Smith, ihres Begründers, weitherum anerkannt war, gab es für den Unternehmer scheinbar kaum ethische Probleme. Mit der Entwicklung zur industriellen Wohlfahrtsgesellschaft wurden aber mehr und mehr *ungelöste Probleme* sichtbar (kollektive Bedürfnisse, strukturelle Arbeitslosigkeit, Inflation, Wirtschaftskonzentration, Bedürfnismanipulation der Konsumenten, Umweltverschmutzung, Frage nach den ökologischen und sozialen Grenzen des Wachstums, Verhältnis zur Dritten Welt), die das Bemühen um eine zeitgemässe Unternehmungsphilosophie vor allem für Grossunternehmen immer dringlicher erscheinen lassen.

Die früher als automatisch eintretend angenommene Harmonie zwischen privatwirtschaftlichen und gesellschaftlichen Entwicklungsinteressen ging und geht teilweise über in eine Disharmonie. Den materiellen Effekten der privaten Wirtschaftstätigkeit für die unmittelbar beteiligten Nutzniesser stehen zunehmende Folgeprobleme von der erwähnten Art gegenüber, die nicht nur die direkten Nutzniesser sondern die ganze Gesellschaft betreffen. Man bezeichnet diese negativen Auswirkungen auf Dritte daher als *soziale Kosten* der Privatwirtschaft. Dazu gehören alle Belastungen und Verluste, die als Folge der privaten Wirtschaftstätigkeit anfallen, aber nicht in die Kostenrechnung des Verursachers eingehen, sondern von Drittpersonen oder der Allgemeinheit bezahlt werden, sei dies im Sinne eines tatsächlichen finanziellen Bezahlens (Steuern für Beseitigung durch den Staat, private Aufwendungen, Inflation) oder eines immateriellen «Bezahlens» (Gesundheitsschädigungen, Verlust einer lebensfreundlichen Umwelt, schlechte wirtschaftliche Versorgung, schlechte Infrastruktur, Unmöglichkeit der menschlichen Entfaltung, usw.). Neben sozialen Kosten kann auch sozialer Nutzen (social benefits) anfallen, der nicht an den Erzeuger fällt und ihm nicht bezahlt wird. Die Gesamtheit von «social costs» und «social benefits» wird mit dem Oberbegriff *«externe Effekte»* bezeichnet. Werden die entstehenden sozialen Kosten der Wirtschaftstätigkeit höher bewertet als ihre Nutzeneffekte, so tritt das als «sinkende Qualität des Lebens» bezeichnete Phänomen auf. Dieses schlägt unmittelbar auf die Unternehmungen als Verursacher zurück, indem ihre gesellschaftliche Legitimitätsbasis, d.h. ihre öffentliche Anerkennung, schrumpft. Symptom einer solchen Legitimationsschrumpfung kann z.B. eine Imageverschlechterung der «Unternehmer» in der Bevölkerung sein.

Die naheliegendste und häufigste Reaktion vor allem der grossen Unternehmungen auf Imageverschlechterung ist *PR* (Public Relations), also Firmenwerbung. Die längerfristige Wirkung von PR allein ist jedoch sehr zweifelhaft, weil es sich um reine Symptombekämpfung handelt, die die Ursachen der Legitimationsschrumpfung nicht beseitigt, sondern nur mit Worten überdeckt.

In dieser Situation wird es zur wichtigsten Aufgabe der Unternehmungsphilosophie, die tieferen Ursachen eines gestörten Verhältnisses zwischen Unternehmung und Gesellschaft zu erkennen und als Ausgangspunkt für die Entwicklung eines längerfristig tragfähigen (und damit existenzsichernden) Unternehmungsleitbildes zu verstehen. Unternehmungsphilosophie in diesem Sinn wird gleichbedeutend mit Gesellschaftsphilosophie: Sie kann nicht mehr eine allein am Eigeninteresse orientierte «Philosophie des Unternehmers» sein, sondern muss zur Philosophie über die Funktion der Unternehmung für die Gesellschaft werden. Die herkömmliche Blickrichtung von «innen» nach «aussen», also von der Unternehmung auf ihre Umwelt, wird ersetzt durch die umgekehrte Blickrichtung von «aussen» nach «innen», also von den gesamtgesellschaftlichen Bedürfnissen auf die Unternehmung, die als quasi-öffentliche Institution diesen Bedürfnissen unterzuordnen ist (vgl. Abschnitt I/112). Vor allem die Leitungskräfte von Grossunternehmungen werden in naher Zukunft nicht mehr darum herumkommen sich diese neue Betrachtungsweise anzueignen. Von daher bedeutet schon heute jede Ausklammerung gesellschaftspolitischer Aspekte und Auswirkungen des unternehmerischen Handelns aus der eigenen Unternehmungsphilosophie eine «Vogel-Strauss-Politik», die nicht nur aus gesellschaftlicher, sondern auch aus (längerfristiger) privatwirtschaftlich-unternehmungspolitischer Sicht irrational ist. Natürlich werden Gewinnerzielung und Rentabilität weiterhin grundlegend für das Überleben der Unternehmung als gesellschaftlicher Wertschöpfungseinheit sein; die Legitimation des Gewinnstrebens wird jedoch zunehmend von der Erfüllung echter gesamtgesellschaftlicher Bedürfnisse abhängen. Diesen Bedürfnissen in einer sich wandelnden Gesellschaft gerecht zu werden wird in Zukunft die grösste Herausforderung – und vielleicht Existenzfrage – für die Unternehmung darstellen.

14 Ansätze zu einer zeitgemässen Unternehmungsphilosophie

Im folgenden sollen vier grundlegende Ansätze einer gesellschaftsorientierten Unternehmungsphilosophie in der Reihenfolge zunehmender Konkretisierung und Tragfähigkeit zur Diskussion gestellt werden:
- das abstrakte «Ethos ganzer Systeme» (Abschnitt 141)
- die Idee der «sozialen Verantwortung» der Unternehmung (Abschnitt 142)
- die Idee der konsensorientierten Unternehmungspolitik (Abschnitt 143)
- die Idee der gesellschaftlich rationalen Unternehmungsverfassung (Abschnitt 144).

141 Das «Ethos ganzer Systeme»

Aus dem Systemdenken hat der Philosoph Churchman[4] ein neues Ethos als Alternative zum Ethos des Individualismus entwickelt. Hatte Adam Smith seinerzeit (1776) als Begründer des Wirtschaftsliberalismus das individualistische Ethos auf die Wirtschaft übertragen, so geht es nun darum, dessen Schwächen zu überwinden und ein ganzheitliches Systemdenken bezüglich der Wirtschaft einzuführen. Nach diesem Ethos gilt das Verhalten einer Person oder Institution als gut, wenn es gesamthaft eine Verbesserung des jeweils übergeordneten Systems bewirkt. Alles, was zur «Qualität des Lebens» beiträgt, muss dabei berücksichtigt werden, nicht nur der ökonomische Aspekt. Das «Ethos ganzer Systeme» ist nur verständlich, wenn die Bewertung einer Handlungsweise auf der übergeordneten Ebene in grösseren Zusammenhängen anstatt wie üblich auf der Ebene dieses Handelns selbst erfolgt.

---

[4] Churchman, C. West: Challenge to Reason, New York 1968 (deutsche Übers.: Philosophie des Managements. Ethik von Gesamtsystemen und gesellschaftliche Planung, Bern/Stuttgart 1981). – Vgl. neuerdings ders., Der Systemansatz und seine «Feinde», Bern/Stuttgart 1981.

Der Universaldenker E. Jantsch hat einen Systemansatz der *vertikalen Integration* entwickelt, der den stufenweisen Übergang vom partiellen Denken zum Ethos ganzer Systeme ermöglicht.[5] In abgewandelter Form lassen sich nach diesem Konzept die folgenden, zunehmend integrierenden Bewertungsebenen für Management-Probleme unterscheiden: Einzelunternehmung, Wirtschaft, Gesellschaft (Sozialsystem), Ökologie (globales System), Wertsystem (Ethos, Kultur). Auf jeder Ebene wird ein Problem nach einem bestimmten Zweckkriterium bewertet, das aus der nächsthöheren Ebene abgeleitet ist, das heisst für diese eine Teilfunktion erfüllt. Diese Funktion wird dann von einer noch höheren Ebene aus in Frage gestellt und um einen Aspekt erweitert, bis man zum Ethos des Gesamtsystems gelangt.

Aus diesem Grundkonzept können wir nun die folgenden Stufen *managementphilosophischen Bewertens* ableiten und konkretisieren:

Die erste Grundfrage, welche die Umwelt der Unternehmung einbezieht, lautet:
(1) Welche Funktion soll meine Unternehmung in der Wirtschaft erfüllen? Welche Marktleistungen soll sie erbringen?

Auf der nächsten Ebene lautet die Frage:
(2) Welche Rolle sollte die Wirtschaft in Zukunft für die Gesellschaft spielen? Ist meine Unternehmung zu ihrer Erfüllung gerüstet, und wenn nicht, wie wird sie sich ändern müssen?

Sodann wird der ökologische Aspekt (im weitesten Sinn) integriert:
(3) Welche Auswirkungen hat meine Unternehmung auf die ökologischen Lebensbedingungen, und sind diese mit der Rolle der Unternehmung innerhalb des Gesellschaftssystems vereinbar?

Schliesslich gelangt man zur ethischen Bewertung:
(4) Handelt meine Unternehmung im Sinne des «Ethos ganzer Systeme», d. h. ist ihr Handeln nach den Kriterien der ganzheitlichen Lebensqualität sinnvoll und vernünftig?

Allerdings bleibt dieser Bewertungsprozess vage, solange eine Operationalisierung des Begriffs «Qualität des Lebens» aussteht. Dabei handelt es sich – das darf nicht übersehen werden – nicht um ein empirisch-analytisches, sondern um ein normatives Problem, zu dessen Lösung das (selbst nur analytische) Systemdenken direkt nichts beitragen kann.

---

[5] Vgl. Jantsch, E.: Unternehmung und Umweltsysteme, in: Hentsch, B./ Malik, F. (Hrsg.): Systemorientiertes Management, Bern 1973.

Die *wesentlichste Einsicht* aus diesem Ansatz zur integrierten Betrachtung ist wohl die *Relativität* herkömmlicher Begründungen und Rechtfertigungen der Unternehmungsaktivitäten: die Einsicht, dass wir die Unternehmung gleichzeitig aus der Sicht mehrerer Ebenen betrachten müssen. Freilich beschränkt sich die Wirkung des Ansatzes weitgehend auf diese grundsätzliche Einsicht: für die Praxis bleibt er weitgehend wirkungslos, weil er keine Motivation zu entsprechendem Handeln anbietet.

142 Die Idee der «sozialen Verantwortung» der Unternehmung

Zunehmende Popularität hat in den 60er und 70er Jahren die Idee der sozial verantwortlichen Unternehmungsführung gewonnen. Aus der Einsicht heraus, dass privatwirtschaftliches Handeln Auswirkungen auf verschiedene Interessengruppen, wie Mitarbeiter, Kunden, Geldgeber, lokale Umwelt und weitere Öffentlichkeit, haben kann, wird in Anknüpfung an die Tradition der humanistisch-liberalen Ethik von der Unternehmung die (freiwillige) Selbstverantwortung für die Folgen ihres Handelns gefordert. Das betriebswirtschaftlich rationale Gewinnstreben soll vom «sozialen Gewissen» der Unternehmungsleitung in Schranken gewiesen werden, indem diese die von ihren Entscheidungen betroffenen Interessen «in angemessener Weise» berücksichtigt. Diese Idee fand ihren Niederschlag nicht nur in zahlreichen amerikanischen Management-Lehrbüchern sondern auch in unmittelbar an die Praxis gerichteten Appellen verschiedener Organisationen, so z.B. im «Davoser Manifest» von 1973.[6]

Der Idee der sozialen Verantwortung kommt zweifellos das Verdienst zu, Schrittmacherarbeit für ein stärker gesellschaftsbezogenes Unternehmungsleitbild in Richtung des Konzepts der Unternehmung als multifunktionaler Institution geleistet zu haben (vgl. Abschnitt I/112). Ihren Popularitätserfolg dürfte sie jedoch eher dem manchmal nur unterschwelligen, oft aber direkten Appell an das *Eigeninteresse* der Unternehmung verdanken. Geht man nämlich von der realistischen Annahme aus, dass der Staat eher eine reagierende als agierende Instanz ist und nur dann der notwendige gesellschaftliche Druck zur Einschränkung unternehmerischer Freiheitsräume zustandekommt, wenn diese Freiheitsräume in krasser Weise gegen die Interessen der Öffentlichkeit ausgenützt werden, so wird

---

[6] Vgl. die Darstellung und Kritik bei Steinmann, H.: Zur Lehre von der «Gesellschaftlichen Verantwortung der Unternehmensführung», WiSt 1973, Heft 10, S. 467–473, sowie Ulrich, P.: Die Grossunternehmung als quasiöffentliche Institution, Stuttgart 1977, S. 212 ff.

jene These einsichtig, die Davis und Blomstrom[7] als *«eisernes Gesetz der Verantwortung»* folgendermassen formuliert haben:
Auf die Dauer verliert jede Institution jene Macht, die sie nicht verantwortungsvoll einsetzt.
Dieses «Gesetz» kann sich verwirklichen, indem durch neue Gesetze die Macht dieser Institution beschnitten wird, oder indem die Institution ihrer Funktion enthoben wird und untergeht (Verstaatlichung), oder indem sie durch den Druck der Öffentlichkeit zu einer Änderung ihrer Politik gezwungen wird.
Einer Unternehmungsphilosophie, die sich vom «eisernen Gesetz der Verantwortung» leiten lässt, kann eine gewisse Berechtigung im Hinblick auf die langfristige Existenzsicherung der Unternehmung nicht abgesprochen werden. Verhält sich allerdings die Konkurrenz nicht ähnlich, wird der Marktdruck der Umsetzung einer solchen Unternehmungsphilosophie in die konkrete Unternehmungspolitik enge Grenzen ziehen, es sei denn, von den «sozial verantwortlichen» Verhaltensweisen erhoffe sich die Unternehmung indirekte kommerzielle Vorteile. Besteht aber ein *Zielkonflikt,* so erübrigt sich entweder der Anspruch der «sozialen Verantwortung», falls den kommerziellen Aspekten die Priorität eingeräumt wird, oder das Management nimmt einen Ertragsausfall in Kauf, dessen juristische Legitimation vom heutigen kapitalorientierten Unternehmungsrecht her problematisch ist. Unter den gegebenen Rahmenbedingungen müssen sich deshalb die betriebswirtschaftlich-kommerziellen Kriterien durchsetzen: den «sozial verantwortlichen» Aktivitäten kann nur eine symbolische Legitimationsfunktion oder aber die direkte Funktion als (primär ideologische und nur sekundär handlungsrelevante) Abwehrstrategie gegen zunehmende staatliche Einflussnahme auf die Privatwirtschaft zukommen.
Noch schwerer wiegt der Einwand, dass die wesentlichen «sozialen Kosten» der Privatwirtschaft mittels unkoordinierter Einzelmassnahmen nicht zu beseitigen sind, handelt es sich doch vorwiegend um *strukturelle Widersprüche in der Wirtschaftsordnung* (sogenannte «Sachzwänge»), denen sich das Individuum oder die einzelne Unternehmung nur begrenzt entziehen kann (Beispiel: Dilemma zwischen technischem Fortschritt und Arbeitsplatzerhaltung in einer stagnierenden Wirtschaft). «Soziale Verantwortung» erweist sich bei näherer Betrachtung als (pseudo-)humanistisch verklärte, politisch naive Idee, die den realen Sachzwängen der Marktkonkurrenz, den

---

[7] Davis, K./Blomstrom, R.L.: Business, Society and Environment, 2nd ed., New York 1971.

Möglichkeiten zum «Free-Rider»-Verhalten[8] und vor allem dem Bedarf komplexer Industriegesellschaften nach demokratischer und rechtsstaatlicher Kontrolle aller gesellschaftspolitisch relevanten Machtträger in keiner Weise Rechnung trägt. Gesellschaftliches Verantwortungsbewusstsein des Managements ist zwar eine notwendige und begrüssenswerte unternehmungsphilosophische Grundhaltung, aber kein hinreichendes gesellschaftliches Ordnungsprinzip.

143 Die Idee der konsensorientierten Unternehmungspolitik

Selbst wenn man am Postulat der sozial verantwortlichen Unternehmungsleitung grundsätzlich festhält, erweist sich die oben kritisierte, herkömmliche Konzeption bei näherem Hinsehen sogar aus sozialphilosophisch-ethischer Sicht als fragwürdig. Das Management mutet sich die Aufgabe und Kompetenz zu, *an Stelle* der von unternehmerischen Handlungen Betroffenen deren Bedürfnisse und Interessen in angemessener Weise in seinen «einsamen» Entscheidungen zu berücksichtigen. Doch mit diesem Anspruch ist das Management in realistischer Betrachtung hoffnungslos überfordert. Was «berechtigte» Bedürfnisse sind und was als «angemessene» Interessenberücksichtigung zu gelten hat, ist kein empirisch-analytisches Informationsverarbeitungsproblem, sondern ein *normatives Willensbildungsproblem,* das überhaupt nicht anders als durch argumentative Verständigung und Konsensfindung mit den Betroffenen rational gelöst werden kann[9].

Wie so oft erfasst auch in diesem Fall der Begriff der Verantwortung diesen Zusammenhang tiefgründiger, als dies vielen Vertretern des Postulats der sozialen Verantwortung bewusst ist. Nicht umsonst steckt im Begriff der Verantwortung ein kommunikativer Kern: etwas «ver-antworten» heisst doch wörtlich: Red' und Antwort stehen, im Dialog mit den Handlungsbetroffenen akzeptable Gründe für die eigenen Handlungsabsichten vorbringen. Es muss auffallen, dass dieser dialogische Ursprung im *«monologischen» Verantwortungsbegriff* der herkömmlichen utilitaristischen Verantwortungsethik unterschlagen wird.

---

[8] Der «Free Rider» ist ein Individuum, das vom kollektiven Nutzen der sozial verantwortlichen Handlungsweisen anderer Individuen profitiert, ohne selbst einen Beitrag zu leisten. Dieses Verhalten der privaten Nutzenmaximierung erscheint im Rahmen einer rein individualistischen «Ethik» so lange als rational, als es weder gesetzlich noch wirtschaftlich sanktioniert wird.

[9] Vgl. oben, Abschnitt I/23.

In der Konzeption der konsensorientierten Unternehmungspolitik tritt an die Stelle des monologischen der *dialogische Verantwortungsbegriff*. Die diffuse Grundidee der alten utilitaristischen Ethik, die Idee der Nutzenmaximierung *für* alle, wird abgelöst durch die präzise Leitidee der *kommunikativen Ethik:* zu fordern ist allein die Bereitschaft zur unvoreingenommenen, vernünftigen Verständigung *mit* allen Handlungsbetroffenen. Diese Minimalethik des Dialogs bezieht sich nicht auf den «Output», sondern auf den «Input» aller unternehmungspolitischen Willensbildungsprozesse. Die wohlver-

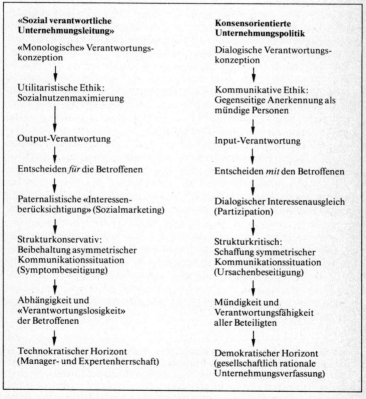

Abb. II/2: Monologischer vs. dialogischer Verantwortungsbegriff und die alternativen managementphilosophischen Konsequenzen

standene gesellschaftliche Verantwortung des Managements wird wahrgenommen in der Anerkennung aller von unternehmerischem Handeln Betroffenen als mündiger («münd-iger»!) Personen, über die das Management aus ethischer Sicht nicht verfügen kann, mit denen vielmehr eine rationale Verständigung über faire, allseits akzeptable Handlungsorientierungen anzustreben ist (Abb. II/2).[10]
Zur Leitidee der *konsensorientierten Unternehmungspolitik* gehört die Strategie des schrittweisen, längerfristig ausgerichteten Aufbaus von kommunikativen Verständigungspotentialen mit allen vom unternehmerischen Handeln betroffenen Bezugsgruppen innerhalb *(Internal Relations)* und ausserhalb der Unternehmung *(External Relations)*. Von der Verbesserung der Beziehungen zu diesen Gruppen ist ein grösseres Verständnis für die gegenseitigen Bedürfnisse und Wertvorstellungen und damit einerseits eine qualitativ bessere Unternehmungspolitik, anderseits eine grössere Kooperations- und Unterstützungsbereitschaft seitens der Bezugsgruppen der Unternehmung zu erwarten. Konsensorientierte Unternehmungspolitik erweist sich so als betriebswirtschaftlich durchaus rational. Die unternehmungspolitische Vernunft der Geschäftsleitung zeigt sich nicht in der Souveränität einsamer Entscheidungen, sondern in der Qualität ihres «Konsensus-Managements».

Im Gegensatz zum herkömmlichen Postulat der «sozialen Verantwortung» kann das Konzept der konsensorientierten Unternehmungspolitik auch nicht als ideologische Defensivstrategie gegen notwendige ordnungspolitische Massnahmen zur Beseitigung der bereits erwähnten strukturellen Widersprüche und ihrer Symptome, der «externen Effekte», missbraucht werden, sondern weist selbst schon mit innerer Konsequenz auf die strukturelle Grundvoraussetzung einer ethisch vernünftigen und funktionsfähigen Wirtschafts- und Gesellschaftsordnung hin. Ein rationaler argumentativer Verständigungsprozess ist nämlich nur in einer *symmetrischen Kommunikationssituation* möglich, in der alle Beteiligten gleiche Argumentationschancen haben. Von hier aus wird deutlich, dass die Aktualisierung von gesellschaftlichen Verantwortungsproblemen der Wirt-

---

[10] Vgl. dazu eingehender Ulrich, P.: Konsensus-Management: Die zweite Dimension rationaler Unternehmensführung, Betriebswirtschaftl. Forsch. u. Praxis 35 (1983), S. 70 – 84. – Die umfassenden Grundlagen und praktischen Konsequenzen des wirtschaftsphilosophischen Paradigmenwechsels vom Utilitarismus zur kommunikativen Ethik werden systematisch entwickelt in Ulrich, P.: Transformation der ökonomischen Vernunft, Bern/Stuttgart 1984 (zur dialogischen Verantwortungskonzeption vgl. speziell Kapitel 54).

schaft nur das Symptom dafür ist, dass es immer mehr Betroffene, aber nicht Beteiligte an unternehmungspolitischen Entscheidungen gibt, die wegen asymmetrischer oder gänzlich ausfallender Verständigungsverhältnisse zu ihrer Betroffenheit buchstäblich «nichts zu sagen» haben, also «un-münd-ig» gehalten werden. Die herkömmliche Konzeption sozialer Verantwortung erweist sich auf diesem Hintergrund in der Tendenz als strukturkonservativ und elitär: sie zielt nicht auf die ursächliche, strukturelle Beseitigung der asymmetrischen Kommunikationssituation zwischen «Entscheidungsträgern» und Betroffenen, sondern überdeckt sie bloss moralisierend durch das Bekenntnis zur einseitigen Verantwortungsübernahme derjenigen, die «das Sagen» haben. Die dialogische Verantwortungskonzeption ist demgegenüber strukturkritisch: sie zielt auf die Schaffung echter Verständigungsgegenseitigkeit zwischen den Beteiligten. Folgerichtig wird die *«Entschränkung» der unternehmungspolitischen Kommunikation* gegenüber allen Betroffenen zur institutionellen Aufgabe einer im Sinne der kommunikativen Ethik rationalen Unternehmungsverfassung.

144 Die Idee der gesellschaftlich rationalen Unternehmungsverfassung

Unter einer *Verfassung* versteht man im allgemeinen ein rechtswirksames System von Grundnormen, das die Grundfragen des Bestands (Existenzzweck, Veränderungs- und Auflösungsmodalitäten), der Zugehörigkeit (Mitgliedschaftsbedingungen), der unentziehbaren Grundrechte aller Beteiligten (Freiheits-, Teilnahme-, Sozial- und Klagerechte), der Organisation (Organe und ihre Befugnisse, Wahl- und Kontrollverfahren) und der Verantwortlichkeiten (Haftung) einer Institution regelt. Die *gesellschaftliche Rationalität* einer Verfassung misst sich letztlich an nichts anderem als an ihrer Fähigkeit zur «Entschränkung» der politischen Kommunikation unter allen vom Handeln der betreffenden Institutionen Betroffenen.[11] Denn die normativen Fragen des gesellschaftlichen Zusammenlebens der Menschen können nicht anders als auf dem Wege der unbeschränkten argumentativen Konsensfindung wirklich vernünftig gelöst werden. Die Leitidee einer gesellschaftlich rational verfassten Institution fällt daher mit dem Ideal demokratischer Ordnung zusammen.

---

[11] Vgl. Habermas, J.: Technik und Wissenschaft als ‹Ideologie›, Frankfurt 1968, S. 98. – Unterdessen hat Habermas seine kommunikativ-ethisch fundierte Konzeption gesellschaftlicher Rationalität wesentlich vertieft; vgl. ders., Theorie des kommunikativen Handelns, 2 Bde., Frankfurt 1981.

Das Ideal der rationalen Verständigung unter mündigen Bürgern lässt sich freilich stets nur annäherungsweise erreichen. Die Leitidee gesellschaftlicher Rationalität von Institutionen weist die Zielrichtung, aber sie liefert noch keine realisierbaren, pragmatischen Ordnungsformen.

Sobald nun eine Unternehmung den faktischen Status einer *quasi-öffentlichen Institution* aufweist, ist sie wie der Staat oder andere Körperschaften «verfassungswürdig». Nach dem oben Gesagten ist unter einer *gesellschaftlich rationalen Unternehmungsverfassung* ein demokratisch zustande gekommener Basiskonsens über die institutionelle Ordnung der Unternehmung und die unentziehbaren Persönlichkeits-, Teilnahme- und Oppositionsrechte aller Betroffenen im unternehmungspolitischen Willensbildungsprozess zu verstehen. Es ist hier nicht der Ort, um vertieft auf diese Leitidee einer grundrechtheorientierten Unternehmungsverfassung und die Möglichkeiten ihrer Umsetzung in pragmatische Ordnungskonzepte einzugehen.[12] Hingegen dürfte es angebracht sein, wenigstens auf drei notwendige Merkmale einer gesellschaftlich rationalen Unternehmungsverfassung hinzuweisen, denen bei der zunehmenden Verwendung und Diskussion des Begriffs in Theorie und Praxis nicht immer Rechnung getragen wird:

a) *Eine rationale Unternehmungsverfassung muss demokratisch von allen ihr Unterstellten legitimiert sein.* Der Sinn jeder Verfassung besteht gerade darin, dass es sich um einen demokratisch ermittelten, tragfähigen Grundkonsens aller an sie gebundenen Personen handelt. Die zunehmende Mode, ein beliebiges Unternehmungsleitbild oder Führungskonzept in der Praxis als «Unternehmungsverfassung» zu bezeichnen, obwohl es sich um eine einseitige Willensäusserung der Unternehmungsleitung handelt, stellt ein klares Missverständnis des Begriffs dar, das dem Verständnis der «Staatsverfassung» von diktatorischen Regierungen nicht ganz unähnlich ist. In einer echten Unternehmungsverfassung geht es um die demokratische Legitimation des Managements durch alle Betroffenen bzw. Beteiligten.

b) *Eine rationale Unternehmungsverfassung muss rechtsverbindlich sein.* Sie braucht keineswegs gesetzlich in allen Einzelheiten geregelt zu sein, sondern kann im Rahmen rechtlicher Grundmuster durchaus vertraglich ausgeformt sein. Wesentlich ist jedoch, dass

---

[12] Vgl. dazu Ulrich, P.: Transformation der ökonomischen Vernunft, a.a.O., Kapitel 73; ferner ders., Wirtschaftsethik und Unternehmungsverfassung: Das Prinzip des unternehmungspolitischen Dialogs, in: Ulrich, H. (Hrsg.): Management-Philosophie für die Zukunft, Bern/Stuttgart 1981, S. 57–75.

die zu bestimmenden unentziehbaren Rechte aller Betroffenen rechtlich einklagbar sind; eine rationale Gesellschafts- und Wirtschaftsordnung kann persönliches Moralbewusstsein nicht ersetzen, aber sie darf sich nicht darauf verlassen.

c) *Eine rationale Unternehmungsverfassung muss «offen» sein,* d. h. sie darf ebenso wenig wie eine akzeptable Staatsverfassung die partizipationsberechtigten Interessengruppen im voraus und abschliessend materiell definieren. Es gibt beispielsweise keinen zwingenden Grund, die Unternehmungsverfassung auf die «Mitbestimmung» (oder Selbstverwaltung) der Mitarbeiter zu beschränken und alle «extern» vom unternehmerischen Handeln Betroffenen zur Wahrung ihrer legitimen Interessen auf den interventionsstaatlichen Weg zu verweisen, statt ihnen ebenfalls adäquate Anhörungs-, Mitsprache-, Entschädigungs- und Klagerechte einzuräumen in bezug auf unternehmungspolitische Entscheidungen, von deren «externen Effekten» sie betroffen sind. Es gibt heute so viele «externe Effekte» unternehmerischen Handelns, weil es so viele «Externe» gibt.[13] Eine gesellschaftlich rationale Unternehmungsverfassung internalisiert die externen Effekte in die unternehmungspolitischen Entscheidungen durch die «Internalisierung» der betroffenen «Externen» selbst.

Fragen wir zum Schluss nach einer vernünftigen managementphilosophischen Grundhaltung gegenüber den Problemen der Wirtschaftsordnung und Unternehmungsverfassung, so lässt sich folgendes festhalten: Ein Management mit *professionellem Selbstverständnis,* das von einer beruflichen Verpflichtung gegenüber der Gesamtgesellschaft (und nicht nur gegenüber Sonderinteressen) ausgeht und dem die skizzierten Zusammenhänge einsichtig sind, wird sich politischen Bemühungen um die Schaffung eines gesellschaftlich möglichst rationalen Unternehmungsverfassungsrechts nicht entgegenstellen, sondern sie tatkräftig unterstützen. Denn erst eine entsprechende Unternehmungsverfassung könnte das Management aus dem immer häufigeren moralischen Dilemma befreien, *entweder* gesellschaftlich unvernünftig *oder* aber betriebswirtschaftlich irrational handeln zu müssen. Von da her liegt eine gesellschaftlich rationalere Unternehmungsverfassung im höchsten Berufsinteresse all jener Manager, denen an einer grundsätzlichen Übereinstimmung der unternehmungsintern verbindlichen Handlungs- und Erfolgskriterien

---

[13] Vgl. Kappler, E.: Zur praktischen Berücksichtigung pluralistischer Interessen in betriebswirtschaftlichen Entscheidungsprozessen, Betriebswirtschaftl. Forsch. u. Praxis 29 (1977), S. 70 – 82 (S. 80).

mit dem Wertsystem der gesellschaftlichen Umwelt gelegen ist. Denn je vernünftiger die gesellschaftlichen Effekte des unternehmerischen Handelns insgesamt sind, um so legitimer, sinnvoller, angesehener und befriedigender wird letztlich auch die berufliche Aufgabe des Managements.

2 Unternehmungspolitik

21 Begriff und Wesen der Unternehmungspolitik

Als *politisch* soll jede Handlung bezeichnet werden, die die Wertvorstellungen, Bedürfnisse oder Interessen einer grösseren Zahl von Dritten und damit die Ordnung des gesellschaftlichen Zusammenlebens der Menschen betrifft. Aus dem bereits in Abschnitt I/112 beschriebenen Charakter vor allem grösserer Unternehmen als *quasi-öffentlicher Institutionen* ergibt sich unmittelbar, dass ein realitätsgerechter Begriff der «Unternehmungspolitik» durchaus im wörtlichen Sinn zu verstehen ist: es geht keineswegs bloss um eine oberste Unternehmungsstrategie und «Unternehmungsleitungstechnik», sondern wirklich um die *Politik der Unternehmung*.[14] Unternehmungspolitik ist somit die Auseinandersetzung mit den Wertvorstellungen und Interessen aller an der Unternehmung beteiligten oder von ihren Handlungen betroffenen Gruppen und die permanente Pflege tragfähiger Beziehungen zu diesen Gruppen. Es geht dabei um den schrittweisen Aufbau von kommunikativen *Verständigungspotentialen*, das heisst um die systematische Entwicklung der Voraussetzungen für die argumentative Konsensfindung über konfligierende Wertvorstellungen und Interessen mit allen Gruppen, auf deren Zusammenarbeit oder Unterstützung die Unternehmung angewiesen ist, zur vorausblickenden Sicherung ihrer Kooperationsbereitschaft.[15] Zwei grundlegende Beziehungsfelder der Unternehmungspolitik können dabei unterschieden werden:

a) *Unternehmungsinterne Beziehungen:* Bestimmung personalpolitischer Grundsätze und Richtlinien; Entwicklung einer Kommunikationskultur sowie von Strukturen, die eine konsensorientierte Austragung aller Interessenkonflikte im Kader, zwischen dem Kader und den Mitarbeitern sowie zwischen den Betriebsangehörigen und den Eigentümern ermöglichen.

b) *Unternehmungsexterne Beziehungen:* Bestimmung der Verhaltensgrundsätze gegenüber Marktpartnern, «extern» (d.h. von externen Effekten des unternehmerischen Handelns) Betroffenen, kritisch eingestellten Teilen der Öffentlichkeit und staatlichen In-

---

[14] Vgl. dazu Ulrich, P.: Plädoyer für unternehmungspolitische Vernunft, Management-Zeitschrift io 49 (1980), S. 32–38.
[15] Vgl. oben, Abschnitt II/143.

stanzen; Aufbau eines regelmässigen Dialogs zu diesen Gruppen zur Förderung des wechselseitigen Verständnisses und der Verbesserung der Beziehungen *(External Relations)*.

Anspruchsgruppen	Interessen (Ziele)
I Interne Anspruchsgruppen	
1. Eigentümer – Kapitaleigentümer – Eigentümer-Unternehmer	– Einkommen – Erhaltung, Verzinsung und Wertsteigerung des investierten Kapitals – Selbständigkeit (nur 1)
2. Management (Manager-Unternehmer)	– Macht, Einfluss, Prestige – Entfaltung eigener Ideen und Fähigkeiten, Arbeit = Lebensinhalt
3. Mitarbeiter	– Einkommen (Arbeitsplatz) – soziale Sicherheit – sinnvolle Betätigung, Entfaltung der eigenen Fähigkeiten – zwischenmenschliche Kontakte (Gruppenzugehörigkeit) – Status, Anerkennung, Prestige (ego-needs)
II Externe Anspruchsgruppen	
4. Fremdkapitalgeber	– sichere Kapitalanlage – befriedigende Verzinsung – Vermögenszuwachs
5. Lieferanten	– stabile Liefermöglichkeiten – günstige Konditionen – Zahlungsfähigkeit der Abnehmer
6. Kunden	– qualitativ und quantitativ befriedigende Marktleistung zu günstigen Preisen – Service, günstige Konditionen, usw.
7. Staat und Gesellschaft (Allgemeinheit)	– Steuern – Sicherung der Arbeitsplätze – Sozialleistungen – positive Beiträge an die Infrastruktur – Einhalten von Rechtsvorschriften und Normen – Teilnahme an der politischen Willensbildung – Beiträge an kulturelle, wissenschaftliche und Bildungsinstitutionen – Erhaltung einer lebenswerten Umwelt

Abb. II/3: Anspruchsgruppen der Unternehmung und ihre Interessen

Die wichtigsten internen und externen unternehmungspolitischen Bezugsgruppen und ihre Interessen gegenüber der Unternehmung sind in Abbildung II/3 zusammengestellt.
Zu den bisherigen unternehmungsphilosophischen Überlegungen tritt als wesentlicher Faktor der Unternehmungspolitik der *Machtaspekt* hinzu: auf der einen Seite ist es die legitime Aufgabe und berufliche Pflicht des Managements, die langfristig orientierten Existenz- und Erfolgsinteressen der Unternehmung als Ganzes bestmöglich im unternehmungspolitischen Kräftefeld zu vertreten und zu wahren, auf der andern Seite versuchen die verschiedenen an der Unternehmung interessierten Anspruchsgruppen, einen möglichst grossen Teil ihres eigenen Wertsystems und ihrer eigenen Zielvorstellungen in die unternehmungspolitischen Willensbildungsprozesse einfliessen zu lassen, indem sie entsprechenden Einfluss auf die *Kerngruppe* der Unternehmung zu gewinnen versuchen. Als «Kerngruppe» wird jene oberste Gruppe bezeichnet, die zur unternehmungspolitischen Zielbildung in der Unternehmung rechtlich und organisatorisch (formell) legitimiert ist. Es ist jedoch nicht von vornherein gesagt, dass die Kerngruppe in jeder Situation auch die faktische Verfügungsmacht über die Unternehmung ausüben kann. Wie der unternehmungspolitische Willensbildungsprozess abläuft und wo er endet, d.h. welche unternehmerischen Ziele oder Handlungsweisen schliesslich festgelegt werden, hängt (a) von der effektiven *Machtkonstellation* zwischen den beteiligten Interessengruppen und (b) von den *Wertsystemen,* die die dominanten Gruppen vertreten, ab. Das von der Kerngruppe vertretene Wertsystem ist ihre Managementphilosophie.
In die Unternehmungspolitik gehen aber nicht nur Wertsysteme, sondern auch *Informationen* ein: die Kerngruppe ist dafür verantwortlich, dass die festgelegte Unternehmungspolitik
- den begrenzten Mitteln und Möglichkeiten der Unternehmung sowie
- den Umweltbedingungen

angepasst ist, also den situativen Gegebenheiten gerecht wird.
Schliesslich ist als weiteres Merkmal der Unternehmungspolitik zu erwähnen, dass sie sich mit *Grundsatzentscheidungen* befasst, die wenn möglich in einem schriftlichen Leitbild und/oder in Richtlinien *dokumentiert* werden sollten. Sie legt einen Rahmen fest, der im wesentlichen die *Funktionen* (insbesondere den wirtschaftlichen Grundzweck), die *Ziele* und die *Verhaltensgrundsätze* der Unternehmung bestimmt.
Damit stellt die Unternehmungspolitik zugleich die verbindliche Grundlage für die *Unternehmungsplanung* dar (vgl. Abb. II/4). Die-

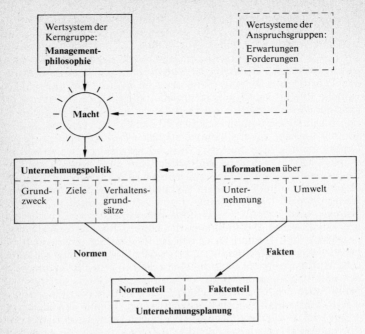

Abb. II/4: Der unternehmungspolitische Willensbildungsprozess

se Funktion kann sie allerdings nur erfüllen, solange sie ein zukunftsorientiertes, tragfähiges Konzept bietet; ist dies nicht der Fall, so wird die verbindliche Unternehmungspolitik eher zum hinderlichen oder gar existenzgefährdenden als zum erfolgsfördernden Faktor.
In den beiden folgenden Abschnitten wird nun auf einige zentrale und aktuelle inhaltliche Probleme der Unternehmungspolitik eingegangen, unabhängig davon, wieweit durch gesetzliche Regelungen ihre Lösung schon vorgegeben ist (wie z.B. Mitbestimmung in der BRD). Dabei werden die kritischen, auf Veränderung abzielenden Argumente betont, da es vor allem diese sind, mit denen sich das Management in Zukunft vermehrt auseinanderzusetzen hat. Die folgenden Ausführungen beanspruchen also nicht, alle Aspekte zu erfassen; eine umfassende Diskussion der aufgeworfenen Probleme würde den Rahmen dieser Einführung sprengen.

22 Grundprobleme im unternehmungsinternen Beziehungsfeld

Der interne Aspekt der Unternehmungspolitik umfasst alle Probleme des Interessenausgleichs zwischen den Mitgliedern und Eigentümern des Systems. Dazu gehören vor allem zwei grundsätzliche Fragenbereiche:
- die Machtverteilung im System und ihre Legitimation
- die Ertragsverteilung

121 Die Machtverteilung und ihre Legitimation

Dieses Problem wird heute vorwiegend unter den Stichworten «*Mitbestimmung*» und «*Wirtschaftsdemokratie*» diskutiert. Mitbestimmung kann als Ausdruck zweier Bewusstseinsveränderungen gesehen werden:
a) Als Baustein einer ganzheitlich demokratisierten Gesellschaft muss auch die Unternehmungsleitung den Systemmitgliedern rechenschaftspflichtig sein, und deren Willen soll in der obersten Leitung zumindest repräsentiert sein: gemäss dem demokratischen Prinzip erfolgt Legitimation immer von unten nach oben, nicht umgekehrt.
b) Geht man vom neuen Modell der Unternehmung als multifunktionaler, quasi-öffentlicher Institution aus, ist die alleinige Legitimation des Leitungsanspruchs durch das Eigentum am Unternehmungskapital in Frage gestellt. Es ist jetzt vorstellbar, dass Manager, welche zwischen den konkurrierenden Ansprüchen verschiedener Interessengruppen zu vermitteln haben (Multifunktionalität), von mehreren Interessengruppen (Eigentümer, Mitarbeiter, Öffentlichkeit) her legitimiert sein sollten (gemischte Legitimation).

Wesentlich weitergehende Alternativen als blosse Mitbestimmung sind denkbar, allerdings nur unter geänderten eigentumsrechtlichen Voraussetzungen. Das in *Jugoslawien* seit etwa 20 Jahren aufgebaute *System der Selbstverwaltung,* das allerdings dort durch seine Einbettung in einen undemokratischen Staat beeinträchtigt wird, kennt keinen personifizierten Eigentümer mehr; es baut auf den Prinzipien der Kapitalneutralisierung und einer demokratischen Unternehmungsverfassung auf.[16]

---

[16] Zur Diskussion um die verschiedenen Mitbestimmungs-, Beteiligungs-, Partnerschafts- und Selbstverwaltungsmodelle vgl. Huber, J./Kosta, J. (Hrsg.): Wirtschaftsdemokratie in der Diskussion, Köln/Frankfurt 1978, sowie Ulrich, P.: Transformation der ökonomischen Vernunft, a.a.O., Kap. 7.

222 Die Ertragsverteilung

Zwar sind Fragen der Ertragsverteilung letztlich identisch mit Fragen der Machtverteilung. Im Rahmen der Unternehmungspolitik kommt ihnen trotzdem eine relativ eigenständige Bedeutung zu, da sie im Brennpunkt verschiedener, konkurrierender Ziele und Interessen stehen: Hohe Entschädigungen der Mitarbeiter (inkl. des Managements) konkurrieren
- mit den Erwerbszielen der Eigentümer
- mit den Selbstfinanzierungs- und Sicherheitszielen der Unternehmung.

Die grundlegende Verteilung von Unternehmungserträgen wird
a) durch die Lohnpolitik der Unternehmung
b) im Jahresabschluss durch das Verhältnis von zurückbehaltenen und an die Eigentümer ausgeschütteten Mitteln
c) durch die Verwendung dieser nichtausgeschütteten Erträge

bestimmt. Es geht dabei nicht nur um die absolute Höhe der Entschädigungen, sondern in noch stärkerem Masse um ihre *relative* Höhe im unternehmungsinternen Vergleich.

Um eine stärkere Beziehung zwischen der erhaltenen finanziellen Entschädigung und dem eigenen Beitrag eines Individuums zu erreichen, werden *Systeme* der *Erfolgsbeteiligung* der Mitarbeiter eingesetzt. Bei *vermögensbildender Erfolgsbeteiligung* wird – im Gegensatz zur einfachen Gewinnbeteiligung – dem Mitarbeiter nicht ein Baranteil ausbezahlt, sondern ein Anteil am Unternehmungskapital zugeteilt, wodurch er in formal-juristischer Hinsicht dem Miteigentümer (Aktionär) gleichgestellt wird. Ob dem auch ein zusätzlicher Einfluss auf das Management entspricht, hängt
- vom relativen Volumen der ausgehändigten Kapitalanteile und
- von der Koordination der Eigentümerrechte der betreffenden Mitarbeiter ab.

In betriebswirtschaftlicher Hinsicht verspricht man sich von der Erfolgsbeteiligung
- eine leistungsstimulierende Wirkung auf die Mitarbeiter
- mehr Leistungsgerechtigkeit im Lohnsystem
- flexiblere, der Ertragslage der Unternehmung entsprechende Lohnkosten.

In volkswirtschaftlicher Hinsicht trägt eine vermögensbildende Erfolgsbeteiligung zur angestrebten breiteren Vermögensbildung bei, und dies im Unterschied zu Barausschüttungen ohne Schwächung der Investitionskraft der Unternehmung.

23 Grundprobleme im unternehmungsexternen Beziehungsfeld

Aus dem Spektrum der externen Beziehungen der Unternehmung wollen wir drei Problembereiche herausgreifen, die als besonders aktuell gelten können:
– das (durch die Bewegung des Konsumerismus problematisierte) Verhalten der Unternehmung auf dem Absatzmarkt
– das (von der Umweltschutzbewegung ins Zentrum gerückte) ökologische Verhalten der Unternehmung
– das (aufgrund des sich verschärfenden Nord-Süd-Konflikts immer stärker in den Brennpunkt rückende) entwicklungspolitische Verhalten multinationaler Konzerne in der Dritten Welt.

Ein vierter Problembereich von besonderer Brisanz muss heute im beschäftigungspolitischen Verhalten der Unternehmungen (Arbeitsplatzvernichtung durch Rationalisierung) gesehen werden. Auf eine Behandlung dieses sehr vielschichtigen Problems wird hier verzichtet.

231 Das Verhalten auf dem Absatzmarkt

Die heute vorherrschende Definition des Marketing als Ausrichtung aller Unternehmungsaktivitäten auf die *Befriedigung von Kundenbedürfnissen* wird üblicherweise zugleich als Rechtfertigung einer intensiven Marktbearbeitung verstanden. Viele Unternehmungsleitungen sind der Ansicht, dass mit der Tatsache der «Bedürfnisbefriedigung» an sich einer grundsätzlichen Kritik am Marketing-Konzept bereits jegliche Überzeugungskraft genommen ist.

Aggressive Marketingpraktiken pervertieren jedoch die Rechtfertigungen nicht selten in ihr Gegenteil, indem sie die zu befriedigenden Bedürfnisse zuerst selbst induzieren. So wird etwa für Seife oder Kosmetika ein Produktimage aufgebaut, das es der Unternehmung gestattet, nicht einfach Seife oder Kosmetika, sondern «Hoffnung» und «Selbstvertrauen» zu verkaufen.[17] Die Konsumenten, denen die Markttransparenz in vielen Fällen verloren gegangen ist, fühlen sich teilweise den Beeinflussungsversuchen der Unternehmungen ausgeliefert oder gar von solchen betrogen.

---

[17] Dieses Beispiel geht auf einen von Kotler erwähnten Fall zurück, wonach ein Manager aus der Kosmetikbranche seine Produkte folgendermassen – und sicher treffend – charakterisierte: «In der Fabrik stellen wir Kosmetika her, und über die Ladentheke verkaufen wir Hoffnung.» – Vgl. Kotler, Philip: Marketing-Management (deutsche Übersetzung der 2. Auflage), Stuttgart 1974.

Anfangs der 60er Jahre begann sich in den USA eine als *Konsumerismus* (Consumerism) bezeichnete Bewegung anzubahnen, deren Ziel eine Stärkung der Position des Käufers durch organisierte Vertretung der Konsumenteninteressen ist. Der Konsument soll (wieder) in die Lage versetzt werden, die ihm zugedachte regulierende Rolle auf dem Markt auszuüben. Dazu sind erforderlich:
- Markttransparenz mittels qualitativ und quantitativ ausreichender Informationen
- Rechtsschutz und Rechtsbeistand für den Konsumenten
- zeitgemässe Sicherheitsnormen, verbunden mit einer grundsätzlichen Herstellerhaftung für Schäden, die vom Produkt verursacht werden
- Erhaltung des Wettbewerbs, Sicherung von Kaufalternativen.[18]

Mit dem zunehmenden Auftreten von Konsumentenorganisationen zur Durchsetzung dieser Forderungen steht die Unternehmungsleitung vor der neuartigen Situation, dass sie auf dem Absatzmarkt nicht mit einzelnen Individuen, sondern mit unternehmungspolitisch relevanten Interessengruppen in Kontakt gerät. Damit wird erstmals weiten Kreisen bewusst, dass Marketing sich nicht bloss mit sachtechnischen Fragen beschäftigt, sondern im Grunde genommen immer *Marketing-Politik* darstellt.

Die Einsicht wächst, dass das Marketing-Konzept in einer Weise neu definiert werden muss, dass es Kriterien zur Berücksichtigung gesamtgesellschaftlicher Zielvorstellungen berücksichtigt. In diesem Sinn prägt Kotler (a.a.O.) den Begriff des *«aufgeklärten Marketing»*, das nicht unkritisch beliebige individuelle Bedürfnisse schafft und befriedigt, sondern zuerst deren Verhältnis zur «Qualität des Lebens» prüft und wenn nötig verbessert. Die Pflege guter Beziehungen zu den Konsumentenorganisationen schafft dafür die beste Grundlage.

232 Das ökologische Verhalten

Trotz den keineswegs neuen Warnungen von Wissenschaftern vor den schädlichen Auswirkungen des industriellen Wachstums auf die Natur wurde das Umweltbewusstsein der Öffentlichkeit erst durch den Weltbestseller *«Die Grenzen des Wachstums»*, der von D. Meadows und andern am MIT im Auftrag des «Club of Rome» erar-

---

[18] Diese vier Punkte entsprechen etwa den von John F. Kennedy 1962 in seiner «Special Message on the Consumer Interest» aufgestellten Postulaten. Sie wurden auch vom führenden Konsumenten-Anwalt Ralf Nader verlangt.

beitet wurde, sowie durch den englischen «*Blueprint for Survival*», der anfangs 1972 in der Zeitschrift «The Ecologist» erschien und in manchen Punkten noch radikaler war als die MIT-Studie, wachgerüttelt. Beide Studien warnen vor irreversiblen Schäden, die sich anzubahnen scheinen: einerseits die Zerstörung des globalen ökologischen Gleichgewichts (Gewässer- und Luftverschmutzung, Smog, Rohstofferschöpfung) und anderseits die Rückwirkungen auf die Menschen (zunehmende Konzentration giftiger Substanzen in der Nahrung, Zerstörung der Landschaft, genetische Schäden), die gesamthaft eine *sinkende Qualität des Lebens,* im Extremfall vielleicht sogar die Unmöglichkeit menschlichen Lebens zur Folge haben.

Zur Verhinderung eines Kollapses werden umfangreiche *staatliche Massnahmen* vorgeschlagen, deren Ziel es sein muss, von der gegenwärtigen, Raubbau an der Umwelt betreibenden «Cowboy-Wirtschaft» zu einer das Umweltkapital erhaltenden «*Raumschiff-Wirtschaft*»[19] überzugehen. Die dabei zu lösenden Probleme sind zahlreich, es seien nur stichwortartig genannt:
- selektives, «qualitatives» Wachstum
- konsequentes Recycling (Wiederverwertung von Abfällen)
- Entwicklung von umwelt-, rohstoff- und energieschonenden Technologien
- Verhinderung privatwirtschaftlicher Umweltschädigungen durch Vorgabe von Toleranzwerten, hohe Besteuerung von unerwünschten Technologien und Produkten sowie durch umfassende Raumplanung.

Angesichts dieser Situation stellt sich die Frage, wieweit durch eine vernünftige, verantwortungsvolle Unternehmungspolitik ein Beitrag zur Erreichung dieser Ziele – und damit letztlich auch zur Existenzsicherung der Privatwirtschaft – geleistet werden kann und muss.

Als *dringendste Massnahmen* dazu sind zu betrachten:
- die sofortige Verwendung der umweltschonendsten Technologien bis zu jenen Mehrkosten, die vom hergestellten Produkt gerade noch getragen werden können (Internalisierung ökologischer Kosten)
- die Elimination von Produkten aus dem Sortiment, deren Umweltbelastung mit tragbaren Kosten nicht auf ein akzeptables Mass reduziert werden kann (z. B. bei chemischen Produkten)
- intensive Forschungs- und Entwicklungsanstrengungen zur lau-

---

[19] Vgl. Boulding, Kenneth E.: The Economics of the Coming Spaceship Earth, in: Henry Jarrett (Hrsg.): Environmental Quality in a Growing Economy, Baltimore/London 1966.

fenden Verbesserung von Technologie und Produkten in ökologischer Hinsicht
- Übergang zu energie- und rohstoffsparenden Produktionsverfahren
- Verzicht auf Produktionsstandorte, an welchen besonders grosse Konzentrationen der Umweltverschmutzung auftreten würden
- Bereitschaft zu offener Zusammenarbeit mit staatlichen Umweltschutzbehörden.

Die *unternehmungspolitische Rechtfertigung* solcher Massnahmen ist zu sehen
- im potentiellen «Bumerang-Effekt» der *«Zerstörung der Marktwirtschaft durch ihre eifrigsten Anhänger»:* eine Ausnützung von «ökologischen Freiheitsräumen», die vorübergehend noch nicht durch staatliche Verbote belegt sind, zwecks kurzfristiger Gewinnmaximierung ist unvernünftig, weil sie längerfristig der eigenen Unternehmung und der gesamten Privatwirtschaft Schaden zufügt
- in der *multifunktionalen Verantwortung* eines Managements, das professionellen Anforderungen genügen soll (vgl. Abschnitt II/144)
- im wahrscheinlichen ökonomischen Vorteil, der sich gesamthaft ergeben kann aus dem dabei zu erwerbenden *Goodwill* in der Öffentlichkeit einerseits, aus dem *Zeitvorsprung* in der Produkt- und Verfahrensentwicklung gegenüber Unternehmungen, die mit der Umstellung bis zum letztmöglichen Moment zuwarten, anderseits.

Die *Problematik* solcher Massnahmen ist vor allem darin zu sehen, dass eventuelle (vorübergehende) finanzielle Einbussen mehr oder weniger alle Interessengruppen betreffen können, z.B. die Aktionäre durch reduzierte Gewinne, die Konsumenten durch höhere Preise. Die eigentliche unternehmungspolitische Aufgabe des Managements besteht darin, einen Zielanpassungsprozess bei allen Interessengruppen durchzusetzen.

233 Das entwicklungspolitische Verhalten

Immer höher sind die Anforderungen, welche die gesamte gesellschaftliche Entwicklung auf regionaler und globaler Ebene an das Management von Gross- und Grösstunternehmungen stellt. Ein besonders schwerwiegendes Problem stellt der *«periphere Kapitalismus multinationaler Konzerne»* in unterentwickelten Ländern dar. Es handelt sich dabei um eines der krisenhaftesten Folgeprobleme der mangelnden gesellschaftlichen Rationalität der Weltwirtschaftsordnung.[20] Immer mehr Konzerne verlegen aus rein kostenwirtschaftlichen Gründen ihre Produktion in Länder der «Dritten Welt», um dem teuren Arbeitsmarkt in der Heimat, der eine weitere Expansion verunmöglichen würde, zu entfliehen und das wesentlich tiefere Lohnniveau in der Dritten Welt auszunützen, um rentable neue Märkte zu erschliessen, Rohstoffquellen zu sichern usw.

Die *Kritik* an dieser Politik der Konzerne durch Gruppen, welche – in der Dritten Welt wie bei uns – die Interessen der Entwicklungsländer zu vertreten versuchen, stösst auf zunehmende Anerkennung. Wesentliche Punkte dieser Kritik sind etwa:

- Es fliesst immer mehr Geld zurück in die Industrieländer als hinaus in die Entwicklungsländer, deshalb vergrössert sich das Missverhältnis zwischen «Zentrum» (Industrieländer) und «Peripherie» (Entwicklungsländer).[21] Dieses Argument trifft gerade die BRD und die Schweiz, welche nach den USA über die grössten Auslandkapitalien in vielen Ländern der Dritten Welt verfügen, besonders stark.

- «Wachstum, das die existierende internationale Arbeitsteilung erhält, ist überhaupt nicht Entwicklung: Es ist die Verewigung der Unterentwicklung».[22] Echte Entwicklung könne nicht durch Produktion von Gütern für den Rückimport in die Industrieländer erfolgen, sondern nur durch Ausrichtung auf die Bedürfnisse des einheimischen Marktes (keine Luxusgüter, sondern Grundbedarf, damit dieser von den Entwicklungsländern nicht importiert werden muss).

Tatsächlich wäre es verfehlt, Unterentwicklung als blossen (quantitativen) Entwicklungsrückstand zu verstehen; sie ist vielmehr Ausdruck einer *Fehl*entwicklung, die zur Hauptsache durch den Zusammenprall der Dritten Welt mit der wirtschaftlich, technisch und militärisch übermächtigen «Ersten Welt» verursacht ist. Ergebnis dieses Zusammenpralls ist die aussenwirtschaftliche Abhängigkeit der Dritten von der Ersten Welt und ihre mehr oder weniger starke Ausrichtung auf die ökonomischen Bedürfnisse der hochindustrialisier-

---

[20] Vgl. dazu Ulrich, P.: Die Grossunternehmung als quasi-öffentliche Institution, S. 84–96.

[21] Vgl. Sweezy, Paul M.: Die Zukunft des Kapitalismus, Frankfurt 1970.

[22] Amin, Samir, Direktor des African Institute for Economic Development and Planning (Dakar, Senegal): Wachstum ist nicht Entwicklung, in: Umwelt-Journal, Oktober 1973, Altstätten SG, nach einem Aufsatz im «Development Forum» der UNO.

ten Länder. Man spricht deshalb heute von *struktureller Abhängigkeit* der unterentwickelten Länder.[23]

Im Zustand der strukturellen Abhängigkeit bestehen offensichtliche Zielkonflikte zwischen den privatwirtschaftlichen Interessen multinationaler Konzerne, die in der Dritten Welt investieren, und den Kriterien einer echten Entwicklung in den betroffenen Ländern. Echte Entwicklung muss auf die Befriedigung der existentiellen Grundbedürfnisse der gesamten Bevölkerung ausgerichtet sein. Dazu gehören zuallererst angemessene Ernährung, Unterkunft, Bildung und Gesundheit. Eine sinnvolle Entwicklung ist ein komplexer gesellschaftspolitischer Prozess, der systematischer Steuerung bedarf. Der zweckmässige Beitrag der Ersten Welt ist nicht in erster Linie in privaten Direktinvestitionen oder in rein finanzieller Unterstützung zu sehen, sondern in der Schaffung einer fairen *Weltwirtschaftsordnung,* die den unterentwickelten Ländern eine Entwicklung aus eigener Kraft ermöglicht. Grundsätzlich geht es dabei darum, durch geeignete institutionelle Rahmenbedingungen entwicklungspolitische Kriterien in die unternehmungspolitischen Investitionskriterien zu internalisieren, so dass nur noch Anreize für solche privatwirtschaftlichen Direktinvestitionen in unterentwickelten Ländern bestehen, die einen echten Beitrag zur Entwicklung dieser Länder leisten.

Die zu lösenden Probleme sind ebenso dringend wie gewaltig. Im Interesse einer Entschärfung des drohenden «Nord-Süd-Konflikts» scheint es unternehmungspolitisch für multinational tätige Konzerne geboten, aus eigener Einsicht in selektiverer und entwicklungsfreundlicherer Weise als bisher in der Dritten Welt zu investieren und Anstrengungen zur Verbesserung der Weltwirtschaftsordnung zu unterstützen. Je länger je mehr dürfte das Nord-Süd-Gefälle ausschlaggebend für die wirtschaftliche und politische Krisenanfälligkeit des internationalen Systems werden. Von da her wird das Entwicklungsländer-Problem die Unternehmungspolitik grosser Firmen über kurz oder lang direkt betreffen.

---

[23] Vgl. Senghaas, D. (Hrsg.): Peripherer Kapitalismus, Frankfurt 1973, und die darin repräsentierte, heute führende lateinamerikanische Dependenz-Theorie der Unterentwicklung.

24 Die schriftliche Formulierung einer Unternehmungspolitik

Eine schriftliche Formulierung der Unternehmungspolitik erfolgt – wenn überhaupt – durch die Kerngruppe der Unternehmung. Wie oben dargestellt, muss die Kerngruppe je nach Machtstruktur und eigener Einsicht mehr oder weniger auch die Interessen der verschiedenen Anspruchsgruppen berücksichtigen. Die schriftlich fixierte Unternehmungspolitik ist bereits das (in genereller Form festgehaltene) *Ergebnis* unternehmungspolitischer Willensbildung.

Im folgenden wird kurz auf die Funktionen und anschliessend auf die notwendigen «Elemente» einer schriftlich formulierten Unternehmungspolitik eingegangen.

241 Funktionen der schriftlich fixierten Unternehmungspolitik

Als Ergebnis des unternehmungspolitischen Willensbildungsprozesses stellt die schriftlich fixierte Unternehmungspolitik in erster Linie die Gesamtheit der *politischen Leitsätze* dar, zu deren Verwirklichung das Management legitimiert und verpflichtet zugleich ist. An ihnen sind folglich die laufenden Entscheidungen und Handlungen im Prinzip auszurichten, auch wenn dies noch einer Operationalisierung durch die *Planung* bedarf.

Im einzelnen dienen die fixierten Leitsätze folgenden *Zwecken:*
(1) Sie stellen eine *«Unité de doctrine»* her, sichern also eine einheitliche unternehmungspolitische Ausrichtung verschiedener Tochtergesellschaften, Betriebe, Abteilungen usw.
(2) Sie geben die obersten *Leitlinien für das persönliche Verhalten* des Managers ab: an ihnen kann und soll er seine eigenen Entscheidungen regelmässig überprüfen.
(3) Sie erfüllen die Funktion der *Motivation* und vermitteln dem Manager eine grundlegende Sicherheit.
(4) Sie dienen der *Information* neuer Kaderkräfte: in systematischer Form können sich diese in die Unternehmungspolitik einarbeiten.
(5) Sie erfüllen eine *Public-Relations*-Funktion: durch Bekanntgabe nach aussen wird es interessierten Gruppen und der Öffentlichkeit – eine entsprechende Informationspolitik vorausgesetzt – ermöglicht, sich ein konkretes Bild über die gültigen politischen Leitlinien der Unternehmung zu verschaffen. Diese Funktion darf allerdings nicht Priorität haben, sonst muss schnell vermutet werden, dass Leitsätze und tatsächliches Verhalten nur wenig miteinander zu tun haben.

Diese Funktionen kann die schriftliche Unternehmungspolitik aller-

dings nur dann erfüllen, wenn sie folgenden *Anforderungen* der Praxis genügt:
- Sie muss knapp und prägnant formuliert sein.
- Sie muss so operational wie nur möglich sein.
- Zielkonflikte sollen nicht verschleiert, sondern bewusst gemacht werden, damit sie realistisch beurteilt und vorausgesehen werden können.
- Zu zentralen Problemen der Gesellschaft muss sie klar und ehrlich Stellung nehmen (z.B. soziale Kosten, Umweltschutz, Raumplanung, Wirtschaftswachstum, Entwicklungsländer).
- Sie soll keine unerfüllbaren Forderungen enthalten (z.B. Forderung nach gleichzeitiger Maximierung konkurrierender Zielgrössen).

Die Qualität der formulierten Leitsätze in bezug auf diese Anforderungen entscheidet darüber, ob sie tatsächlich die ihnen zugedachte Leitfunktion in der alltäglichen Management-Praxis erfüllen, oder ob sie ein wirkungsloses Schubladen-Dasein fristen.

242 Elemente der schriftlich formulierten Unternehmungspolitik

Grundsätzlich sind alle wesentlichen Kriterien für das unternehmungspolitische Verhalten im unternehmungsinternen und -externen Bereich zu fixieren. Es empfiehlt sich jedoch, die inhaltliche Gliederung durch eine formale Aufteilung in *«Elemente»* von verschiedenem Grundcharakter zu überlagern, nämlich[24]

A. Unternehmungsfunktionen (insbesondere wirtschaftlicher Grundzweck)
B. Oberste Unternehmungsziele
C. Verhaltensgrundsätze gegenüber den Anspruchsgruppen der Unternehmung
D. Leitungskonzept.

Zwar überlappen sich diese vier Bereiche gelegentlich: der praktische Vorteil einer systematischeren Darstellung der Unternehmungspolitik wird aber trotzdem erreicht.

---

[24] Wir folgen damit im wesentlichen der von Hill (Beitrag zu einer modernen Konzeption der Unternehmungsleitung, 1968) vorgeschlagenen Unterscheidung von Zweck, Zielen, Verhaltensgrundsätzen und Leitungskonzeption.

A. Unternehmungsfunktionen

Die Existenzberechtigung der Unternehmung leitet sich aus den Funktionen ab, die sie für ihre Umwelt und ihre Mitglieder erfüllt. Innerhalb dieser Funktionen ist es die *wirtschaftliche Grundfunktion,* welche den spezifischen Charakter des Systems «Unternehmung» ausmacht, also die Art der Güter oder Dienstleistungen, welche die Unternehmung produziert und gegen Entgelt an bestimmte Abnehmergruppen abgibt.

Die präzisere Charakterisierung des wirtschaftlichen Zwecks in der Unternehmungspolitik erfolgt durch Angaben

- über die Art der Güter und Dienstleistungen, welche die Unternehmung erbringen will («Branche»)
- über die besonderen Eigenschaften dieser Leistungen (Abhebung von der Konkurrenz)
- über die anzusprechenden Abnehmer (Marktsegmente)
- über die räumliche Abgrenzung der Unternehmungstätigkeit (Märkte).

Zur Abgrenzung des *generellen Tätigkeitsbereichs* (Branche) bieten sich alternative Kriterien an (Rohstoff-, Know-How-, Produkt-, Bedarfsgruppen-, gesellschaftsbezogene Funktionsorientierung).

Die Charakterisierung der *besonderen Eigenschaften* der Leistungen dient der Präzisierung der zu füllenden Marktlücke durch Angaben über angestrebte Vorzüge der Leistungen und das Sortimentskonzept. Die Festlegung der *anzusprechenden Abnehmer* kann eine Entscheidung sein, welche die gesamten übrigen Merkmale der ökonomischen Grundfunktion prägt. Als grundsätzliche Segmentierungsstrategien lassen sich unterscheiden:[25]

- undifferenziertes Marketing: mit *einem* Produkt sollen *alle* denkbaren Abnehmer angesprochen werden. Beispiel: Coca Cola
- differenziertes Marketing: die Unternehmung will Abnehmer in verschiedenen Marktsegmenten (z.B. Altersgruppen, Einkommensschichten, Bildungsniveaus, usw.) mit differenzierten Leistungen erreichen. Beispiel: Modellauswahl der grossen Automobilhersteller
- konzentriertes Marketing: alle Anstrengungen werden auf ein einziges Marktsegment konzentriert. Beispiel: Mercedes.

Die *räumliche Abgrenzung* der zu beliefernden Märkte ist, ähnlich wie die Segmentierungsstrategie, weitgehend eine Frage der Konzentration oder Aufteilung der eigenen Kräfte, sofern nicht Umweltbedürfnisse oder Gesetze eine bestimmte Abgrenzung verlangen oder

---

[25] Vgl. Kotler, Ph.: Marketing-Management, Stuttgart 1974.

die Unternehmungsgrösse auf eine unbegrenzte Marktbelieferung ausgerichtet ist.
Zusammen ergibt sich aus der Bestimmung der Tätigkeitsbereiche, des besonderen Leistungscharakters und der Abnehmermärkte die *Produkt/Markt-Konzeption* der Unternehmung. Sie ist die strategische Grundlage für den wirtschaftlichen Erfolg.
Einige *Beispiele* aus der Praxis mögen dies verdeutlichen.

1. Beispiel: New York Times, Grundsatzerklärung von Adolph S. Ochs nach Erwerb der Kapitalmehrheit 1896:
«Es ist mein festes Ziel
– dass die New York Times Nachrichten, und zwar alle Nachrichten, in konziser und attraktiver Form bringt,
– dass sie sie ebenso rasch, wenn nicht rascher, bringt als irgendeine andere zuverlässige Nachrichtenquelle,
– dass sie die Nachrichten unparteiisch, ohne Furcht oder Begünstigung, ohne Rücksicht auf Parteien, Sekten oder involvierte Interessen bringt,
– dass die Spalten der New York Times ein Forum für die Behandlung aller Fragen von öffentlichem Interesse und Wichtigkeit sind und zu diesem Zweck einer intelligenten Diskussion aller Meinungen offensteht».[26]

2. Beispiel: General Motors:
A. Sloan, der Präsident der GM in deren Aufbaustadium, hat den Tätigkeitsbereich der GM umschrieben als «Betätigung auf allen Gebieten, in denen Verbrennungsmotoren Verwendung finden». Die sehr allgemeine Definition von Sloan beinhaltet die GM-Konzeption, in sämtliche Sektoren des Verbrennungsmotorenbaus und in sämtliche möglichen Abnehmerkreise von Motoren auf dem gesamten Weltmarkt einzudringen.

3. Beispiel: Eine Firma der Nahrungsmittelindustrie umschreibt ihre Leistungen wie folgt:
– Herstellung von vorfabrizierten Nahrungsmitteln, die für unsere Kunden eine Arbeitseinsparung erbringen, und Handel mit einer begrenzten Zahl zur Lösung von Kundenproblemen und zur Sortimentsabrundung geeigneter Produkte.
– In erster Linie Belieferung kollektiver Haushalte, sodann industrieller Weiterverarbeiter und des Handels unter Handelseigenmarken.

[26] Bower, M.: Die Kunst zu Führen, Düsseldorf 1967.

- Intensive Bearbeitung dieser Kundenkategorien in ganz Europa.
  Belieferung der gleichen Abnehmerkategorien ausserhalb Europas nur in Form von Gelegenheitsgeschäften.

Diese Zwecksetzung nimmt ganz konkret zu den vier geforderten Punkten (Art der Leistungen, Besonderheiten, Abnehmerkreise, Märkte) Stellung.

Auf die Festlegung der *weiteren Unternehmungsfunktionen* wird nicht mehr eingegangen (vgl. Abschnitt I/112).

B. Oberste Unternehmungsziele

Unter *Zielen* werden (im Unterschied zu Zwecken) jene Grössen verstanden, welche die Unternehmungsleitung aus der Interessenlage der Unternehmung selbst bzw. aus der Interessenlage der Interessengruppen, durch welche sie unmittelbar legitimiert ist, anstrebt.

Aus der Interessenlage der Unternehmung an ihrer Weiterexistenz leiten sich die Ziele der Erhaltung der Leistungsfähigkeit und der gesunden Entwicklung der Unternehmung ab.

Aus den persönlichen Zielen der Eigentümer, des Managements sowie – im Falle der gemischten Legitimation der Leitung durch Eigentümer und Arbeitnehmer – der Mitarbeiter leiten sich die weiteren Ziele ab, die darüber hinaus angestrebt werden sollen.

Aus dem Gesagten folgt, dass Unternehmungen immer gleichzeitig mehrere Ziele mit unterschiedlicher Intensität verfolgen. Die schriftlich formulierte Unternehmungspolitik hat die Aufgabe
- die anvisierten Ziele,
- ihre grundsätzliche *Gewichtung,*
- die anzustrebenden *Anspruchsniveaus* der einzelnen Ziele

generell zu umschreiben.

Die allgemeine Darstellung eines generell gültigen, logisch geschlossenen Zielsystems ist aufgrund der zahllosen denkbaren Kombinationen ein wohl unlösbares Unterfangen. Stattdessen soll hier ein *Zielkatalog,* der vorerst ohne Gewichtung die wesentlichen möglichen Ziele der Unternehmung zusammenfasst, gegeben werden. Es sind dies:

1. Marktleistungsziele
- Produktqualität
- Produktinnovation
- Kundenservice
- Sortiment

2. Marktstellungsziele
- Umsatz

- Marktanteil
- Marktgeltung
- neue Märkte
3. Rentabilitätsziele
- Gewinn
- Umsatzrentabilität
- Rentabilität des Gesamtkapitals
- Rentabilität des Eigenkapitals
4. Finanzwirtschaftliche Ziele
- Kreditwürdigkeit
- Liquidität
- Selbstfinanzierung
- Kapitalstruktur
5. Soziale Ziele in bezug auf die Mitarbeiter
- Einkommen und soziale Sicherheit
- Arbeitszufriedenheit
- Soziale Integration
- Persönliche Entwicklung
6. Macht- und Prestigeziele
- Unabhängigkeit
- Image und Prestige
- Politischer Einfluss
- Gesellschaftlicher Einfluss

Wie erwähnt, muss die schriftliche Unternehmungspolitik nun eine prinzipielle *Prioritätsordnung* dieser Ziele bestimmen und *Anspruchsniveaus* definieren. Dabei ist allerdings zu berücksichtigen, dass mit den kurzfristigen Schwankungen im Bedingungsrahmen der Unternehmung die «Engpässe» und damit Prioritäten durchaus wechseln können. So kann etwa kurzfristig die Liquidität zum Engpass und damit zum primären Ziel werden, während sie langfristig wohl nur die Bedeutung eines Instrumentalziels haben wird. Die festzulegende Prioritätsordnung bezieht sich also nur auf den langfristigen Trend des Bedingungsrahmens.

Was nun die Beziehungen zwischen den einzelnen Zielen betrifft, ist zwischen einer horizontalen und einer vertikalen Zielordnung zu unterscheiden.

Die *horizontale Ordnung* besteht in der Aufgabe, die Verhältnisse zwischen gleichrangigen Zielen zu klären. Es kann nämlich eine Konkurrenz zwischen zwei Teilzielen vorliegen. Meistens wird sie in der Weise gelöst, dass das eine Ziel zur Nebenbedingung mit bestimmtem Anspruchsniveau erklärt wird, während das andere Ziel unbegrenzt angestrebt wird (mathematisch: Zielfunktion). Beispiel:

Streben nach hoher Wachstumsrate unter Einhaltung eines branchenüblichen Gewinns.

Die *vertikale Ordnung* unterscheidet nach Oberzielen und Unterzielen. Es ist eine wesentliche Aufgabe der Unternehmungsleitung, aus den Oberzielen *operationale Unterziele,* d.h. konkrete, möglichst quantifizierbare Unterziele abzuleiten. Im Rahmen moderner Führungstechniken wie des Management by Objectives sollte eine lückenlose vertikale Zielauflösung angestrebt werden, bei der für jeden Bereich, jede Abteilung, Gruppe und Stelle möglichst klar abgegrenzte Unterziele abgeleitet werden, die dann in regelmässigen Zeitabständen, z.B. jährlich, in konkrete Periodenziele umgesetzt werden.[27]

Die vertikale Zielauflösung ist zwar nicht mehr Gegenstand der Unternehmungspolitik, unterstreicht aber die Bedeutung der Festlegung einer unternehmungspolitischen Zielkonzeption.

Eine Zielkonzeption, die wirklich als unternehmungspolitisches Leitbild dienen kann, erfordert eine klare Stellungnahme zu den Fragen, welches die obersten Ziele der Unternehmung sind, welche weiteren Ziele berücksichtigt werden, wie normalerweise Zielkonflikte zu lösen sind (Prioritätsordnung) und welches die Anspruchsniveaus der Ziele sind. Erst wenn diese Verhältnisse der Ziele untereinander festgelegt sind, kann von einem *Zielsystem* gesprochen werden.

C. *Verhaltensgrundsätze*

Verhaltensgrundsätze sollen oberste Richtlinien für das unternehmungspolitische Verhalten gegenüber den verschiedenen *Anspruchsgruppen* sein. Im Vordergrund stehen Grundsätze betreffend[28]

– das Verhalten gegenüber den *Mitarbeitern:* Führungsstil, Personaleinstellung, Beförderung, Ausbildung und persönliche Förderung, Lohn- und Gehaltspolitik, Sozial- und andere Leistungen;
– das Verhalten gegenüber *Marktpartnern* (Abnehmer, Lieferanten): Qualitätsgrundsätze, Preispolitik, Prinzipien des Kundendienstes und der Information, Einstellung zu lang- oder kurzfristigen Beziehungen;

---

[27] Vgl. zum MbO-Konzept Abschnitt IV/323: Regelung von Führungstechniken.
[28] Die aktuellsten der nachfolgenden Aspekte haben wir weiter oben erörtert.

- das Verhalten gegenüber *Aktionären:* Grundsätze in bezug auf Dividendenpolitik und Kapitalerhöhungen, Aktionärskreis und Information der Aktionäre;
- das Verhalten gegenüber *Staat und Öffentlichkeit:* Informationspolitik und Kontaktpflege *(External Relations),* Einstellung gegenüber gesamtgesellschaftlichen und kulturellen Interessen, gegenüber ökologischen Problemen und Infrastrukturaufgaben, gegenüber dem wissenschaftlich-technologischen Fortschritt und dem sozialen Wandel, sowie gegenüber den Entwicklungsländern.

Jedes einzelne Mitglied des oberen und mittleren Kaders sollte sich regelmässig in einer Selbst-Analyse auf die Verhaltensgrundsätze besinnen und Änderungen beantragen, wo *Grundsätze und Realität* einander widersprechen (Einhaltung bzw. Erneuerung der Grundsätze).

D. Leitungskonzept

Neben den Angaben über Funktionen, Ziele und Verhaltensgrundsätze kann zur schriftlich fixierten Unternehmungspolitik auch ein schriftliches Leitungskonzept gerechnet werden.

Ein Leitungskonzept formuliert die *methodischen Grundsätze,* nach denen das Management seine Leitungsfunktionen erfüllen will. Es bemüht sich dabei vor allem um die Systematisierung der anzuwendenden Methoden. Beispiele für solche Methoden sind etwa:[29]

- die Methode des Management by objectives ⎫ Führungs-
- die Methode des Management by exception ⎬ konzept
- der Grundsatz des partizipativen Führungsstils ⎭ (i.e.S.)
- die grundlegenden Organisationsformen (Organisationskonzept)
- das anzuwendende Planungs- und Kontrollsystem
- das Management-Development-Konzept, usw.

Auch das Leitungskonzept hat jedoch nur die wesentlichen Richtlinien zu bestimmen. Detailregelungen und operative Methoden werden im einzelnen dann in Handbüchern oder Manuals (z.B. Organisationshandbuch, EDV-Manual), die an alle betroffenen Mitarbeiter abzugeben sind, definiert.

In der Literatur hat man sich in den letzten Jahren recht stark um die Entwicklung systematischer Leitungskonzepte bemüht (oft auch Management-Modell, Führungsmodell, Führungskonzept genannt).

---

[29] Auf diese Methoden wird in den anschliessenden Teilen des Buches eingegangen.

Allzu starre und dogmatische Konzepte lassen sich, dem situativen Denken gemäss, jedoch wohl kaum fixfertig für die eigene Unternehmung übernehmen.

Ob nun die Unternehmungspolitik ein Teil des schriftlich fixierten Leitungskonzepts ist oder umgekehrt, kann so oder so definiert werden. Hier wurde die zweite Möglichkeit gewählt, weil auch den methodischen Grundsätzen unternehmungspolitische Relevanz zukommt.

Kontrollfragen zu II

1. In welchem gegenseitigen Verhältnis stehen Managementphilosophie und Unternehmungspolitik?
2. Was ist der Sinn von Gedanken zur Managementphilosophie?
3. Die MIT-Studie «Grenzen des Wachstums» hat gezeigt, dass die Vermeidung eines ökologischen Zusammenbruchs und echter wirtschaftlicher Fortschritt in Zukunft weniger auf technologischem Fortschritt als auf neuen Wertvorstellungen aufzubauen hat. Welche herkömmlichen managementphilosophischen Wertvorstellungen werden davon vor allem betroffen?
4. Was ist unter dem «Ethos ganzer Systeme» zu verstehen?
5. Wie lautet das «eiserne Gesetz der Verantwortung?»
6. Worin liegt der grundsätzliche Unterschied zwischen der unternehmungsphilosophischen Idee der «sozialen Verantwortung» und jener der gesellschaftlich rationalen Unternehmungsverfassung?
7. Charakterisieren Sie die fundamentale ethische Leitidee der konsensorientierten Unternehmungspolitik.
8. Worin ist der Unterschied zwischen (richtig verstandenen) *«External Relations»* und blossen *«Public Relations» (PR)* zu sehen?
9. Was ist «aufgeklärtes Marketing»?
10. Was sind soziale Kosten?
11. Nennen Sie die wichtigsten Anspruchsgruppen und ihre Ansprüche an die Unternehmung.
12. Beschreiben Sie kurz den unternehmungspolitischen Zielbildungsprozess und seine Determinanten.
13. Nennen Sie einige wichtige aktuelle Stichworte im Bereich der unternehmungspolitischen Diskussion.
14. Welches sind die Elemente einer schriftlich formulierten Unternehmungspolitik?
15. Zählen Sie die Hauptgruppen von Unternehmungszielen auf, und nennen Sie einige potentielle Zielkonflikte.
16. Zu welchen Problemen müssten vollständige Verhaltensgrundsätze gegenüber Gesellschaft und Staat Stellung nehmen?

Literaturempfehlungen zu II

Zur vertieften Auseinandersetzung mit den unternehmungsphilosophischen Grundfragen der Zeit (unter Einschluss der Unternehmungsverfassungsproblematik) empfehlen wir:

Chamberlain, N.W.: The Limits of Corporate Responsibility, New York 1973.
Davis, K./Blomstrom, R.L.: Business, Society and Environment: Social Power and Social Response, 2. Aufl., New York 1971.
Eells, R.: The Meaning of Modern Business. An Introduction to the Philosophy of Large Corporate Enterprise, New York 1960 (nach wie vor aktueller Klassiker zum Thema).
Ott, C.: Recht und Realität der Unternehmenskorporation, Tübingen 1977.
Stone, Ch.D.: Where the Law Ends. The Social Control of Corporate Behavior, New York 1975.
Ulrich, H. (Hrsg.): Management-Philosophie für die Zukunft, Bern/Stuttgart 1981 (darin u.a.: Ulrich, P.: Wirtschaftsethik und Unternehmungsverfassung: Das Prinzip des unternehmungspolitischen Dialogs).
Ulrich, P.: Die Grossunternehmung als quasi-öffentliche Institution, Stuttgart 1977.

Der fundamentale wirtschaftsphilosophische Paradigmenwechsel vom Utilitarismus zur kommunikativen Ethik, der auch in den vorangegangenen Abschnitten zum Ausdruck kommt, wird im real- und geistesgeschichtlichen Zusammenhang herausgearbeitet und bezüglich seiner praktischen Konsequenzen durchdacht in

Ulrich, P.: Transformation der ökonomischen Vernunft. Grundlagen praktischer Sozialökonomie, Bern/Stuttgart 1984.

Ein pragmatisches Gesamtkonzept zur Entwicklung einer Unternehmungspolitik bietet

Ulrich, H.: Unternehmungspolitik, Bern/Stuttgart 1978.

Lesenswert ist nach wie vor das Unternehmungsleitbild von

Watson, Th.J., Jr.: IBM – Ein Unternehmen und seine Grundsätze, 3. Aufl., München 1966.

III Unternehmungsplanung und Kontrolle

1 Grundkonzeption 91
  11 Aufgaben der Planung und Kontrolle 91
  12 Elemente eines Planungs- und Kontrollsystems 93
  13 Organisation der Planung und Kontrolle 96

2 Strategische Planung 98
  21 Begriff, Bedeutung und Konzept der strategischen
     Planung 98
  22 Phasen der strategischen Planung 100
    221 Situationsanalyse 101
    222 Strategieentwicklung 108
  23 Von der strategischen Planung zum strategischen
     Management 111
    231 Strategieumsetzung 111
    232 Strategische Kontrolle 112

3 Operative Planung und Durchführungsplanung 114
  31 Operative Planung 114
  32 Durchführungsplanung 117
    321 Dispositive Planung 117
    322 Projektplanung 119

4 Kontrolle 124
  41 Aufgaben der Kontrolle 124
  42 Kontrollbereiche 126
  43 Träger der Kontrolle 129
    431 Controlling 130
    432 Interne Revision 132
    433 Externe Revision 132
  • Kontrollfragen 134
  • Literaturempfehlungen 135

1 Grundkonzeption

11 Aufgaben der Planung und Kontrolle

Die Antizipation relevanter Entwicklungen in und ausserhalb der Unternehmung und die rechtzeitige Ausrichtung des Verhaltens auf diese Entwicklungen war wohl immer schon ein Merkmal erfolgreicher Unternehmungsleitung. Während der Allein- oder Kleinunternehmer oft intuitiv oder «nach Erfahrung» im gedanklichen Alleingang über das zukünftige Verhalten entscheiden kann, setzen derartige Entscheidungen in komplexeren Verhältnissen eine systematische Vorbereitung voraus. Dabei ist ein Informationsverarbeitungs- und Willensbildungsprozess in Gang zu setzen, wie er in Abschnitt I/23 in allgemeiner Form beschrieben wurde. Notwendige Ergänzung der Planung bildet die Kontrolle, denn Planung allein kann die Zielerreichung nicht sicherstellen. Durch die rechtzeitige Feststellung von Abweichungen bezüglich Ausgangslage (Bedingungen, Annahmen) und Zielwirkungen von Massnahmen können einerseits korrigierende Massnahmen ergriffen werden, anderseits liefert die Kontrolle wichtige Daten, die Teil der Informationsbasis für zukünftige Planungsperioden bilden. Damit entsteht der in Abb. III/1 dargestellte geschlossene Zyklus der Planung – Kontrolle – Information – Planung.

Von der Planung ist die *Prognose* klar zu unterscheiden. Prognosen sind auf praktischer Erfahrung oder theoretischen Erkenntnissen basierende Aussagen über zukünftige Sachverhalte wie etwa die Entwicklung relevanter Umweltfaktoren oder die Zielwirkungen gewisser Massnahmen. Als Teil der Informationsbasis bilden Prognosen

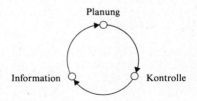

Abb. III/1: Geschlossener Zyklus der Planung und Kontrolle

eine massgebliche Grundlage der Planung. Das der Planung innewohnende intentionale Element (Zielsetzung) fehlt hingegen bei der Prognose völlig.

Die *Notwendigkeit der Planung und Kontrolle* der Unternehmungsaktivitäten ergibt sich nun im Einzelnen aus mehreren Gründen:

1. Die in der Unternehmungspolitik festgelegten Zielsetzungen sind als Handlungsmaximen nicht unmittelbar anwendbar. Das mögliche unternehmungspolitische Ziel «befriedigendes Wachstum» reicht z.B. kaum zur Beurteilung von Handlungsalternativen und zur Koordination verschiedener Tätigkeiten aus. Dazu sind vielmehr operationale, d.h. quantitative und auf einen Zeitraum bezogene Zielformulierungen notwendig.
2. Die Dynamik der Umweltentwicklung und der Umweltbeziehungen erfordert eine permanente Anpassung des unternehmerischen Handelns. Diese Anpassung wird zusätzlich dadurch erschwert, dass grundsätzliche Umstellungen, Neuerungen, Forschungsprogramme und Investitionen einen hohen Zeitbedarf erfordern.
3. Die Komplexität der aus vielen Subsystemen bestehenden Unternehmung zwingt zur Sicherung eines aufeinander abgestimmten Verhaltens der Subsysteme.
4. Divergierende Einstellungen und Erwartungen der am System beteiligten Personen und Personengruppen verlangen nach einer ausgleichenden Berücksichtigung der verschiedenen Interessen. Zudem ist anzunehmen, dass bei allen Beteiligten das Bedürfnis nach einer klaren und sinnvollen Zukunftsorientierung besteht.

Man kann deshalb festhalten: Je grösser und komplexer Unternehmungen werden und je dynamischer ihre Umweltbeziehungen sind, um so weniger lassen sich Entscheide über Ziele und Massnahmen improvisieren und um so stärker wird das Bedürfnis nach der Entwicklung und Einführung eines integrierten Systems der Planung und Kontrolle, das
– eine systematische Bestimmung von Zielen und Massnahmen auf der Basis relevanter Informationen und Annahmen
– für die Unternehmung als Ganzes und ihre Teilbereiche (Sparten, Funktionen, Regionen) sowie
– für verschiedene Zeithorizonte
ermöglicht.

Aufgabe der Planung ist es folglich, die generellen unternehmungspolitischen Zielsetzungen unter Berücksichtigung interner und externer Gegebenheiten und Entwicklungstrends zu konkretisieren, Teilziele für die Subsysteme festzulegen sowie die zur Zielerreichung notwendigen und geeigneten Massnahmen und Mittel zu bestimmen.

Notwendige Ergänzung dieser eigentlichen Planungsaufgabe bildet die laufende *Kontrolle* der Zielerreichung, aufgrund derer eventuell erforderliche Ziel- und Plankorrekturen rechtzeitig veranlasst werden können.

12 Elemente eines Planungs- und Kontrollsystems

Konzepte und Methoden der Unternehmungsplanung haben in den letzten Jahren eine rasante *Entwicklung* erfahren, die etwa durch folgende drei Phasen gekennzeichnet werden kann:
(1) *Planungsaktivitäten in einzelnen Funktionsbereichen* kennzeichnen die erste Phase dieser Entwicklung. Von einer eigentlichen *Unternehmungs*planung kann nicht gesprochen werden, da diese Planungsaktivitäten weitgehend auf die Teilbereiche beschränkt waren und mehr oder weniger unabhängig voneinander erfolgten. Kernbereich war (und ist in der Praxis auch heute vielfach noch) der Finanzbereich: Planung der Einnahmen und Ausgaben (Liquiditätsplanung), später auch die Ergebnisplanung (Erfolgsrechnung) sind die ursprünglichen Planungsbereiche. Neben der Finanzplanung erfolgten – meist kurzfristig ausgerichtete – Planungsaktivitäten etwa im Produktions-, Einkaufs- und Vertriebsbereich.
(2) Die zweite Stufe dieser Entwicklung bildet die auf die *Koordination der betrieblichen Funktionsbereiche* ausgerichtete Planung. Mit der Integration der verschiedenen Planungsaktivitäten in einem Planungs*system* ging die Ausweitung in zeitlicher Hinsicht einher: die kurzfristige Planung wurde ergänzt durch die mittel- und langfristige Planung. Inhaltlich bestand die Planung in dieser Phase weitgehend in der Extrapolation der bisherigen Unternehmungsentwicklung. Die vor allem periodenbezogenen und auf stetige Entwicklung (Wachstum) ausgerichteten Planungssysteme mussten bei den turbulenten Umweltentwicklungen der siebziger Jahre rasch an ihre Grenzen stossen.
(3) Unter den schwierigen Bedingungen, wie sie seither vorherrschen, wurden mehr und mehr *problemorientierte Planungskonzepte* entwickelt. Sie zeichnen sich durch ihre Ausrichtung an unternehmungspolitischen Zielsetzungen, durch eine umfassende Analyse der internen und externen Gegebenheiten und Entwicklungstrends sowie durch ihre Unterteilung in einen strategischen Bereich einerseits und in einen operativen und dispositiven Bereich andererseits aus.
Die Grundidee der problemorientierten Planung ist bereits in den

Arbeiten Ansoff's zur «Corporate Strategy» enthalten.[1] Zu den konzeptionellen Vorfahren können auch Ansätze wie z.B. das Planning-Programming-Budgeting System (PPBS), das Ende der sechziger Jahre im amerikanischen Verteidigungsministerium eingeführt wurde, und das Zero-Base-Budgeting (ZBB) gezählt werden.[2]
In jüngster Zeit wurden vor allem Konzept und Methoden der strategischen Planung stark entwickelt. Die strategische Planung bildet denn auch das zentrale Element des Planungssystems, das in Abbildung III/2 als Übersicht dargestellt ist und im folgenden ausführlicher behandelt werden soll.
Dieses Planungs- und Kontrollsystem besteht aus folgenden wesentlichen Teilen:
– Die Definition, Sammlung, Aufbereitung und Interpretation relevanter Informationen bildet die notwendige Grundlage jeder Planungsarbeit. Die *Informationsbasis* der Unternehmungsplanung kann nach Art und Herkunft der Informationen unterteilt werden in:
  • die *Umweltanalyse,* mit der Chancen und Risiken rechtzeitig erkannt werden sollten;
  • die *Unternehmungsanalyse,* die zur Feststellung der eigenen Stärken und Schwächen führen soll;
  • Ansprüche, Erwartungen und Zielvorstellungen des Managements und der Anspruchsgruppen, wie sie in der *Unternehmungspolitik* zum Ausdruck kommen.
– Mit der *strategischen Planung* ist – auf der Grundlage der unternehmungspolitischen Grundsatzentscheide sowie der Umwelt- und Unternehmungsanalyse – die grundsätzliche zukünftige Entwicklung der Unternehmung festzulegen. Dazu gehört im wesentlichen die Bestimmung der zu haltenden oder aufzubauenden Markterfolgspotentiale (Produkte und Marktpositionen) und der zu ihrer Realisierung erforderlichen betrieblichen Leistungspotentiale. Nicht die kurzfristige Ausschöpfung aller Gewinnmöglichkeiten, sondern die Sicherung der zukünftigen Unternehmungsentwicklung durch die Schaffung der Voraussetzungen späterer und andauernder Erfolge muss das Hauptanliegen der strategischen Planung sein.
– Aufgabe der *operativen Planung* ist es, die strategischen Zielset-

---

[1] Ansoff, H.I.: Corporate Strategy, Harmondsworth 1968.
[2] Vgl. Smalter, D.J./Ruggles, R.L.Jr.: Six Business Lessons from the Pentagon, Harvard Business Review 1966, abgedruckt in: Ansoff, H.I. (ed.): Business Strategy, Harmondsworth 1969; Dreyfack, R./Seibel, J.J.: Zero-Base Budgeting, München 1978.

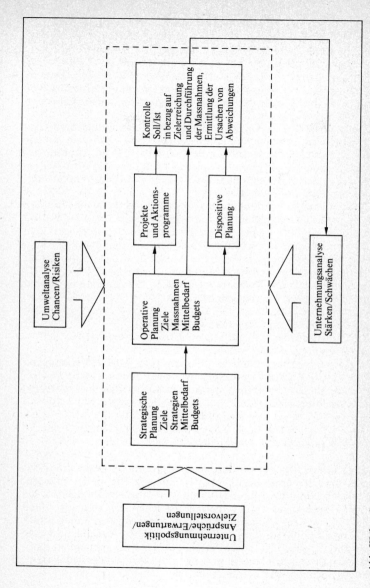

Abb. III/2: System der Unternehmungsplanung und -kontrolle

zungen auf regelmässige Planungsperioden (Jahre) zu übertragen und in operationale Ziele und Massnahmenpläne umzusetzen sowie die erforderlichen Mittel zuzuteilen. In detaillierten Plänen und Budgets für die gesamte Unternehmung und für alle Teilbereiche sind die betrieblichen Aktivitäten aufeinander abzustimmen. Hauptanliegen der operativen Planung ist die Realisierung von Erfolgen im Rahmen der von der strategischen Planung geschaffenen Voraussetzungen.
- Die *Durchführungsplanung* umfasst die Planung und Steuerung regelmässig ablaufender Prozesse *(dispositive Planung)*, wie sie typischerweise im logistischen Bereich und im Produktionsablauf auftreten, sowie die Planung von Projekten oder Aktionen, die im Rahmen der Unternehmungstätigkeit einmaligen Charakter aufweisen *(Projektplanung)*.
- Mit einem auf das Planungssystem abgestimmten *Kontrollsystem* muss die Zielverwirklichung auf allen Ebenen laufend überprüft werden, damit Plan- und Budgetabweichungen rechtzeitig erkannt und notwendige Korrekturmassnahmen eingeleitet werden können. Die Zusammenfassung dieser Aufgaben erfolgt oft in einer als «Controlling» bezeichneten Funktion.

Situationsspezifische Einflüsse wirken sich bei der Planung ausser auf den eigentlichen Planungsinhalt auf
- den Zeithorizont
- die Genauigkeit und Zuverlässigkeit (Risiko)
- die Organisation der Planung (Zentralisierungsgrad)
- den Planungsaufwand aus.

Ein grösserer Zeithorizont der Planung und hohe Zuverlässigkeit (kleines Risiko) erfordern beispielsweise bei einem Computer-Hersteller vergleichsweise einen weitaus grösseren Planungs-Aufwand als bei einer Bierbrauerei.

13 Organisation der Planung und Kontrolle

Die Erfüllung der im vorangehenden Abschnitt skizzierten Planungs- und Kontrollaufgaben bedarf offensichtlich einer differenzierten Organisation. Bei vollständiger Wahrnehmung durch die Linien-Vorgesetzten werden die methodischen Anforderungen und Möglichkeiten aus Zeitgründen wohl in den wenigsten Fällen erfüllt und ausgeschöpft werden; die Zuteilung dieser Aufgaben an eine Stabsstelle anderseits vermag in inhaltlicher Hinsicht nicht zu genügen und ist wenig erfolgversprechend, da Pläne nicht nur aufgestellt, sondern auch realisiert werden müssen.

Unternehmungsplanung muss somit in enger Zusammenarbeit zwischen Planungsspezialisten und verantwortlichen Linienstellen erfolgen. Dabei wird eine *zentrale Planungsstabsstelle* hauptsächlich für die
- Entwicklung und Einführung rationeller, funktionstüchtiger Planungs- und Kontrollmethoden und -instrumente,
- Regelung des zeitlichen Ablaufs der Planungsarbeiten,
- Integration der Teilpläne und
- Koordination der sich aus ihnen ergebenen Massnahmen

eingesetzt werden.

Hingegen muss die Vorausschau auf die mutmassliche Zukunftsentwicklung, das Aufstellen von Zielen, die Festlegung von Massnahmen zur Erreichung der Ziele und die Kontrolle der Zielerreichung in den Händen der Unternehmungsleitung und aller Linienstellen liegen, die für die Erreichung der Teilziele die Verantwortung tragen. Nur bei dieser Aufteilung der Planungsaufgaben wird die Gewähr geboten, dass sich die Kaderkräfte mit ihren Bereichszielen voll identifizieren können und sich in der Folge ganz für die Erreichung dieser Ziele einsetzen werden.

Insbesondere bei der strategischen Planung ist das Engagement der *obersten* Unternehmungsleitung von grösster Bedeutung. Nur dadurch erhält auch die Realisierung der Strategien die erforderliche Unterstützung und gelingt die Ausweitung der strategischen Planung zum *strategischen Management*.

Auf die organisatorischen Aspekte der Kontrolle gehen wir hier nur andeutungsweise ein. Eine ausführlichere Behandlung erfolgt in Abschnitt III/4. Grundsätzlich können wir vier Träger der Kontrolle in der Unternehmung unterscheiden:

1. Kontrolle der Zielerreichung innerhalb seines Bereichs ist primär eine Führungsaufgabe jedes *Vorgesetzten*.
2. Die Zusammenfassung von Planungs- und Kontrollaufgaben in einer Funktion *«Controlling»,* auf die bereits hingewiesen wurde, bildet nicht eine Alternative, sondern eine notwendige Ergänzung der Kontrolle durch die Vorgesetzten auf allen Ebenen. Der Begriff «Controlling» kann nicht etwa mit Kontrolle im engeren Sinn von Überwachen oder Prüfen gleichgesetzt werden, sondern bedeutet Steuerung, Lenkung. Controlling umfasst also sowohl Planung und Anordnung als auch die eigentliche Kontrolle.
3. In grösseren Unternehmungen, insbesondere in Konzernen, bildet die «interne Revision» gewöhnlich den dritten Träger von Kontrollaufgaben.
4. Der Vollständigkeit halber ist schliesslich die «externe Revision» (Wirtschaftsprüfung) als vierter Träger von Kontrollaufgaben in der Unternehmung zu nennen.

2 Strategische Planung

21 Begriff, Bedeutung und Konzept der strategischen Planung

Strategie im ursprünglichen Sinn bedeutet die Kunst oder Lehre der Führung von Kriegshandlungen, die entscheidenden Einfluss auf den Ablauf des Krieges haben. Heute wird der Begriff meist so verwendet, dass die Handlungen oder Handlungsalternativen selbst als «Strategien» bezeichnet werden. Zwei Aspekte des Begriffs sind sowohl im ursprünglichen als auch im heute gebräuchlichen Sinn von besonderer Bedeutung:
- der *instrumentale Charakter* der Strategien zur Erreichung übergeordneter Ziele und
- der *entscheidende Einfluss* der Strategien auf das Ganze.

Damit kann strategische Planung zunächst einfach als die Planung von Strategien definiert werden.

Auf den Problemkreis dieses Buches bezogen beinhalten Strategien Handlungsalternativen zur Erreichung der in der Unternehmungspolitik festgelegten obersten Unternehmungsziele, welche die Gesamtunternehmung wesentlich beeinflussen und die ihrer Natur nach meist langfristig angelegt sind. Während die Unternehmungspolitik den Zweck der Unternehmung sowie die wesentlichen Ziele und Verhaltensgrundsätze als Rahmen festhält, ist es Aufgabe der strategischen Planung, innerhalb dieses Rahmens die zukünftige Entwicklung der Unternehmung konkret festzulegen. Dabei ist die Identifikation strategischer Probleme selbst schon eine wesentliche Aufgabe der strategischen Planung. Unternehmungsstrategien definieren die zukünftigen Leistungs- und Markterfolgspotentiale unternehmerischen Handelns, d.h. sie schaffen die Voraussetzungen für den dauerhaften zukünftigen Erfolg. Im Unterschied zu den operativen Zielkriterien wie Gewinn, Deckungsbeitrag, Rentabilität, usw., sind strategische Ziele eher qualitativer Art. Im Vordergrund stehen die *Fähigkeiten,* die sich aus der Unternehmungsumwelt ergebenden Anforderungen zu meistern.

Strategische Planung bzw. strategische Entscheide sind typische Beispiele schlecht-strukturierter Entscheidungsprobleme, die durch hohe Unsicherheit und Komplexität der Entscheidungssituation sowie Pluralität und geringe Operationalität der Zielsetzungen gekennzeichnet sind und damit ein hohes Mass an subjektiven Annahmen und Wertprämissen erfordern. Aus der Dynamik der Umweltent-

wicklung und der schwierigen Antizipation aller wesentlichen Wirkungen auf die Unternehmung ergibt sich unumgänglich, dass die langfristige Ausrichtung der strategischen Planung oft durchbrochen und strategische Entscheide kurzfristig gefällt werden müssen. Der normalerweise mit der strategischen Planung zu erfassende Zeitraum kann nicht einheitlich fixiert werden. Er unterscheidet sich nach Branche und Grösse einer Unternehmung und wird durch folgende Faktoren bestimmt:
– Dynamik der Branche, Innovationstempo
– zur Entwicklung und Einführung neuer Produkte erforderliche Zeit
– Lebenszyklus der eigenen Produkte
– Risikofreudigkeit der Unternehmungsleitung
– möglicher zeitlicher, personeller und finanzieller Aufwand für die Planung.

Aus der bisherigen Umschreibung strategischer Planung und strategischer Entscheide folgt zwingend ein weiteres Merkmal: Strategische Entscheide können nur vom obersten Management gefällt werden, das auch direkt für die strategische Planung verantwortlich und selbst stark involviert sein muss. Ist dieses Engagement der obersten Unternehmungsleitung nicht gegeben, besteht nur eine kleine Wahrscheinlichkeit, dass im Rahmen der strategischen Planung erfolgsträchtige Strategien entwickelt und danach mit der notwendigen Konsequenz realisiert werden können.

Das *Konzept* der strategischen Planung ist in den letzten Jahren in Theorie und Praxis stark entwickelt und ihre Instrumente verfeinert und ausgebaut worden.[3] Dazu haben die seit Beginn der siebziger Jahre veränderten schwierigen Wirtschaftsbedingungen wesentlich beigetragen, denn plötzlich war das langfristige Überleben für viele Unternehmungen keine Selbstverständlichkeit mehr wie in den Zeiten ungehinderten wirtschaftlichen Wachstums, sondern die Existenzsicherung wurde primäre Aufgabe der Unternehmungsleitung. Von wissenschaftlicher Seite wurde gleichzeitig vermehrt der Frage Beachtung geschenkt, welche Faktoren den Erfolg oder Misserfolg unternehmerischen Handelns entscheidend beeinflussen *(Identifikation strategischer Faktoren)*. Die umfassendste und bekannteste Untersuchung zu dieser Fragestellung stellt das PIMS-Programm[4] des

---

[3] Einen ausgezeichneten Überblick über Stand und Entwicklungstendenzen gibt die Aufsatzsammlung von D. Hahn und B. Taylor (Hrsg.): Strategische Unternehmungsplanung, 2., erweiterte Auflage, Würzburg/Wien/Zürich 1983.

[4] PIMS = Profit Impact of Market Strategies.

Strategic Planning Institute (SPI), einer mit der Harvard Business School assoziierten Institution in Cambridge (Massachusetts), dar. Auf diese Untersuchung werden wir im folgenden noch eingehen. Auf den Erkenntnissen über die Art und Bedeutung strategischer Faktoren basiert die Weiterentwicklung strategischer Planungsinstrumente, so insbesondere der *Portfolio-Analyse* bzw. des *Portfolio-Managements*.[5]

Mit der Untersuchung strategischer Faktoren und der Entwicklung der Planungsinstrumente wurde die grosse Bedeutung frühzeitiger Information über relevante Umweltentwicklungen erkannt. Dies führte zur Konzipierung von *Frühwarnsystemen,* in deren Rahmen strategisch relevante Informationen identifiziert, erfasst und ausgewertet werden.

Da Planung allein nicht genügt, sondern die geplanten Strategien in konkrete Aktionen umgesetzt werden müssen und die Zielerreichung auch auf strategischer Ebene laufend zu kontrollieren ist, wurde das Konzept der strategischen Planung in jüngster Zeit ausgeweitet zum *strategischen Management*.[6]

Die Popularität des Themas und die Flut der Veröffentlichungen darf nicht darüber hinweg täuschen, dass strategische Planung und strategisches Management ein äusserst komplexes Problem darstellt, das in der Theorie nicht auf einfache Regeln reduziert und in der Praxis schon gar nicht mit rezeptähnlichen Empfehlungen bewältigt werden kann. Die Tragweite strategischer Entscheide bringt es zudem mit sich, dass bei ihrer Planung bzw. Vorbereitung und ihrer Realisierung (macht-)politische und irrationale Aspekte eine bedeutende Rolle spielen.

22 Phasen der strategischen Planung

Strategische Planung beinhaltet die Lösung komplexer Probleme. Der gesamte Prozess der Planung und Realisierung von Strategien richtet sich daher grundsätzlich nach den in Abschnitt I/23 beschrie-

---

[5] Vgl. Dunst, K.H.: Portfolio Management, Berlin/New York 1979.

[6] Vgl. Ansoff, H.I. u.a. (eds.): From Strategic Planning to Strategic Management, London/New York 1976; Pümpin, C.: Strategische Führung in der Unternehmungspraxis, in: Die Orientierung, Bern 1980; ders.: Management strategischer Erfolgspositionen, Bern/Stuttgart 1982; Hinterhuber, H.H.: Strategische Unternehmungsführung, Berlin/New York 1980.

benen und in der Abbildung I/5 dargestellten Phasen von Problemlösungs- oder Entscheidungsprozessen, die wir in den folgenden Abschnitten zusammenfassen:
1. Situationsanalyse
2. Strategieentwicklung
3. Strategieumsetzung
4. Strategische Kontrolle.

Diese Strukturierung ist in erster Linie in logischem Sinn zu verstehen. Eine zeitliche Trennung der einzelnen Phasen ist in der praktischen Durchführung kaum möglich und sinnvoll.

221 Situationsanalyse

Die Schaffung einer Informationsbasis in Form einer umfassenden, systematischen Situationsanalyse bildet den logischen Ausgangspunkt jedes Planungsprozesses. Einer solchen Standortbestimmung kommt in der strategischen Planung eine ganz besondere Bedeutung zu, da die Entwicklungsmöglichkeiten weitgehend offen sind und die Tragweite der Entscheide sehr gross ist. Auf den nachfolgenden Planungsstufen (operative, dispositive Planung) sind die Vorgaben bezüglich Zielen und Mitteln weitaus grösser und entsprechend beschränkter ist die auf diesen Planungsstufen erforderliche Situationsanalyse. Für die strategische Unternehmungsplanung bedeutet die vorausblickende, qualitative Problemerkennung eine ganz wesentliche Aufgabe.

Die Situationsanalyse wird zweckmässig unterteilt in:

A. eine *Unternehmungsanalyse* zur Bestimmung der eigenen Stärken und Schwächen,
B. eine *Umweltanalyse* zur Identifikation von möglichen Chancen und Risiken,
C. eine Gegenüberstellung dieser Analysen zur *Ermittlung strategischer Schlüsselfaktoren.*

A. *Unternehmungsanalyse:* Mit einer umfassenden Analyse, in die alle Aspekte einer Unternehmung einzubeziehen sind, sollen die eigenen Stärken und Schwächen (Leistungspotentiale) erkannt und zweckmässigerweise in einem Stärken-/ Schwächenprofil zum Ausdruck gebracht werden. Als allgemeines Beispiel und im Sinne einer Checkliste sind folgende Bereiche durch die Unternehmungsanalyse zu erfassen:
– bisherige Unternehmungspolitik (Bestehen klare Zielsetzungen und Verhaltensgrundsätze, denen nachgelebt wird und die der Situation der Unternehmung angemessen sind?)

- Organisation und Leitung der Unternehmung (Organisationsstruktur und -kultur, Informationssysteme, Leitungskräfte, Entscheidungsprozesse, Stand der Planung und Kontrolle)
- Marketing (Marktstellung, Marktleistungen, Marktbearbeitung, Distribution)
- Produktion und Beschaffung (Produktionsanlagen, Produktionsplanung und -steuerung, Flexibilität, Reserven, Versorgungslage in bezug auf wichtige Rohstoffe und Zwischenprodukte)
- Finanzsituation (Vermögens- und Kapitalstruktur, Liquidität, Finanzierungspotential)
- Kosten- und Ertragssituation (Deckungsbeitragsanalyse)
- Forschung und Entwicklung (Forschungsaufwendungen, -qualität, -organisation)
- Personal (Qualifikation, Altersstruktur, Betriebsklima).

B. *Umweltanalyse:* Im Rahmen der Umweltanalyse sind diejenigen Faktoren zu eruieren und zu analysieren, die für die zukünftige Entwicklung der Unternehmung besonders bedeutungsvoll sind. Dazu zählen – wiederum im Sinne einer allgemeinen Checkliste–
- die allgemeine Umweltentwicklung (Ökologische Umwelt, Technologie, allgemeine Wirtschaftssituation, demographische und sozialpsychologische Entwicklungstendenzen, politische und rechtliche Rahmenbedingungen und Entwicklungstendenzen)
- Branchenstruktur und Wettbewerbssituation
- eine Analyse der relevanten Märkte in quantitativer (Marktvolumen, -anteil, -wachstum, Preiselastizität, usw.) und qualitativer (Kundenbedürfnisse, Kundenstruktur, Kaufmotive) Hinsicht
- eine Analyse der wichtigsten Konkurrenten, ihrer Stärken, Schwächen und Absichten.

C. *Ermittlung strategischer Schlüsselfaktoren:* Aus der Auswertung und Gegenüberstellung von Unternehmungs- und Umweltanalyse ergibt sich ein erstes Bild über die zukünftige Entwicklung der Unternehmung auf der Basis der bisher verfolgten Ziele und Strategien. Diese Phase stellt die eigentliche strategische Problemdiagnose dar, bei der es gilt, diejenigen Faktoren zu erfassen,
- die einerseits strategische Chancen beinhalten, auf denen zukünftige Strategien aufgebaut oder abgestützt werden können, oder
- die anderseits kritische Problemfelder darstellen, die sich ohne entsprechende Massnahmen in Zukunft negativ auswirken könnten.

Zum Grundanliegen der Situationsanalyse, nämlich der Identifikation, Analyse und Darstellung strategischer Faktoren und Zusammenhänge, wurden in den letzten Jahren einige bedeutende Untersuchungen angestellt und Instrumente entwickelt, die im folgenden kurz dargestellt werden sollen. Es sind dies:

1. das PIMS-Programm
2. das Erfahrungskurven-Konzept
3. die Portfolio-Analyse
4. die Gap-Analyse und die Produkt-Markt-Matrix.

1. Das PIMS-Programm

Mit dem bereits im vorangehenden Abschnitt erwähnten PIMS-Programm (Profit Impact of Market Strategies) versuchte das Strategic Planning Institute aufgrund von Daten von über 200 Unternehmungen mit Hilfe der Korrelationsanalyse diejenigen Faktoren zu bestimmen, die den Return on Investment (ROI) und den Cash Flow signifikant beeinflussen.[7] Aus rund dreissig untersuchten Faktoren wurden die folgenden sieben als besonders einflussreich identifiziert:

- Die *Investitionsintensität* (Verhältnis Anlagevermögen plus Net Working Capital zum Umsatz): Unternehmen mit hoher Investitionsintensität weisen in der Regel einen niedrigeren ROI sowie einen niedrigeren Cash Flow aus als weniger investitionsintensive.
- Die *Produktivität:* Mit zunehmender Wertschöpfung pro Beschäftigten steigen ROI und Cash Flow einer Unternehmung.
- Die *Marktposition:* Mit einer starken Marktposition, d.h. einem hohen Marktanteil sowohl absolut als auch relativ im Verhältnis zu den drei grössten Konkurrenten, ist deutlich ein höherer ROI und Cash Flow verbunden.
- Das *Marktwachstum:* Dieser Faktor wirkt positiv auf den Gewinn in absoluten Zahlen, negativ auf den Cash Flow und indifferent auf den ROI.
- Die *Qualität:* Eine hohe Qualität, beurteilt aus der Sicht der Kunden im Vergleich mit der Konkurrenz, ist generell positiv mit ROI und Cash Flow korreliert.
- *Innovation/Unterscheidung von Konkurrenten:* Massnahmen zur Stärkung dieser Faktoren wirken nur positiv auf ROI und Cash Flow, wenn die Unternehmung über eine starke Marktposition verfügt.

---

[7] Vgl. Neubauer, F.F.: Das PIMS-Programm und Portfolio-Management, in: Hahn, D./Taylor, B., a.a.O., und die dort angegebene Literatur.

- *Vertikale Integration:* Ein hoher vertikaler Integrationsgrad ist positiv bezüglich ROI und Cash Flow nur in ausgereiften oder stabilen Märkten. In instabilen, rasch wachsenden oder schrumpfenden Märkten trifft das Gegenteil zu.

Es ist unbestritten, dass die Ergebnisse der PIMS-Untersuchungen, die hier nur sehr gerafft dargestellt werden konnten, einen wesentlichen Beitrag zur strategischen Planung darstellen. Zu bedenken ist, dass die Ergebnisse aus einer breit angelegten statistischen Analyse stammen und nicht unmittelbar auf eine einzelne Unternehmung oder Strategie angewandt werden können. Im individuellen Fall können andere als die vorgenannten Einflussfaktoren stärker sein. Von den sieben erwähnten Faktoren ist der Marktanteil (Marktposition) am stärksten mit dem ROI und dem Cash Flow korreliert. Diese Beziehung hat in der neueren Literatur zur strategischen Planung denn auch die grösste Verbreitung gefunden.

2. Das Erfahrungskurven-Konzept

Das Konzept der Erfahrungskurve basiert auf empirischen Untersuchungen über den Zusammenhang zwischen den Stückkosten eines Produkts und der Produktionsmenge. Aus diesen vor allem von der Boston Consulting Group angestellten Untersuchungen resultierte die Erkenntnis, dass die realen Stückkosten eines Produkts bei jeder Verdoppelung der Produktionsmenge (d.h. der kumulierten «Produktionserfahrung») um einen bestimmten charakteristischen Prozentsatz, der normalerweise 20 – 30% beträgt, zurückgehen.[8]

Langfristig müssen die Preise den (bei steigender Produktionsmenge) sinkenden Kosten folgen, da bei hohen Gewinnspannen neue Anbieter in den Markt dringen.

Aus dem Erfahrungskurven-Konzept lassen sich folgende *Erkenntnisse* für die strategische Planung ableiten:

- Grosse relative Marktanteile sind eine Voraussetzung für eine hohe Rentabilität und zur langfristigen Sicherung der Erfolgspotentiale. Ein Anbieter mit einem relativ geringen Marktanteil ist nach den Beziehungen der Erfahrungskurve nie in der Lage, gleich hohe Stückgewinne wie der Konkurrent mit einem relativ grossen Marktanteil zu erzielen. Bei sinkendem Preisniveau kann dieser Sachverhalt zur Existenzfrage werden.

---

[8] Vgl. Henderson, B.D.: Die Erfahrungskurve in der Unternehmensstrategie, Frankfurt/New York 1974; Hedley, B.: A Fundamental Approach to Strategy Development, in: Hahn, D./Taylor, B., a.a.O., S.117ff.; Dunst, K.H.: Portfolio Management, Berlin/New York 1979, S.68ff.

- Auf Märkten mit hohen Wachstumsraten sind die Effekte der Erfahrungskurve (sinkende Stückkosten) rascher erkennbar und der Widerstand der Konkurrenten gegen Versuche zur Vergrösserung des Marktanteils ist vergleichsweise kleiner als auf stagnierenden oder schrumpfenden Märkten.
- Zu beachten ist, dass die Kosten nicht automatisch zurückgehen, sondern dass das Degressionspotential erkannt und gezielt ausgenutzt werden muss.

3. Die Portfolio-Analyse

Die Portfolio-Analyse stellt ein Instrument dar, mit dem die strategischen Chancen und Probleme einer Unternehmung, oder allgemeiner: die Erfolgspotentiale[9], auf anschauliche Art in Abhängigkeit von den relevanten strategischen Faktoren dargestellt werden können.[10] Die Entwicklung dieser Methode und ihre Anwendung in der strategischen Planung geht zurück auf den von Markowitz[11] begründeten Ansatz zur Bestimmung der optimalen Zusammensetzung eines Wertschriften-Portefeuilles in Abhängigkeit von Rendite und Risiko (Portfolio-Selektion) sowie auf den bereits in den sechziger Jahren von Peter F. Drucker unternommenen Versuch zur generellen Unterteilung des Leistungsangebots einer Unternehmung in «strategische Kategorien», für die jeweils spezifische Handlungsempfehlungen entwickelt werden.[12]

Auf den Erkenntnissen aus dem Erfahrungskurven-Konzept wurde von der Boston Consulting Group eine Matrix entwickelt, in der die Erfolgspotentiale als strategische Geschäftseinheiten (Produktegruppen) in Abhängigkeit von relativem Marktanteil und zukünftigem Marktwachstum dargestellt werden (vgl. Abb. III/3). Als Zielkriterien, an denen die strategischen Geschäftseinheiten beurteilt werden, dienen der Cash Flow und die Rendite.

---

[9] Vgl. Abschnitt III/222.
[10] Vgl. Dunst, K.H.: Portfolio Management, Berlin/New York 1979; Hahn, D.: Zweck und Standort des Portfolio-Konzeptes in der strategischen Unternehmungsplanung, in: Hahn, D./Taylor, B., a.a.O., S. 144 ff.; Hedley, B.: A Fundamental Approach to Strategy Development, in: Hahn, D./Taylor, B., a.a.O., S. 117 ff.; Lange, B.: Portfolio-Methoden in der strategischen Unternehmungsplanung, Hannover 1981.
[11] Vgl. Markowitz, H.: Portfolio Selection, in: Archer, S.H./D'Ambrosio, C.A.: The Theory of Business Finance, New York/London 1967, S. 588 ff.
[12] Vgl. Drucker, P.F.: Managing for Results, London 1964.

	hoch	STARS (Stars)	NACHWUCHS (Question Marks)
Marktwachstum	niedrig	CASH-KÜHE (Cash Cows)	PROBLEME (Poor Dogs)
		hoch	niedrig
		Relativer Marktanteil	

Abb. III/3: Marktanteils-Marktwachstums-Matrix

In der Marktanteils-Marktwachstums-Matrix können die strategischen Geschäftseinheiten einem der vier typischen Bereiche zugeordnet werden:
- *Stars*: Sie stellen den gegenwärtigen Wachstumsbereich einer Unternehmung dar und bringen Gewinne, die aber zur Erhaltung des Marktanteils in einem stark wachsenden Markt reinvestiert werden müssen. Bei nachlassendem Marktwachstum werden sie zu Cash-Kühen.
- *Cash-Kühe:* Sie bringen hohe Einnahmen, welche die Kosten und die zur Erhaltung des Marktanteils notwendigen Ausgaben weit übersteigen. Damit können die anderen Geschäftsbereiche und die übrigen Ausgaben finanziert werden.
- *Nachwuchsprodukte:* Sie erfordern mehr Investitionsmittel als sie erzeugen, solange es nicht gelingt, einen hohen relativen Marktanteil zu erreichen, d.h. aus ihnen «Stars» zu machen.
- *Problemprodukte:* Sie bringen weder Cash Flow noch Wachstum, sind «Liquiditätsfallen» und es ist kritisch zu beurteilen, welche Ressourcen durch sie gebunden werden dürfen oder ob sie vollständig aufzugeben sind.

Diese Grunddarstellung der Portfolio-Matrix wurde von mehreren Autoren weiterentwickelt und verfeinert, einerseits durch die Wahl anderer Dimensionen der Matrix (z.B. Wettbewerbsvorteile und Marktattraktivität), anderseits durch die Anwendung der Analyse auf andere strategische Bereiche, wie z.B. auf den Technologie-Bereich.[13]

---

[13] Vgl. Mauthe, K.D./Roventa, P.: Versionen der Portfolio-Analyse auf dem Prüfstand, in: Zeitschrift Führung + Organisation, 4/1982, S.191ff.; Pfeiffer, W. u.a.: Technologie-Portfolio, Methode des strategischen Innovationsmanagements, in: Zeitschrift Führung+ Organisation, 5–6/1983, S.252ff.

Die Portfolio-Analyse hat in Theorie und Praxis der strategischen Planung rasch eine grosse Attraktivität erlangt. Dies kann auf die einsichtige, leicht verständliche Darstellung aller Geschäftseinheiten in einem einheitlichen Bezugsrahmen zurückgeführt werden, die eine Beurteilung aus der Gesamtsicht der Unternehmung erlaubt und auch die Kommunikation unter den Beteiligten erleichtert.

Kritisch wird gegen die Portfolio-Analyse etwa vorgebracht, dass sie die Zusammenhänge für den konkreten Fall zu generell und zu grob darstelle und dass sie die Neuproduktplanung als wesentliches Element der strategischen Planung vernachlässige.

Tatsächlich ist die Portfolio-Analyse als *Hilfsmittel* der strategischen Planung zu verstehen, das die Darstellung und Analyse strategischer Probleme auf zweckmässige Art ermöglicht, das aber die unternehmerische Entscheidung über die langfristige Entwicklung nicht ersetzt. Auf diesen Aspekt werden wir im Rahmen des nächsten Abschnitts, Strategieentwicklung, zurückkommen.

4. Die Gap-Analyse und die Produkt-Markt-Matrix

Diese beiden Instrumente können bereits als klassische Methoden der strategischen Unternehmungsplanung bezeichnet werden. Die ihnen zugrunde liegenden Gedanken sind zum Teil in die Portfolio-Analyse eingeflossen.

Die *Gap-Analyse* basiert auf der Vorstellung, dass zwischen den Zielgrössen der Unternehmung und der bei Fortsetzung der bisherigen Strategien prognostizierten Entwicklung eine sich mit den Jahren vergrössernde Differenz (Ziellücke) auftreten wird. Strategien werden aufgrund der Analyse dieser Ziellücke entwickelt und an ihrem Beitrag zur Schliessung der Ziellücke beurteilt (Abb. III/4).

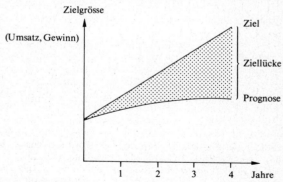

Abb. III/4: Ziellücke

Märkte \ Produkte	gegenwärtige	neue
gegenwärtige	1 Marktdurchdringung	2 Produktentwicklung
neue	3 Marktentwicklung	4 Diversifikation

Abb. III/5: Produkt-Markt-Matrix

Die *Produkt-Markt-Matrix* ist ein Mittel zur Klassifizierung und Gegenüberstellung von Produkten und Märkten als Grundlage für die Erarbeitung neuer Strategien. Sie bildet damit ein zur Gap-Analyse komplementäres Instrument[14] (Abb. III/5).
Die vier Felder der Produkt-Markt-Matrix bezeichnen Grundstrategien, die sich bezüglich Synergie-Effekte unterscheiden. Aus der plausiblen Annahme, dass die Synergie von Feld 1 bis Feld 4 abnimmt, wird der Grundsatz abgeleitet, dass bei der Strategieentwicklung im Feld 1 begonnen und – solange die Ziellücke nicht geschlossen ist – schrittweise bis ins Feld 4 vorgestossen wird.
Es ist offensichtlich, dass die Gap-Analyse und die Produkt-Markt-Matrix Instrumente zur Entwicklung von *Wachstums*strategien darstellen. Durch diese einseitige Ausrichtung ist ihre Anwendung unter heutigen Wirtschaftsbedingungen nur beschränkt, allenfalls in Verbindung mit der Portfolio-Analyse, möglich.

222 Strategieentwicklung

Auf der Basis der in der Situationsanalyse identifizierten strategischen Chancen und Probleme sind nun Strategien zu entwickeln, zu beurteilen und schliesslich sind diejenigen auszuwählen, die realisiert werden sollen. Wenn es charakteristische Aufgabe der strategischen Planung ist, den langfristigen Erfolg und damit letztlich die Existenz einer Unternehmung zu sichern, so sind für die Strategieentwicklung die *strategischen Erfolgspotentiale* zu erkennen und festzulegen. Darunter sind – marktbezogen – in sich abgerundete und abgrenzbare Produktegruppen, Dienstleistungen oder auch Marktsegmente zu verstehen, die etwa auch als *strategische Geschäftsfelder*

[14] Vgl. Ansoff, H.I.: Management-Strategie, München 1966.

Strategische Elemente	Portfolio-Kategorien			
	Nachwuchs	Stars	Cash-Kühe	Probleme
Zielvorstellung (RMA)[17]	Selektiver Ausbau/ Abbau	Halten/ leichter Ausbau	Halten/ leichter Abbau	Abbau
Investitionsaufwand	Hoch, Erweiterungsinvestitionen oder Verkauf	Hoch, Reinvestition des Cash Flows	Gering, nur Rationalisierungs- und Ersatzinvestitionen	Minimal, Verkauf bei Gelegenheit, evtl. Stilllegung
Risiko	Akzeptieren	Akzeptieren	Einschränken	Stark reduzieren

Abb. III/6: Ableitung strategischer Verhaltensweisen für die Marktanteils-Wachstums-Matrix

(SGF) oder -*einheiten* (SGE, *Strategic Business Units,* SBU) oder *strategische Erfolgsträger* bezeichnet werden. Pümpin erweitert den Begriff über die marktbezogenen Aspekte hinaus und spricht von *strategischen Erfolgspositionen* (SEP) als bewusst geschaffenen, dominierenden Fähigkeiten, die es einer Unternehmung erlauben, langfristig im Vergleich zur Konkurrenz überdurchschnittliche Ergebnisse zu erzielen.[15] Es können demnach beispielsweise produktbezogene, marktbezogene oder funktionale SEP unterschieden werden.

Es gehört zur Grundkonzeption der Portfolio-Analyse, dass den in der Portfolio-Matrix dargestellten strategischen Geschäftseinheiten oder Erfolgspotentialen differenzierte strategische Verhaltensweisen zugeordnet werden.

Abbildung III/6 enthält diese Verhaltensweisen für das Beispiel der Marktanteils-Wachstums-Matrix.[16]

Aus anderen Portfolio-Darstellungen lassen sich entsprechend verschiedene Verhaltensempfehlungen ableiten. Diese Ansätze sind für die Strategieentwicklung zweifellos sehr wertvoll. Es ist heute aber festzustellen, dass die anfänglichen euphorischen Vorstellungen

---

[15] Vgl. Pümpin, C.: Management strategischer Erfolgspositionen, Bern/Stuttgart 1982.

[16] Vgl. Dunst, K. H.: Portfolio Management, Berlin/New York 1979, S. 100.

[17] RMA = Relativer Marktanteil.

einer realistischen Einschätzung weichen. Die Wirklichkeit der strategischen Planung kann nicht auf einfache Schemen reduziert werden. Zudem spielen in der praktischen Anwendung der Portfolio-Analyse im konkreten Fall die Probleme der Informationsbeschaffung eine nicht zu unterschätzende Rolle.

Die Entwicklung von Strategien hat demnach in einem iterativen Prozess zu erfolgen, der drei Schritte umfasst:

1. *Analyse und Konkretisierung (Operationalisierung) der Zielvorstellungen:*
Als Ausgangspunkt für die Strategiensuche müssen die strategischen Zielsetzungen aufgrund der unternehmungspolitischen Ziele sowie der in der Situationsanalyse gewonnenen Erkenntnisse konkretisiert werden. Es sind, nach Pümpin[18], die zentralen Grund- oder Leitideen für die zukünftige Unternehmungsentwicklung zu finden.

2. *Erarbeitung von Strategien auf der Basis der Zielsetzungen und der ermittelten strategischen Schlüsselfaktoren:*
In diesem Schritt muss die eigentliche *innovative Leistung* im Rahmen der strategischen Planung stattfinden. Das Ergebnis hängt entsprechend stark von der *kreativen Leistungsfähigkeit* der beteiligten Personen ab. Ihre Aufgabe in diesem Schritt ist es, unter Verwendung aller relevanten Informationen allgemeiner und unternehmungsspezifischer Art möglichst viele und bedeutende strategische Erfolgspotentiale zu erkennen.

3. *Beurteilung der Strategien und Entscheid über die Realisierung:*
Die erkannten strategischen Erfolgspotentiale sind nun bezüglich Zielkriterien, situativen Bedingungen und Ressourcen systematisch zu beurteilen. Dabei sind für diejenigen Potentiale, die nicht zum voraus als unrealisierbar oder unbedeutend ausgeschieden werden, konkrete Massnahmen und Anforderungen (Mittelbedarf, Kapazitäten, usw.) festzulegen.

Es kann davon ausgegangen werden, dass aus der Strategiensuche mehr Möglichkeiten resultieren als die Unternehmung wegen der beschränkten Ressourcen realisieren kann. Aus den derart konkretisierten Strategien sind deshalb diejenigen auszuwählen, die realisiert werden sollen. Als Hilfsmittel für diese Auswahl bietet sich die Nutzwertanalyse an.

---

[18] Vgl. Pümpin, C.: Strategische Führung in der Unternehmungspraxis, in: Die Orientierung, Bern 1980, S. 41 ff.

Das Ergebnis dieser Phase «Strategieentwicklung» ist ein nach Prioritäten geordneter Satz von strategischen Erfolgspotentialen mit Massnahmen und Mittelzuteilung, aus denen Teilstrategien und die Vorgaben für die operative Planung abgeleitet werden können.

23 Von der strategischen Planung zum strategischen Management

Mit der Auswahl der zu realisierenden Strategien ist die eigentliche strategische *Planungs*phase abgeschlossen. Damit ist aber ihre erfolgreiche Realisierung noch nicht gewährleistet. Da gerade mit neuen Strategien meist tiefgreifende Änderungen in einer Unternehmung verbunden sind, stellt ihre Durchsetzung spezifische Probleme, und der Überwachung und Kontrolle der Zielerreichung ist besondere Beachtung zu schenken. Auf die wichtigsten Aspekte werden wir im folgenden in Ergänzung zu den behandelten *Planungs*problemen eingehen. *Strategisches Management* als konzeptionelle Integration von Planung, Durchführung und Kontrolle von Strategien muss in der praktischen Anwendung durch die konsequente Ausrichtung aller Unternehmungsaktivitäten auf die strategischen Zielsetzungen zum Ausdruck kommen.

231 Strategieumsetzung

Die Realisierung der gewählten strategischen Erfolgspotentiale in konkreten Aktionen führt zu folgenden *Teilaufgaben*:[19]
1. Ableitung von *Teilstrategien* für die verschiedenen Funktionsbereiche der Unternehmung aus den mehr oder weniger detaillierten Grundstrategien.
2. Vorbereitung und Einführung einer *strategiegerechten Organisation* der Unternehmung und ihrer Funktionsbereiche.
3. Stufengerechte Information und *Ausbildung* der betroffenen Leitungskräfte und Mitarbeiter.
4. Entwicklung von *Aktionsplänen,* aus denen sich direkt die Vorgaben für die operative Planung ergeben.

Für die Ausführung dieser Aufgaben ist auf drei wichtige *Grundsätze* hinzuweisen:

---

[19] Vgl. dazu auch Pümpin, C.: Strategische Führung in der Unternehmungspraxis, a.a.O., S. 54ff.; Paulson, R.D.: Making it happen: the real strategic challenge, in: Management Review, February 1982.

- Die unternehmerische *Ressourcenzuteilung,* auch in Form von Zeit des Top Managements, ist konsequent auf die Strategien auszurichten. Das bedeutet eine Konzentration auf das Wesentliche. Es ist entscheidend, dass die Führungskräfte strategisch denken und entsprechend handeln. Nur dann führen die grossen Anstrengungen der Planung auch tatsächlich zum Erfolg.
- Die Realisierung der Strategien kann durch die *Involvierung* der betroffenen Führungskräfte in der Planungsphase vorbereitet und dadurch erleichtert werden. Je grösser der Kreis der für die Strategieentwicklung herangezogenen Führungskräfte war, umso breiter ist der Konsens bezüglich der neuen Strategien und umso geringer sind die für die Realisierung erforderlichen Anstrengungen.
- Die *Unternehmungskultur,* d.h. die Gesamtheit der firmentypischen Wertvorstellungen und Normen, Denk- und Verhaltensgewohnheiten, muss mit den gewählten Strategien übereinstimmen. Es ist in der Regel leichter, die Strategien auf die bestehende Unternehmungskultur abzustimmen, als diese selbst zu verändern.

232 Strategische Kontrolle

Obwohl die Aspekte der Kontrolle in Abschnitt III/4 ausführlicher behandelt werden, soll an dieser Stelle auf die spezifische Aufgabe der strategischen Kontrolle kurz eingegangen werden.

Mit strategischer Kontrolle bezeichnen wir die Massnahmen, mit denen die Durchführung der Strategien laufend überwacht und die Zielerreichung sichergestellt wird. Diese Aufgabe ist zu unterteilen in

- die vergangenheitsbezogene Kontrolle der erzielten Ergebnisse *(Ergebnis-Kontrolle)* und in
- die zukunftsgerichtete Überwachung der den Unternehmungsstrategien zugrunde liegenden Schlüsselfaktoren *(Prämissen-Kontrolle).*

In der *Ergebnis-Kontrolle* geht es darum, Soll-Ist-Abweichungen festzustellen, deren Ursachen zu analysieren und allenfalls notwendige Korrekturmassnahmen rechtzeitig in die Wege zu leiten. Aufgabe der *Prämissen-Kontrolle* ist die vorausschauende Beobachtung der unternehmungsinternen und -externen Schlüsselfaktoren, wie sie in Abschnitt III/221 beschrieben wurden. Damit sollen relevante, nicht mit den Erwartungen übereinstimmende Änderungen möglichst frühzeitig erkannt, geeignete Sicherungsmassnahmen getroffen und die Strategien rechtzeitig angepasst werden können.

In umfassender Form erfolgt diese Überwachung im Rahmen eines *Frühwarnsystems.* Darunter ist ein Informationssystem zu verstehen, das in der Lage ist, relevante Informationen zur Überprüfung und Anpassung der von einer Unternehmung verfolgten Strategien zu generieren.[20] Entscheidend ist, dass bereits sogenannte «schwache Signale»[21] frühzeitig erkannt werden. Das wiederum setzt echtes strategisches Denken derjenigen Führungskräfte voraus, welche die zu beschaffenden Informationen festlegen und auswerten.

---

[20] Vgl. Hahn, D./Klausmann, W.: Frühwarnsysteme und strategische Unternehmungsplanung, in: Hahn, D./Taylor, B.: Strategische Unternehmungsplanung, a.a.O., S.250ff.; Gomez, P.: Frühwarnung in der Unternehmung, Bern 1983.

[21] Vgl. Ansoff, H.I.: Managing Strategic Surprise by Response to Weak Signals, California Management Review, Winter 1975, Vol. XVIII, No.2.

3 Operative Planung und Durchführungsplanung

31 Operative Planung

Im Gegensatz zur problemorientierten strategischen Planung, die nicht unbedingt in regelmässigem Turnus ablaufen muss, ist die operative Planung *zeitraumorientiert*. Sie geht von den vorgegebenen langfristigen Zielen und Strategien aus und soll in der Regel für ein Jahr im Detail und für weitere zwei bis drei Jahre in groben Zügen festlegen:
- operationale Ziele für feste Perioden
- konkrete Massnahmen der Teilbereiche zur Zielerreichung
- den Personalbedarf
- Investitions-, Finanz- und Erfolgsbudgets für die Planungsperiode.

Dementsprechend muss die operative Planung in einem standardisierten Prozess ablaufen,
- der in regelmässigem Zeitabstand (jährlich) wiederholt wird,
- der vorgeschriebene Verfahren, Inhalte und Darstellungsformen aufweist,
- bei dem festgelegt ist, wer wann was zu tun hat,
- der auf den Kontrollprozess abgestimmt sein muss,
- an dem alle Abteilungen einer Unternehmung teilnehmen.

Ein zweckmässig konzipiertes und gehandhabtes *operatives Planungssystem* weist gewichtige *Vorteile* auf:
- es schafft einen einheitlichen Rahmen für die Beurteilung der Pläne jedes Bereiches durch die Geschäftsleitung (je grösser die Unternehmung, je mehr muss sich die Unternehmungsleitung auf Pläne abstützen, da sie unmöglich die Details jedes Bereiches kennen kann);
- durch die bessere Beurteilungsmöglichkeit und Vergleichsmöglichkeit kann die Geschäftsleitung bessere Entscheide in bezug auf die Zuteilung von Finanzmitteln für Investitionen treffen;
- die Planung zeigt frühzeitige Änderungen des Marktes, der Konkurrenzstellung, absinkende Zielniveaus und andere kritische Punkte auf, und zeigt, wo man vor allem ansetzen muss, um den Erfolg zu verbessern (Überprüfen und Neubestimmen von Strategien);
- es ermöglicht, indem zunächst provisorische Pläne aufgestellt werden, eine Vorauskontrolle. Zugleich ermöglicht es aber auch eine bessere nachträgliche Leistungskontrolle;

– es ermöglicht stärkere Delegation (die Teilbereiche arbeiten im Rahmen ihres Planes weitgehend autonom, Management by Objectives) und bessere Koordination (jeder Bereich hat Kenntnis der relevanten Nachbarbereiche; die Teilpläne werden aufeinander abgestimmt und konsolidiert), ohne dass die Unternehmungsleitung ihre Führungsrolle aufgeben würde.

In Abbildung III/7 ist dargestellt, aus welchen Teilplänen sich der operative Gesamtplan zusammensetzt: Teilpläne werden für jeden Leistungsbereich, jeden zentralen Funktionsbereich und für die Gesamtunternehmung aufgestellt (A−F). Alle diese Pläne sollten gleich strukturiert sein und die unter 0−8 aufgezählten Angaben enthalten. In einer multinationalen Unternehmung wird auch jede Tochtergesellschaft einen Plan nach dem gleichen Raster aufstellen.

Der *Ablauf* des operativen Planungsprozesses wird damit beginnen, dass die Geschäftsleitung provisorische Ziele vorgibt, besondere Akzente für die nächste Planungsperiode setzt und Annahmen über die relevanten Umweltbedingungen festlegt (z.B. Entwicklung der Konjunktur). Aufgrund dieser Vorgaben werden alle Bereiche zunächst provisorische Teilpläne ausarbeiten, die Ziele, Massnahmenpläne,

Pläne	Bereich Gesamtunternehmung A	Leistungssparten			Finanz E	Personal F
		Forschung und Entwicklung B	Beschaffung und Produktion C	Absatz D		
0 Ergebnisse Vorperioden	A0	B0	C0	D0	E0	F0
1 Relevante Ereignisse – Wirtschaft – Technik – Branche – Firma	A1	B1	C1	D1	E1	F1
2 Annahmen und Prognosen	A2	B2	C2	D2	E2	F2
3 Ziele	A3	B3	C3	D3	E3	F3
4 Massnahmenpläne	A4	B4	C4	D4	E4	F4
5 Personalbedarf	A5	B5	C5	D5	E5	F5
6 Sachmittelbedarf	A6	B6	C6	D6	E6	F6
7 Investitionen	A7	B7	C7	D7	E7	F7
8 Budgets	A8	B8	C8	D8	E8	F8

Abb. III/7: Operative Teilpläne. (Nach Hill, W.: Einführung in die Methoden der Unternehmungsleitung, Basel 1972)

Personalbedarf und Bedarf an Anlageinvestitionen enthalten. Aufgrund der Teilpläne wird pro Leistungsbereich sowie für die gesamte Unternehmung ein Budget aufgestellt. Die Erstellung von Budgets für die Teilbereiche und die Zusammenfassung in einem Gesamt-

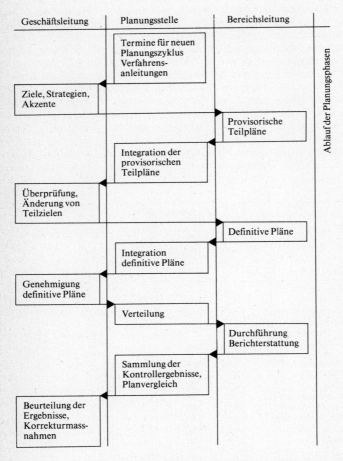

Abb. III/8: Ablauf der operativen Planung. (Nach Hill, W.: Einführung in die Methoden der Unternehmungsleitung, a.a.O.)

budget bilden den notwendigen Abschluss jeder Planungsarbeit. Im Budget hat sich die gesamte Planung zahlenmässig niederzuschlagen. Darauf basierend können budgetierte Erfolgsrechnung und budgetierte Bilanz für die Unternehmung erstellt werden.

Damit liegt eine provisorische Gesamtübersicht über die geplante Unternehmungsentwicklung vor, aufgrund derer die Teilpläne und -budgets aufeinander abgestimmt und schliesslich der definitive operative Gesamtplan festgelegt werden können. Als *Beispiel* ist in Abbildung III/8 ein möglicher Ablauf des Planungsprozesses mit den Teilaufgaben der Geschäftsleitung, der Planungsstabsstelle und der Bereichsleitung dargestellt.

32 Durchführungsplanung

Die kurzfristig orientierte Durchführungsplanung kann unterteilt werden in
- die Steuerung regelmässig ablaufender Prozesse (dispositive Planung) und in
- die Planung einmaliger Projekte oder Aktionen (Projektplanung).

321 Dispositive Planung

Mit der dispositiven Planung werden in der Unternehmung kurzfristig jene regelmässig – kontinuierlich oder periodisch – ablaufenden Prozesse geregelt, für welche – im Gegensatz zur strategischen oder operativen Planung –
- Kapazitäten
- Verfahren
- Produkte und
- Bedarf

gegeben sind.

Ausgehend von diesen gegebenen Daten, den zeitlichen Verhältnissen und den operativen Zielen versucht die dispositive Planung, beispielsweise im Produktionsbereich, die Bereitstellung der zur Produktion notwendigen Elemente und Faktoren (Rohstoffe, Bestandteile, Maschinen, Arbeitskraft, Finanzmittel) sowie den Ablauf des Produktionsprozesses (Maschinenbelegung, zeitliche Reihenfolge) zu optimieren. Die für die dispositive Planung relevanten Bereiche sind vor allem:
- Einkauf (Rohmaterial, Teile, Fertigprodukte)
- Lagerhaltung
- Produktion (Fabrikation, Montage)

Bereich	Aufgaben	Ziele
Materialwirtschaft (Beschaffung und Lagerbewirtschaftung)	– Bedarfsermittlung (Bruttobedarf, Verfügbarkeitsrechnung, Nettobedarf) – Bestellrechnung (Bestellpolitik, Bestellpunkte, Losgrössen) – Einkauf (Marktforschung auf dem Beschaffungsmarkt, Ausschreibung und Überwachung von Bestellungen)	– Bereitstellung der benötigten Materialien und Teile in der richtigen Menge und Qualität zur richtigen Zeit (Sicherung der Lieferbereitschaft des Lagers) – Minimierung der Summe aus Lagerkosten, Beschaffungskosten und Fehlmengenkosten (Wirtschaftlichkeit) – Optimale Lieferantenauswahl (Zuverlässigkeit, Preisgünstigkeit, Lieferzeit, Unabhängigkeit)
Produktionsplanung und -steuerung (PPS)	– Auftragsverwaltung (Auftragseröffnung, Fertiglagerdisposition, Bestimmung von wirtschaftlichen Fertigungslosen) – Terminplanung (Durchlaufzeitrechnung, Prüfung von Kapazitäts-, Werkzeug- und Materialverfügbarkeit, Einplanung der Aufträge, Feinterminierung) – Produktionssteuerung (Erstellen der Arbeitspapiere, Erteilung der Arbeitsaufträge, Fortschrittskontrolle	– Einhaltung von Terminen, Mengen und Qualitätsanforderungen – Optimierung der Kapazitätsauslastung (Lieferfristen, Durchlaufzeiten, Stillstandzeiten) – Minimierung der Herstellungskosten (Optimierung von – Losgrössen – Auslastung – Materialverbrauch – Ausschussquoten – Fertig- und Zwischenlagerbeständen) – geregelter Produktionsverlauf
Kurzfristige Finanzplanung und Steuerung des Umlaufvermögens (Working Capital Management)	– Planung und Kontrolle der reinen Geldbewegungen (Cash Management) – Überwachung der Kreditoren im Hinblick auf die Ausschöpfung als zinsfreie Kreditressource (Credit Management) – Planung der Veränderung in den Aktiv- und Passivbeständen – Planung der kurzfristigen Erfolgsrechnung	– Sicherung der – Liquidität – Rentabilität – Kapitalerhaltung

Abb. III/9: Aufgaben und Ziele der dispositiven Planung (Beispiele)

- Finanzbereich (Liquiditätsplanung, Optimierung der Kassenhaltung)
- Absatz (Vertretereinsatz, Lieferservice)
- Personaleinsatz (z.B. in Dienstleistungsbetrieben wie Spitälern, Verkehrsbetrieben usw.).

Aufgaben und Ziele der dispositiven Steuerung in einigen Bereichen sind in Abbildung III/9 zusammengestellt.

Während früher jeder Bereich separat optimiert wurde, wird heute mehr und mehr versucht, verschiedene Bereiche integriert zu planen und zu optimieren. Insbesondere die Beschaffungsplanung, Lagerbewirtschaftung und Produktionssteuerung sind eng miteinander verbunden und für eine integrierte Behandlung prädestiniert. Diese Problemkreise werden unter dem Begriff «Logistik» zusammengefasst. Die Möglichkeit *integrierter Planung und Steuerung* ist natürlich wesentlich vom Einsatz leistungsfähiger Datenverarbeitungssysteme abhängig: Die Lösung dispositiver Planungsprobleme eignet sich ganz besonders für eine programmierte und automatisierte Verarbeitung mittels EDV, da gegebene und variable Grössen und ihre Beziehungen bekannt und quantitativ sind und folglich feste Entscheidungsregeln angewandt werden können, die zu Lösungen führen, welche die Bedingungen des Problems erfüllen und die Zielfunktion optimieren.

322 Projektplanung

Jede Unternehmung sieht sich immer wieder Aufgaben gegenübergestellt, die eine gewisse Einmaligkeit und innovativen Charakter besitzen und die jeweils als Einzelaktion oder Projekt zu planen und durchzuführen sind. Ein solches Projekt ist ein zeitlich und leistungsmässig abgrenzbares, grosses Vorhaben mit zum voraus festgelegten Zielen, welches auch Teil einer übergeordneten Aufgabe sein kann. Projekte zeichnen sich insbesondere aus durch
- den Umfang der benötigten finanziellen Mittel,
- die Zahl der beteiligten Stellen,
- die Menge und Komplexität der verschiedenen Teilaufgaben,
- die Dauer der Vorhaben.

Beispiele dafür sind die Errichtung einer neuen Fabrikanlage, die Einführung von EDV, Entwicklung und Einführung neuer Produkte. Es wird hier davon ausgegangen, dass die grundsätzlichen Entscheidungen, nach denen ein Projekt zustande kommt, bereits im Rahmen der strategischen Planung getroffen worden sind.

Die *Aufgabe der Projektplanung* besteht nun darin, die zur Realisierung des Projektes notwendigen Teilaufgaben sowie den Einsatz der

knappen Mittel so zu regeln und zu überwachen, dass das Projekt termingerecht und möglichst wirtschaftlich erstellt wird. In einem weitern Sinn umfasst die Projektplanung auch die für den Entscheid über die Durchführung eines bestimmten Projektes notwendigen Untersuchungen und Vorarbeiten. Die Projektplanung kann demnach in zwei *Hauptphasen* unterteilt werden:
– in die Grundplanung oder Vorprojektierung und
– in die Ausführungsplanung oder Detailprojektierung.
In der *Vorprojektierung* soll das Planungsproblem definiert und ein (vorerst provisorischer und generell gehaltener) Planungsauftrag formuliert werden, der Zielsetzung und grundsätzliche Angaben über Lösungsmöglichkeiten enthält.
Im Verlaufe einer Situationsanalyse, die nun vorgenommen wird, werden Zielsetzung und Lösungsmöglichkeiten konkretisiert, abgewogen und nicht realisierbare Lösungen ausgeschieden bzw. andere Lösungen in Betracht gezogen. Das Ergebnis der Vorprojektierung sollte ein entscheidungsreifes Vorprojekt sein, aufgrund dessen die Geschäftsleitung den Entscheid über die Durchführung treffen und die notwendigen Rahmenkredite bewilligen kann.
Ist dieser Entscheid getroffen, so kann mit der Ausführungsplanung oder *Detailprojektierung* begonnen werden.
Dazu sind
– die Projektorganisation
– die Projektstruktur und
– der Projektablauf
festzulegen.

1. *Projektorganisation*

Die Durchführung eines Projektes verlangt eine ganz bestimmte Organisationsform. Wurde diese Projektorganisation nicht schon für die Vorprojektierung festgelegt, so muss sie nun für die Detailprojektierung aufgestellt bzw. definitiv festgelegt werden.
Grundsätzlich sind folgende Formen möglich:[22]
– Projektkoordination durch Stabsstelle,
– Projektorganisation mit voller Autorität (Task Force),
– Matrix-Organisation.

2. *Projektstruktur:*

Um ein Projekt überblickbar zu gestalten und durchzuführen, muss es in Teilaufgaben oder Projektteile zerlegt werden. Dies kann je nach Art des Projektes nach

---

[22] Diese Formen werden in Abschnitt IV/232 B erläutert.

- sachbezogenen (technischen, zeitlichen) und/oder
- funktionsbezogenen (organisatorischen, z. B. nach Verantwortungsbereichen)

Aspekten erfolgen.
Die Projektstruktur kann ähnlich einem Organigramm graphisch oder auch in Listenform dargestellt werden.[23]

3. *Projekt-Ablaufplan:*

Mit dem Projekt-Ablaufplan werden die zur Realisierung des Projektes notwendigen Einzelaktivitäten in zeitlicher Hinsicht koordiniert. Dazu müssen die Teilaufgaben, ihre Beziehungen sowie die zu ihrer Ausführung erforderlichen Zeiten analysiert und zweckmässigerweise graphisch dargestellt werden. Diese Darstellung erfolgt in Form von
- Stufenplänen,
- Balkendiagrammen oder
- Netzplänen.[24]

Die systematische Anwendung technischer Hilfsmittel und wissenschaftlich begründeter Methoden auf die Planung und Realisierung komplexer Projekte oder Systeme, die in ihrer Gesamtheit nicht auf einmal erfassbar sind, wird als *System-Analyse, Systemplanung* oder *Systemtechnik* bezeichnet.[25]

Diese auf Erkenntnissen der allgemeinen Systemtheorie basierende Methode wurde insbesondere im Zusammenhang mit der Planung von wehrtechnischen und raumfahrttechnischen Systemen in den USA entwickelt. Heute kommt sie aber auch bei der Automatisierung von Produktions-, Transport- und Verkehrsabläufen zum Einsatz. Ein besonderer Schwerpunkt liegt bei der Planung von Informationssystemen in Verbindung mit dem Einsatz von EDV.

---

[23] Vgl. Brandenberger, J.: Methoden und Hilfsmittel des Projekt-Managements, Industrielle Organisation 1971, Nr. 9 – Zur Darstellung eines Organigramms vgl. Abschnitt IV/262 B.

[24] Vgl. Heuer, G.: Einführung in das Projekt-Management, Industrielle Organisation 1971, Nr. 9.

[25] Gebräuchliche deutsche Übersetzungen der originären englischen Ausdrücke systems analysis, systems engineering. Vgl. Churchman, C. W.: Einführung in die Systemanalyse, München 1971: Zangemeister, Ch.: Systemtechnik – eine Methode zur zweckmässigen Gestaltung komplexer Systeme, in: Bleicher, K. (Hrsg.): Organisation als System, Wiesbaden 1972; Daenzer, W. F.: Systems Engineering, V-Leitfaden zur methodischen Durchführung umfangreicher Planungsvorhaben, Zürich 1982.

In der Literatur werden verschiedene Vorschläge für das schrittweise *Vorgehen* bei der Anwendung der Systemanalyse aufgezeigt, die aber alle nur unterschiedliche Detaillierungen der folgenden Grundstufen darstellen:
- Analyse der Zielsetzung,
- Analyse der Elemente und Subsysteme,
- Analyse der Beziehungen,
- Analyse des Systemverhaltens.

Zangemeister unterscheidet *acht* charakteristische *Stufen* im methodischen Ablauf einer systemtechnisch orientierten Projektplanung (Abb. III/10).[26]

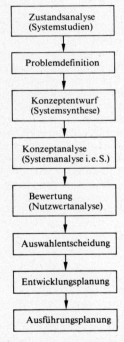

Abb. III/10: Makrologik der systemtechnischen Methodik

---

[26] Zangemeister, Ch.: Systemtechnik, a.a.O., S.205.

In der *Zustandsanalyse,* die den logischen Ausgangspunkt des Planungsablaufs bildet, werden systematische Informationen über die zugrundeliegende Situation gesammelt. Dazu muss das System und seine relevante Umwelt definiert und hinsichtlich ihrer voraussichtlichen Entwicklung analysiert werden.

Mit der *Problemdefinition* als Ergebnis einer Problemanalyse werden die grundsätzlichen Schwierigkeiten, die sich bei der Verwirklichung der Projekt- oder Systemziele angesichts der verfügbaren Mittel, der technologischen und organisatorischen Möglichkeiten sowie sonstiger Restriktionen ergeben würden, dargestellt.

Im *Konzeptentwurf (Systemsynthese)* geht es darum, im Rahmen der durch die Problemdefinition bestimmten Restriktionen und operationalen Ziele eine möglichst vollständige Liste von Systemalternativen aufzustellen, die in der folgenden Phase der *Konzeptanalyse* (Systemanalyse i.e.S.) nach Zielsetzung, Bedingungen und Funktionsfähigkeit systematisch analysiert werden müssen. Dazu müssen Informationen über die mutmasslichen Konsequenzen der einzelnen Alternativen gewonnen werden.

Aufgrund der Ergebnisse der Konzeptanalyse sind nun die Alternativen im Hinblick auf die Ziele und die Präferenzen des Entscheidungsträgers miteinander zu vergleichen, um einen relativen Gesamtwert jeder Alternative bzw. eine Präferenzordnung zu erhalten, aufgrund derer die Wahl einer bestimmten Alternative, die durchgeführt werden soll, erfolgen kann.

Die anschliessende *Entwicklungsplanung* umfasst die Planungsaufgaben im Zusammenhang mit der materiellen Entwicklung von Systemkomponenten einschliesslich eventuell notwendiger Prototypen und deren Testfolgen.

Die *Ausführungsplanung* umfasst schliesslich die Planung aller für eine rationelle Realisierung der gewählten Projektalternative notwendigen Massnahmen.

4 Kontrolle

41 Aufgaben der Kontrolle

Die Festlegung von Zielen, Massnahmen und Mitteln in Plänen und die Durchführung der damit verbundenen Aktivitäten gewährleistet an sich die Erreichung der gesteckten Ziele noch nicht. Vielmehr muss während der Realisierung der Pläne dauernd überprüft werden,
- ob die Basisannahmen richtig waren,
- ob keine unvorhergesehenen Ereignisse (Störfaktoren) auftreten und
- ob die Zielwirkungen der Massnahmen richtig eingeschätzt wurden.

Das Prinzip der Kontrolle lässt sich wohl am besten anhand des bekannten Regelkreises darstellen:
Die Kontrolle in diesem Regelkreis wird durch die Rückkopplung dargestellt:

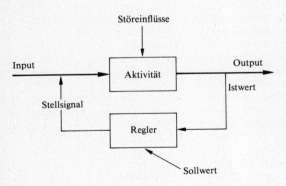

Abb. III/11: Regelkreis

Sie besteht zunächst in der Aufnahme von Ergebnissen (Ist-Wert) irgendwelcher Aktivitäten (z.B. Bearbeiten eines Werkstückes, Durchführung einer Werbeaktion); diese Ist-Werte werden mit einem Soll-Wert (Ziel) verglichen. Liegen Ist-Wert und Soll-Wert nicht innerhalb einer gewissen Abweichungstoleranz, so müssen die Inputgrössen entsprechend korrigiert werden. Um die richtigen Korrekturmassnahmen anzuordnen, ist eine genaue *Abweichungsanalyse* erforderlich. (Schulbeispiel: Thermostat, der die Zimmertemperatur misst, mit einem Sollwert von z.B. 20° vergleicht und bei einer Abweichung von um mehr als $\pm$ 2° die Heizung in bzw. ausser Betrieb setzt.) Kontrolle in diesem Sinn erschöpft sich also nicht in der blossen Feststellung oder Messung eines Ergebnisses, sondern impliziert im Falle einer effektiven oder potentiellen Abweichung die Analyse der möglichen Ursachen und die Anordnung der zur Behebung oder Verhinderung der Abweichung geeigneten Massnahmen.

Sehr umfassend könnte man die Aufgabe der Kontrolle umschreiben als: *Sicherstellung, dass Aktivitäten trotz möglicher Störungen zur Erreichung der gesteckten Ziele führen.*

Eine wirksame Kontrolle basiert auf:
– einer präzisen Zielsetzung und Planung, damit Abweichungen sofort festgestellt werden können;
– einer klaren Regelung der Kompetenzen und Verantwortung, damit Abweichungen nicht bloss zur Kenntnis genommen werden, sondern auch die notwendigen Konsequenzen gezogen werden können;
– einem wirksamen Informationssystem, so dass die Kontrollresultate rechtzeitig und in der richtigen Form bei den zuständigen Stellen der Unternehmung ankommen.

Kontrolle in der dargestellten Art ist primär Aufgabe aller Mitarbeiter einer Unternehmung in ihrem Arbeitsbereich. Wegleitendes Prinzip sollte dabei sein, dass jeder Teilbereich (Subsystem) die Erreichung der Ziele, für die er verantwortlich ist, primär selbst überwacht und sicherstellt.

Der übergeordnete Leitungsbereich sollte regelmässig Informationen über die Entwicklung der Zielwerte bzw. Abweichungen von Zielvorgaben erhalten, aber nur bei Abweichungen eingreifen, die das Subsystem nicht selbst beheben kann.[27]

Damit entsteht eine der hierarchischen Struktur der Unternehmung entsprechende Kontroll-Hierarchie, die modellhaft durch mehrere sich überlagernde Regelkreise dargestellt werden kann.

---

[27] Vgl. dazu die Führungstechnik des Management by Exception, dargestellt in Abschnitt IV/323.

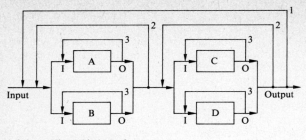

1, 2, 3 Hierarchische Stufen
A, B, C, D Aktivitäten der Subsysteme
I, O Input, Output

Abb. III/12: Grundmodell eines Kontrollsystems

In einem wirksamen und umfassenden *Kontrollsystem* müssen
- alle Teilbereiche einer Unternehmung (Abteilungen, Funktionen) und
- alle Leitungsstufen einbezogen sein, und die Kontrolle muss sich
- über alle Planungsphasen erstrecken.[28]

Das Kontrollsystem muss somit dem Planungssystem einer Unternehmung genau entsprechen.

42 Kontrollbereiche

In der Entwicklung der Kontrollbereiche lassen sich drei Stadien feststellen:

1. Ältester und heute wohl noch wichtigster Kontrollbereich ist der *Finanzbereich* einer Unternehmung. Ursprünglichste Mittel der Kontrolle sind denn auch Buchhaltung, Bilanz und Kostenrechnung, heute vielfach ergänzt durch finanzielle Kennziffern. Bereits 1919 wurde bei Dupont ein Kontrollkonzept entwickelt, bei dem die Rentabilität des investierten Kapitals (return on investment, ROI) der wichtigste Kontrollmassstab ist.[29]

---

[28] Vgl. dazu auch Zünd, A.: Kontrolle und Revision in der multinationalen Unternehmung, Bern/Stuttgart 1973.

[29] Vgl. Davis, T.C.: How the Du Pont Organization Appraises Its Performance, in: Koontz, H./O'Donnell, C.: Management: A Book of Readings, 2nd ed., New York 1968.

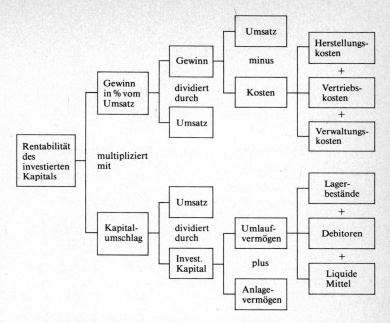

Abb. III/13:   Rentabilität des investierten Kapitals (ROI)

Die Rentabilität als Verhältnis des Gewinns zum investierten Kapital wird dabei systematisch in direkt überprüfbare und direkt beeinflussbare Komponenten zerlegt (Abb. III/13).
Bei Dupont werden die Werte dieser Kennzahlen von den einzelnen Departementen auf Schaubildern dargestellt und periodisch dem Exekutiv-Komitee vorgelegt. Die Gründe für den Trend der Kennzahlen müssen bei dieser Präsentation vom Verantwortlichen mündlich erläutert werden.
Dem Vorteil der Einfachheit dieses Kontrollkonzeptes stehen einige Nachteile und Gefahren gegenüber: [30]
– man achtet zu sehr auf die Verbesserung der Kennzahlen, weniger auf die absoluten Gewinne

---

[30] Vgl. Jerome, W. T.: Management-Kontrolle, Stuttgart 1972, S. 124 f.

- die Rendite fördert kurzfristiges Denken im Gegensatz zu unternehmungsweiten Überlegungen, da die Rendite z.B. durch Verzögerung von Investitionen oder Ausbildungsprogrammen kurzfristig verbessert werden kann
- qualitative Aspekte werden weitgehend vernachlässigt
- die Rendite betont zu sehr die finanziellen Aspekte; andere, für das Wachstum einer Unternehmung relevante Faktoren wie z.B. Qualität des Managements, Marktstellung, usw. werden nicht direkt berücksichtigt.

2. Diesen Mängeln versuchen Kontrollkonzepte gerecht zu werden, die neben dem Finanzbereich auch alle andern Bereiche einer Unternehmung, wie Marketing, Personal, Produktion, Forschung, usw., umfassen.

Beispiel eines solchen Kontrollkonzeptes bildet dasjenige von General Electric, bei dem acht Grundbereiche unterschieden werden:[31]
1. Ertragskraft
2. Marktposition
3. Produktivität
4. Produktführerschaft
5. Personalentwicklung
6. Haltung der Mitarbeiter
7. Verantwortung vor der Öffentlichkeit
8. Ausgewogenheit zwischen kurz- und langfristigen Zielen.

Für jeden der acht Grundbereiche wurden Leistungsstandards als Grundlage für die Kontrolle aufgestellt.[32] Die Festlegung der Grundbereiche selbst erfolgte aufgrund folgender Fragestellung: «Kann ein Versagen in diesem Bereich dazu führen, dass die von General Electric selbst gewählte Aufgabe als Branchenführer in einer stark wettbewerbsorientierten Wirtschaft behindert wird, obgleich die Ergebnisse in den übrigen Grundbereichen noch befriedigen?»[33]

3. Die dritte Phase der Ausweitung der Unternehmungskontrolle besteht in der *Kontrolle der* durch eine Unternehmung verursachten *externen Effekte (Social Audit).* Das durch die Diskussion über die Grenzen des Wachstums und die Qualität des Lebens provozierte Konzept des *Social Audit, Social Accounting* oder der *Sozialbilanz* kann umfassend definiert werden als die «systematische und regelmässige Erfassung und Dokumentation der gesellschaftlich positiven

---

[31] Vgl. Jerome, W.T., a.a.O., S. 127ff.
[32] Zum Begriff des Leistungsstandards vgl. Abschnitt V/21.
[33] Vgl. Jerome, W.T., a.a.O., S. 128.

und/oder negativen Auswirkungen von Unternehmungsaktivitäten».[34]

Da es um die Gegenüberstellung von Leistungen geht, ist der Ausdruck «Bilanz» etwas unglücklich, hat sich aber im deutschen Sprachgebrauch eingebürgert.

Das Konzept der Sozialbilanz hat innert wenigen Jahren eine starke Entwicklung und grosse Verbreitung in der praktischen Anwendung erfahren. In Frankreich ist die Sozialbilanz-Berichterstattung seit 1977 gesetzlich geregelt. Im deutschen Sprachraum haben die «Empfehlungen des Arbeitskreises ‹Sozialbilanz-Praxis› zur aktuellen Gestaltung gesellschaftsbezogener Unternehmensrechnung» starke Beachtung gefunden.[35] Nach diesen Empfehlungen sollte die Sozialbilanz die folgenden drei Elemente umfassen:

1. den *Sozialbericht* als die mit statistischem Material angereicherte verbale Darstellung der Ziele, Massnahmen, Leistungen und der durch die Leistungen erzielten Wirkungen gesellschaftsbezogener Aktivitäten der Unternehmen;
2. die *Wertschöpfungsrechnung,* die den vom Unternehmen in einer bestimmten Periode geschaffenen Wertzuwachs (Beitrag zum Sozialprodukt) zeigt;
3. die *Sozialrechnung* als die zahlenmässige Darstellung aller quantifizierbaren gesellschaftsbezogenen Aufwendungen und Erträge des Unternehmens.

Sowohl die methodische Diskussion wie diejenige über Sinn und Zweck der Sozialbilanzen sind nicht abgeschlossen. Auch heute gilt noch Dierkes' Feststellung (1974), dass wir am Beginn eines Lernprozesses stehen, der einen ersten Schritt in Richtung auf eine gesellschaftsbezogene Unternehmungspolitik darstellt.

43 Träger der Kontrolle

Abschliessend ist noch die Frage zu behandeln, durch wen oder welche Organe/Instanzen die Kontrolle in der Unternehmung wahrgenommen wird oder werden muss.

---

[34] Vgl. Fischer-Winkelmann, W.F.: Gesellschaftsorientierte Unternehmensrechnung, München 1980, S. 23; dazu auch: Dierkes, M.: Die Sozialbilanz – Ein gesellschaftsbezogenes Informations- und Rechnungssystem, Frankfurt a. M. 1974; von Wysocki, K.: Sozialbilanzen, Stuttgart 1981.

[35] Diese Empfehlungen sowie zahlreiche Beispiele aus der Praxis sind in den bereits zitierten Schriften von Fischer-Winkelmann und von Wysocki abgedruckt.

Darüberhinaus können wir drei spezifische Träger der Kontrolle unterscheiden:
1. der Controller (Controlling)
2. die interne Revision
3. die externe Revision.

Es gehört zunächst zur *Grundaufgabe jedes Vorgesetzten,* seine Mitarbeiter so zu führen, dass die gesetzten Ziele seines Bereichs erreicht werden. Diese Aufgabe schliesst notwendigerweise und unabhängig vom Führungsstil gewisse Kontrollfunktionen (Feststellung von Soll-Ist-Abweichungen) mit ein. Kontrolle in diesem Sinn muss als Anlass zur Förderung der Mitarbeiter verstanden werden und nicht etwa im Sinne von persönlicher Überwachung.

431 Controlling

Wie in Abschnitt III/12 angedeutet wurde, handelt es sich beim Konzept des Controlling um eine besondere, institutionalisierte Form der wirtschaftlichen *Unternehmungssteuerung,* die Planungs- und Kontrollfunktionen als untrennbare Gesamtheit umfasst.[36]

Entstehung und Entwicklung des Controlling stehen in engem Zusammenhang mit der Entwicklung des Rechnungswesens als Führungsinstrument, d.h. mit der Erkenntnis, dass die Aufgabe des Rechnungswesens sich nicht in der rechnerischen Erfassung betrieblicher Vorgänge erschöpfen kann, sondern dass aus festgestellten und/oder antizipierten Unzulänglichkeiten und Abweichungen Schlüsse auf zukünftig besseres Verhalten gezogen werden müssen. Damit kommt dem Rechnungswesen eine spezifische Steuerungsfunktion zu, deren Bedeutung noch erhöht wird, wenn vom Rechnungswesen aus auch die zu erreichenden Soll-Grössen festgelegt werden.

Das Bild vom vorwiegend registrierenden «Chef Rechnungswesen» wird dem modernen Controller ebenso wenig gerecht wie ein veraltetes Rechnungswesen einem modernen Führungs-Informationssystem gerecht wird. Wirksames Controlling verlangt einen Innovator, der möglichst frühzeitig sich abzeichnende Veränderungen in Unternehmung und Umwelt erkennt und entsprechende Massnahmen initiiert, um die wirtschaftliche Leistungsfähigkeit einer Organisation aufrecht zu erhalten und damit ihr Überleben auf lange Sicht zu gewährleisten. Wichtig ist, dass Controlling sich nicht nur auf den

---

[36] Vgl. dazu Deyhle, A.: Controller-Handbuch, München 1974.

operativen Bereich einer Unternehmung beschränken darf, sondern alle Phasen und Bereiche umfassen muss.

Der *Aufgabenbereich* eines Controllers kann mit drei Funktionen umschrieben werden:

1. *Systementwicklung:* Die Entwicklung und dauernde Anpassung von geeigneten Planungs-, Rechnungs- und Informationssystemen ist Voraussetzung für wirksames Controlling und daher primäre Aufgabe des Controllers. Komplexität der Probleme und Prozesse erfordern dabei zumeist den Einsatz von EDV.
2. *Betriebswirtschaftliche Steuerung:* Die optimale Verwendung von beschränkten Ressourcen muss Leitgedanke für die betriebswirtschaftliche Steuerung einer Unternehmung sein. Daraus ergibt sich eine Reihe von Aufgaben, die unter Einsatz verschiedenster Mittel gelöst werden müssen. Eine stichwortartige, unvollständige Aufzählung soll die Vielfalt dieser zweiten Controller-Funktion andeuten:

   Aufgaben
   - Planung, Budgetierung und Kontrolle wie in den vorangegangenen Abschnitten erläutert
   - Berichterstattung
   - Aufspüren von Schwachstellen, neuralgischen Punkten, aber auch von besonderen Stärken und Chancen
   - Gesprächspartner und Berater des Management in allen betriebswirtschaftlichen Belangen
   - «Erzieher» zu betriebswirtschaftlichem Denken.

   Instrumente
   - adäquate Planungs-, Rechnungs- und Informationssysteme
   - Wirtschaftlichkeits- und Investitionsrechnungen
   - Kennzahlen, Soll-Ist-Vergleiche, Wertanalyse, ABC-Analyse
   - Netzplantechnik, Entscheidungstechniken, Methoden des Operations Research
   - Funktionsdiagramme und andere organisatorische Hilfsmittel
   - Prognoseverfahren, usw.
3. *Finanzwirtschaftliche Steuerung:* Die Frage, ob unter die Aufgaben des Controllers auch das eigentliche Finanzwesen (Cash und Credit Management, Finanzbuchhaltung, usw.) fällt, ist umstritten und wird in der Praxis unterschiedlich gelöst.

   Zumindest in kleineren und mittleren Unternehmungen wird der Controller auch die Finanzwirtschaft zu betreuen haben. Diese Integration kann vorteilhaft sein, weil damit Finanz- und Betriebswirtschaft ein geschlossenes System bilden und allfällige Konflikte zwischen diesen Bereichen vermieden werden. In sehr grossen Unternehmungen mag hingegen eine Trennung zwischen Controller und Treasurer (Leiter Finanzwesen) angebracht sein.

Bezüglich der *organisatorischen Stellung* des Controllers kann aus der Aufgabenbeschreibung gefolgert werden, dass er – will er die erwähnten Funktionen zufriedenstellend erfüllen – dem obersten Leitungsgremium einer Unternehmung angehören oder diesem direkt unterstellt sein muss.

Die *Gliederung des Controlling-Bereichs* hängt von der Grösse und der spezifischen Situation einer Unternehmung ab. Im Gross-Konzern wird es neben dem zentralen Controlling auch Bereichscontroller (Divisions-, Departements- oder Regions-Controller) geben.

432 Interne Revision

Die interne Revision (Internal Auditing Department), als organisatorische Einheit mit einer oder mehreren Personen besetzt und zur Wahrung ihrer Unabhängigkeit direkt der obersten Unternehmungsleitung unterstellt, hat betriebliche Vorgänge und Tatbestände systematisch zu analysieren und zu beurteilen.[37]

Nach dem Gegenstand der Analyse und Beurteilung wird unterschieden in
- *Financial Auditing* (Prüfung der Angemessenheit und Verlässlichkeit der finanziellen Informationen und der Sicherheit des Unternehmungsvermögens),
- *Operational Auditing* (Prüfung betrieblicher Tätigkeiten bezüglich Wirtschaftlichkeit),
- *Management Auditing* (Beurteilung der Führung).

Von der internen Revision, hier als Funktion verstanden, unterscheidet sich die *interne Kontrolle*. Damit wird die Gesamtheit der in einer Unternehmung getroffenen organisatorischen Massnahmen zum Schutz des Vermögens und zur Förderung der Zuverlässigkeit des Rechnungswesens bezeichnet. Die interne Kontrolle gehört mit zum Prüfungsbereich der internen Revision.

433 Externe Revision

Die externe Revision (Wirtschaftsprüfung) bildet den vierten Träger der Unternehmungskontrolle.[38]

---

[37] Vgl. dazu Bär, J.: Interne Revision – Grundlagen und Entwicklungen unter besonderer Berücksichtigung der schweizerischen Verhältnisse, Zürich 1979; Hofmann, R.: Interne Revision, Opladen 1972; Zünd, A.: Kontrolle und Revision in der multinationalen Unternehmung, Bern/Stuttgart 1973.

[38] Vgl. dazu Korndörfer, W./Peez, L.: Einführung in das Prüfungs- und Revisionswesen, Wiesbaden 1981; Zünd, A.: Revisionslehre, Zürich 1982.

Externe Revisionen müssen auf gesetzlicher Grundlage durchgeführt werden, sofern die Voraussetzungen (Rechtsform, Kapitalausstattung) dafür gegeben sind. Sie können aber andernfalls auch auf freiwilliger Basis, als Auftrag der Unternehmungsleitung oder der Gesellschafter, durchgeführt werden. Ziel der externen Revisionen ist in der Regel die Feststellung der Ordnungsmässigkeit des Rechnungswesens und der Richtigkeit der (externen) finanziellen Berichterstattung, deren Anforderungen wiederum auf gesetzlichen Bestimmungen basieren.

Interessenten und «Nutzniesser» der externen Revision sind nicht nur die Aktionäre oder Anteilseigner, sondern auch die Gläubiger wie Banken, Lieferanten und der Staat.

Kontrollfragen zu III

1. Warum ist Planung eine notwendige Leitungsfunktion?
2. Worin besteht der Unterschied zwischen Prognose, Plan und Budget?
3. Wie kann die Unternehmungsplanung grundsätzlich organisiert werden? Nennen Sie jeweils Vor- und Nachteile.
4. Welche Elemente umfasst das dargestellte Konzept der Unternehmungsplanung?
5. Nennen Sie einige Aspekte, in denen sich strategische und operative Planung unterscheiden.
6. Skizzieren Sie den Ablauf der strategischen Planung.
7. Was stellt die Portfolio-Analyse dar?
8. Was bedeutet «strategisches Management»?
9. Welches sind die Bereiche, Aufgaben und Ziele der dispositiven Planung?
10. Erklären Sie Wesen und Bedeutung der Kontrolle am Beispiel des Regelkreises.
11. Welches sind die wichtigsten Voraussetzungen eines wirksamen Kontrollsystems?
12. Beschreiben Sie Wesen und Aufgaben des Controlling.
13. Was sind die Aufgaben der internen Revision?

Literaturempfehlungen zu III

Zur Planung allgemein:

Gälweiler, A.: Unternehmungsplanung – Grundlagen und Praxis, Frankfurt 1974.
Steiner, G. A.: Top Management Planung, München 1971.
Töpfer, A.: Planungs- und Kontrollsysteme industrieller Unternehmungen, Berlin 1976.

Zur strategischen Planung/zum strategischen Management:

Ansoff, H. I.: Management-Strategie, München 1966.
Ansoff, H. I.: Strategic Management, London 1979.
Dunst, K. H.: Portfolio Management – Konzeption für die strategische Unternehmungsplanung, 2. Aufl., Berlin 1982.
Hahn, D./Taylor, B. (Hrsg.): Strategische Unternehmungsplanung, 2. erw. Aufl., Würzburg/Wien/Zürich 1983.
Hinterhuber, H. H.: Strategische Unternehmungsführung, 2. Aufl., Berlin 1980.
Kreikebaum, H.: Strategische Unternehmungsplanung, Stuttgart 1981.
Pümpin, C.: Management strategischer Erfolgspositionen, Bern/Stuttgart 1982.
Töpfer, A./Afheldt, H. (Hrsg.): Praxis der strategischen Unternehmungsplanung, Frankfurt 1982.

Einen knappen, praktisch orientierten Überblick über die strategische Planung gibt:

Pümpin, C.: Strategische Führung in der Unternehmungspraxis, in: Die Orientierung, Bern 1980.

Zur Systemanalyse:

Churchman, C. W.: Einführung in die Systemanalyse, 2. Aufl., München 1971.

Zur Kontrolle/Sozialbilanz:

Zünd, A.: Kontrolle und Revision in der multinationalen Unternehmung, Bern/Stuttgart 1973.
Dierkes, M.: Die Sozialbilanz – Ein gesellschaftsbezogenes Informations- und Rechnungssystem, Frankfurt 1974.
von Wysocki, K.: Sozialbilanzen, Stuttgart 1981.

IV Organisation und Führung

1 Gemeinsame Grundlagen 139
  11 Organisation und Führung als Formen der Verhaltenssteuerung 139
  12 Instrumentalziele von Organisation und Führung 141
    121 Aufgabenziele 142
    122 Mitarbeiterziele 143
    123 Zielbeziehungen 143

2 Organisation 145
  21 Organisationsbegriff und Aufbau 145
  22 Formale Elemente 147
    221 Aufgaben und Aktivitäten 147
    222 Kompetenzen und Verantwortung 148
    223 Stellen und Stellengruppen 149
    224 Verbindungswege zwischen Stellen 150
  23 Organisatorische Instrumentalvariablen 150
    231 Zentralisation/Dezentralisation 151
    232 Strukturtypen 155
    233 Delegation 164
    234 Standardisierung 165
    235 Arbeitszerlegung 167
  24 Die situative Gestaltung der Organisation 170
    241 Problemstellung 170
    242 Idealtypische Organisationsmodelle (Typ A und Typ B) 172
    243 Situative Organisationsgestaltung am Beispiel der Produkt/Markt-Konzeption 177
  25 Organisationsentwicklung 179
    251 Problemstellung und Ziele der OE 179
    252 Methoden und Entwicklungstendenz der OE 180
  26 Methodik des Organisierens 184
    261 Der Reorganisationsprozess 184
    262 Hilfsmittel 188
- Kontrollfragen 195
- Literaturempfehlungen 196

3 Führung 197
  31 Führung als interpersonelles Problem: Führungsstile .. 197
     311 Führung als situatives Problem der Beeinflussung 197
     312 Führungsstile (eindimensionale Darstellung) 200
     313 Exkurs: zweidimensionale Darstellung des
         Führungsstils 204
     314 Zielwirkungen alternativer Führungsstile 206
     315 Die situative Anpassung des Führungsstils 210
     316 Zur Lernbarkeit von Führungsstilen 211
  32 Führung als organisatorisches Problem:
     Führungsrichtlinien 213
     321 Führungskonzept und Führungsrichtlinien 213
     322 Regelung des Führungsstils 215
     323 Regelung von Führungstechniken 215
     324 Regelung von Formen der Zusammenarbeit und
         Konfliktbewältigung 218
- Kontrollfragen 220
- Literaturempfehlungen 221

1 Gemeinsame Grundlagen

11 Organisation und Führung als Formen der Verhaltenssteuerung

Organisation und Führung sind die Leitungsfunktionen, mit deren Hilfe das Verhalten der Systemmitglieder so strukturiert und koordiniert wird, dass die in der Unternehmungspolitik umrissenen und in der Planung konkretisierten Ziele und Massnahmen realisiert werden können.

Organisation und Führung hängen eng zusammen, d.h. sie beeinflussen sich gegenseitig und müssen untereinander konsistent sein. Ihr grundsätzlicher *Unterschied* liegt nur in der Form, in der die Verhaltenserwartungen gegenüber den Systemmitgliedern stabilisiert und durchgesetzt werden:
- *Organisieren* heisst: Formalisieren (formales Regeln) von Verhaltenserwartungen. Formal sind Regelungen, die durch dazu legitimierte Personen (Kerngruppe)
  - in einem bewussten Gestaltungsakt gesetzt,
  - *unpersönlich,* d.h. unabhängig von bestimmten Individuen als gültig erklärt
  - und (meist) schriftlich fixiert

  sind. Durch formale Regelungen wird die dauernd oder mindestens längerfristig gültige *Struktur* der Unternehmung festgelegt.
- *Führen* heisst: *persönliche* Beeinflussung des Verhaltens eines andern Individuums oder einer Gruppe in Richtung auf gemeinsame Ziele. Die Verhaltenserwartungen werden hier nicht durch formale Regelungen durchgesetzt, sondern mit Hilfe von
  - Fachautorität (Argumente)
  - Persönlichkeitsautorität (Ausstrahlung)
  - Positionsautorität (Sanktionsgewalt)

  erreicht der Führer die Gefolgschaft der zu Führenden bei der Realisierung bestimmter Ziele.[1]

Nun lassen sich formale Regelungen aber auch anwenden, um ein bestimmtes Führungsverhalten allgemein vorzugeben. Dazu dienen

---

[1] «Führen» wird hier also nicht im weiteren Sinn mit «Leiten» gleichgesetzt, sondern im engeren Sinn von «Menschenführung» verwendet (verhaltenswissenschaftlicher Führungsbegriff).

sogenannte *Führungsrichtlinien*. Umgekehrt lassen sich gruppendynamische Methoden der persönlichen Kommunikation anwenden, um die Verbesserung und Anerkennung (neuer) organisatorischer Regelungen zu erreichen und deren Erfolg zu sichern; man fasst diese Methoden heute unter dem Begriff der *Organisationsentwicklung (Organization Development)* zusammen.

Die folgende Abb. IV/1 gibt einen graphischen Überblick über die Zusammenhänge von Organisation und Führung.

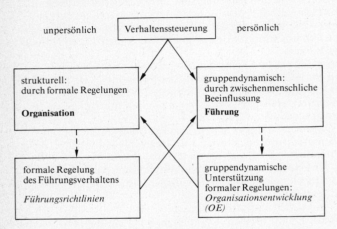

Abb. IV/1: Zusammenhänge zwischen Organisation und Führung

Der Behandlung von Organisation und Führung wird in diesem Buch aufgrund ihrer zentralen Bedeutung relativ viel Platz eingeräumt. Der methodische *Ansatz* soll für beide Problemkreise übereinstimmen. Er soll[2]

- *situativ* sein, d.h. (gemäss Abschnitt I/12) keine absolut gültigen Prinzipien und Wirkungszusammenhänge beinhalten, sondern Alternativen für unterschiedliche Situationen bieten;

---

[2] Teil IV stützt sich im wesentlichen auf die Grundkonzeption, wie sie für das Buch «Organisationslehre: Ziele, Instrumente und Bedingungen der Organisation sozialer Systeme», von Wilhelm Hill, Raymond Fehlbaum und Peter Ulrich, erarbeitet wurde.

– *entscheidungsorientiert* sein, d.h. (gemäss Abschnitt I/23) das Wissen so vermitteln, wie es im praktischen Entscheidungsprozess benötigt wird, nämlich als Auswahl bestimmter *Massnahmen* und *Mittel* zur Erreichung bestimmter *Ziele* unter situativen *Bedingungen*.

Die Darstellung der *Ziele* von Organisation und Führung – wir wollen sie *Instrumentalziele* nennen zur Unterscheidung von den obersten Unternehmungszielen – kann gemeinsam erfolgen, da sie grundsätzlich dieselben sind.

Auch die situativen *Bedingungen* sind weitgehend dieselben, mit zwei Unterschieden:
– nur bei Führung als individuellem Verhaltensproblem tritt die organisatorische Umwelt als situative Bedingung auf;
– bei der Organisation kann nur der längerfristige Bedingungsrahmen berücksichtigt werden, während für die Führung kurzfristige situative Verhaltensänderungen möglich sind.

Auf ihre Darstellung kann hier verzichtet werden, da dies bereits in Teil I/1 erfolgt ist.

Eine getrennte Behandlung von Organisation und Führung drängt sich hingegen vom unterschiedlichen Charakter ihrer *Mittel* her auf (formale Regelungen einerseits, gruppendynamische Einflussnahme andererseits). Auch aus der entscheidungsorientierten Konzeption ergibt sich die Notwendigkeit zur Trennung von Organisation und Führung; meistens werden die entsprechenden Entscheidungen nämlich von unterschiedlichen Entscheidungsträgern getroffen. Während die organisatorischen Entscheidungen von der obersten Leitung (des Gesamtsystems bzw. eines Subsystems) in Zusammenarbeit mit Organisationsspezialisten sowie unter Beteiligung der betroffenen Mitarbeiter (sofern nach OE-Grundsätzen vorgegangen wird) getroffen werden, ist Führung primär ein Verhaltensproblem jedes einzelnen Vorgesetzten und nur in zweiter Linie auf höchster Ebene regelbar (durch Führungsrichtlinien). Der Einfachheit halber werden auch diese organisatorischen Aspekte des Führungsproblems erst im Rahmen der Führung behandelt.

Zunächst soll nun auf die gemeinsamen Instrumentalziele eingegangen werden.

12 Instrumentalziele von Organisation und Führung

Die Wahl zwischen alternativen Organisations- und Führungsmöglichkeiten verlangt eine Bewertung an bestimmten *Kriterien*. Die letzte Bewertung müsste am Beitrag der Organisation und der Führung zur Zweckerfüllung und strategischen Zielerreichung der Unternehmung erfolgen. Da diese Zweck- und Zielerreichung aber von zahlreichen Faktoren abhängt, lässt sich aufgrund der Erreichung oder Nicht-Erreichung der Ziele noch nicht aussagen, welchen positiven oder negativen Beitrag Organisation und Führung geleistet haben. Deshalb müssen wir auf dem Hintergrund der strategischen Unternehmungsziele konkrete *Instrumentalziele* für die Beurteilung von Organisation und Führung bilden.

Dazu sollen zwei Zielbereiche unterschieden werden:
– Ziele bezogen auf die Erfüllung der sich aus der Unternehmungsstrategie ergebenden Aufgaben: *Aufgabenziele* (Leistungsziele)
– Ziele bezogen auf die Bedürfnisse der Mitarbeiter: *Mitarbeiterziele*.

121 Aufgabenziele

Grundlegendes Kriterium für Organisation und Führung ist die *Aufgabenerfüllung:* ermöglichen sie die Erfüllung der strategisch notwendigen Aufgaben in der vorgesehenen Weise, und zwar sowohl in bezug auf die Qualität der *Entscheidungen* wie in bezug auf deren *Ausführung?* Darüber hinaus wird im allgemeinen eine hohe *Produktivität* angestrebt, d.h. ein günstiges (qualitatives und quantitatives) Verhältnis von technischem bzw. ökonomischem Aufwand und Ertrag.

Je nach Strategie und situativen Bedingungen erfordert nun das Ziel «hohe Produktivität» eine unterschiedliche Ausgestaltung von Organisation und Führung:
a) Bei Vorherrschen von langfristig konstanten Routineaufgaben ist eine starke Betonung der (kurzfristigen) *Effizienz* der Aufgabenerfüllung oder eben *Produktivität unter konstanten Bedingungen* notwendig.
b) In einer dynamischen, sich rasch verändernden aufgabenspezifischen und/oder soziokulturellen Umwelt wird der Anteil an innovativen (Problemlösungs-)Aufgaben relativ hoch sein. Die Produktivität hängt dann sehr stark von der *Anpassungsfähigkeit* (Flexibilität) von Organisation und Führung ab, besonders, wenn Produktivität nicht nur als quantitatives Verhältnis, sondern auch als qualitatives Ergebnis verstanden wird; Ziel muss dann *Produktivität unter wechselnden Bedingungen* sein.

Zwischen Effizienz und Anpassungsfähigkeit besteht häufig ein Zielkonflikt. Es muss dann ein wohlüberlegter Kompromiss geschlossen werden, der nicht nur für Organisation und Führung, sondern auch für die Wahl der anzuwendenden Technologie zu gelten hat.

122 Mitarbeiterziele

Die einzelnen Mitarbeiter wollen in der Unternehmung bestimmte *Bedürfnisse* befriedigen (vgl. dazu die Bedürfniskategorien nach Maslow in Abschnitt I/131). Organisation und Führung bestimmen insbesondere, ob das Individuum
- sich in eine *Gruppe integrieren* kann, in der es sich sicher und geborgen fühlt
- die *Anerkennung* von Vorgesetzten und Gleichgestellten für seine Leistungen findet
- seine persönlichen *Fähigkeiten entwickeln* und eine gewisse *Selbstverantwortung* ausüben kann.

Von der Erfüllung oder Nichterfüllung dieser Bedürfnisse hängen zu einem grossen Teil ab
- die Leistungsbereitschaft (Motivation)
- die Leistungsfähigkeit (Fähigkeiten, Selbständigkeit)
- die Arbeitszufriedenheit.

Zu beachten ist, dass die Mitarbeiterziele
- einerseits eigenständige Ziele darstellen, die um ihrer selbst willen erstrebenswert sind (Arbeitszufriedenheit), und
- andererseits eine Voraussetzung für die Erreichung der Aufgabenziele darstellen (Motivation).

Wiederum sind je nach situativen Bedingungen die Ziele anders zu setzen. Organisation und Führung müssen dem vorherrschenden Motivationsniveau angepasst sein. Es gelten folgende Zusammenhänge:
a) Mitarbeiter, die vor allem nach *Sicherheit* verlangen, benötigen klare Regelungen und begrenzte Ermessensspielräume.
b) Mitarbeiter, die vor allem *Selbstentfaltung* suchen, benötigen mehr Kompetenzen und Verantwortung (mehr *Selbständigkeit*) und innovative Aufgaben.

Je höher das Motivationsniveau (die Motivationsstufe), um so stärker hängt im allgemeinen die *Leistung* – und damit die Erreichung der Aufgabenziele – von der Befriedigung der Mitarbeiterbedürfnisse ab.

123 Zielbeziehungen

Der letztgenannte Punkt hat bereits deutlich gemacht, dass auch die Beziehungen zwischen Aufgabenzielen und Mitarbeiterzielen *situativ verschieden* sind. Tendenziell gilt:
a) In einer statischen Umwelt und bei Vorherrschen von Routineaufgaben besteht im allgemeinen ein *Konflikt* zwischen Aufgabenzie-

len und Mitarbeiterzielen (ausser bei Mitarbeitern, die mit Routineaufgaben völlig zufrieden sind[3]).

b) In einer dynamischen Umwelt, d.h. bei Vorherrschen von Anpassungs- und Innovationsaufgaben, besteht im allgemeinen eine wenigstens partielle *Harmonie* zwischen Aufgabenzielen und Mitarbeiterzielen, d.h. die Erfüllung des einen Zielbereichs ist ohne die Erfüllung des andern erschwert (ausser bei Mitarbeitern, welche Routineaufgaben mit ihrer Sicherheit, die diese bieten, vorziehen).

Zu beachten ist jedoch, dass auch unter günstigen Bedingungen die Zielharmonie eine partielle bleibt. Die Ideologie einer totalen Harmonie zwischen Mitarbeiter- und Unternehmungszielen («Wir sitzen alle im selben Boot») geht ebenso an der Realität vorbei wie die gegenteilige Ideologie des totalen Zielkonflikts («Klassenkampf im Betrieb»). Vielmehr überdecken sich Unternehmungs- und Mitarbeiter-Interessen *teilweise.* Von da her sind Zielkonflikte zwischen Vorgesetzten (als Vertretern der Aufgabenziele) und Mitarbeitern in jedem arbeitsteiligen System als normale Erscheinung zu betrachten. Das Organisations- und Führungsproblem lässt sich in seinem vollen Umfang wohl erst erfassen, wenn die *Konfliktbewältigung* als wesentliche Aufgabe mit einbezogen wird. Nur dann wird das Organisations- und Führungsproblem in einer Unternehmung dauerhaft bewältigt, wenn die (partiellen) Zielkonflikte weder einseitig auf Kosten der Aufgabenziele (Leistungsziele) noch einseitig auf Kosten der Mitarbeiterziele «gelöst» werden, sondern wenn sich Leistungsorientierung und Mitarbeiterorientierung in einem dynamischen und wechselseitig produktiven Spannungsfeld ausgleichen. Konfliktbewältigung darf dabei nicht mit oberflächlicher Konfliktverdrängung oder Konfliktunterdrückung verwechselt werden. Die Existenz oder Abwesenheit von manifesten Konflikten ist allein noch kein brauchbares Kriterium für die Beurteilung des organisations- und führungspsychologischen Krankheits- bzw. Gesundheitszustands einer Unternehmung; erst die Art und Weise, wie auftretende strukturelle (d.h. in der Aufgaben- und Kompetenzverteilung begründete) Konflikte organisatorisch geregelt und zwischenmenschliche Konflikte gruppendynamisch ausgetragen und verarbeitet werden, lässt Rückschlüsse auf die Qualität von Organisation und Führung in einer Unternehmung zu.

---

[3] Aus psychologischer Sicht lässt sich allerdings bezweifeln, ob völlige Zufriedenheit und psychische Gesundheit bei monotoner Routinearbeit überhaupt denkbar sind.

2 Organisation

21 Organisationsbegriff und Aufbau

Die Unternehmung wurde als offenes, zweck- und zielorientiertes soziales System charakterisiert. Unter Organisation soll die Gesamtheit der auf die Erreichung von Zwecken und Zielen gerichteten formalen Regelungen verstanden werden, durch die
- ein solches soziales System strukturiert wird und
- die Aktivitäten der zum System gehörenden Menschen, der Einsatz von Mitteln und die Verarbeitung von Informationen geordnet werden.

Der Begriff der Organisation wird hier also *instrumental* verstanden, d.h. als Mittel zur Erreichung der Unternehmungsziele.

Ein anderer, *institutioneller Organisationsbegriff,* der vor allem im angelsächsischen Raum gebräuchlich ist, versteht demgegenüber unter «Organisation» das soziale Gebilde (soziale System) selbst, wird also als Oberbegriff für Spitäler, Universitäten, Verwaltungen, Unternehmungen und andere Institutionen verwendet.

«Strukturieren» umfasst im Rahmen der Organisation immer zwei Aspekte:
a) Die durch die Unternehmung zu erfüllenden Aufgaben müssen in Teilaufgaben zerlegt und diese Teilaufgaben verschiedenen Aufgabenträgern zugeordnet werden: *Differenzierung.*
b) Die Teilaufgaben bzw. deren Träger müssen aufeinander abgestimmt und die durch die einzelnen Aufgabenträger vollzogenen Teilleistungen zur Gesamtleistung zusammengesetzt werden: *Koordination.*

Differenzierung und Koordination bedingen sich gegenseitig. Die Aufrechterhaltung eines Gleichgewichts zwischen diesen beiden Aspekten stellt das organisatorische Grundproblem dar. Da mit zunehmender Differenzierung die Koordinationsprobleme überproportional zunehmen, hat das Organisationsproblem in komplexen Grossbetrieben stark an Gewicht «gewonnen».

Die beiden organisatorischen Grundaufgaben der Differenzierung und Koordination erstrecken sich auf zwei Arten von Strukturen:
a) die *Gebildestruktur* erfasst die Anordnung der Aufgabenträger (bzw. der Stellen) und ihre Beziehungen untereinander (auch «Aufbauorganisation»);
b) die *Prozessstruktur* erfasst die logische und zeitliche Gliederung

der Aktivitäten und Abläufe, die innerhalb der Gebildestruktur stattfinden (auch: «Ablauforganisation»).

Zwei Kategorien von Prozessen lassen sich unterscheiden:
- operative Prozesse (Arbeitsabläufe)
- Leitungsprozesse (Ziele und Massnahmen planen, Menschen führen, organisieren).

Sowohl operative wie Leitungsprozesse beziehen sich auf
- die Bearbeitung von physischen Objekten
- den Austausch und die Verarbeitung von Informationen (Datenverarbeitung, Textverarbeitung und Kommunikation).

In der Realität lassen sich Gebilde- und Prozessstrukturen nicht immer trennen.

Das folgende Schema (Abb. IV/2) fasst die hier genannten Begriffe zusammen. Es stellt einen groben Überblick über den «Gegenstand» des Organisierens dar.

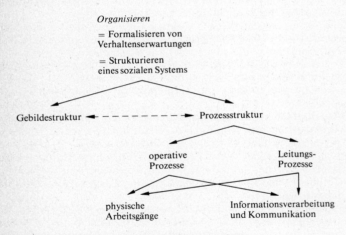

Abb. IV/2:   Organisatorische Strukturierungsaufgaben

Als strukturelle «Bausteine» der Organisation dienen die sogenannten *«formalen Elemente»*. Auf sie wird im folgenden (Abschnitt 22) zuerst eingegangen. Anschliessend werden in Abschnitt 23 organisatorische *Instrumentalvariablen* dargestellt, welche mit Hilfe solcher formaler Elemente einzelne strukturelle Aspekte regeln. In Abschnitt 24 wird dann kurz auf die *situative Gestaltung* der Instrumentalvariablen eingegangen. In Abschnitt 25 wird das Konzept der *Or-*

ganisationsentwicklung dargestellt. Zum Schluss (Abschnitt 26) werden die *praktische Methodik* und wichtige Hilfsmittel des Organisierens kurz erläutert.

22 Formale Elemente

Als formale Elemente sollen die kleinsten abstrakten Bausteine der Organisation bezeichnet werden, aus denen organisatorische (Gebilde- und Prozess-)Strukturen aufgebaut werden. Mit Hilfe dieser Elemente erfolgt die *Formalisierung von Verhaltenserwartungen,* welche als das Wesensmerkmal organisatorischer Regelungen definiert wurde.
Zu den formalen Elementen gehören Aufgaben und Aktivitäten, Kompetenzen und Verantwortlichkeiten, Stellen und Stellengruppen sowie Verbindungswege (Transport- und Kommunikationswege) zwischen Stellen.

221 Aufgaben und Aktivitäten

Aus dem Unternehmungszweck und den Geschäftsstrategien leiten sich die Aufgaben und Teilaufgaben ab. Am Anfang jedes organisatorischen Problems steht eine Aufgabe, die gelöst werden soll. Unter einer *Aufgabe* ist eine *Soll-Leistung* zu verstehen. Jeder Stelle sind meist mehrere Soll-Leistungen zugeordnet, die zusammen die Gesamtaufgabe der Stelle ausmachen.
In dynamischer Betrachtung beinhaltet eine Aufgabe verschiedene *Aktivitäten,* die zur Erfüllung der Soll-Leistung ergriffen werden müssen, z.B.
– bei physischen Bearbeitungsprozessen: Bewegen oder Transportieren von Objekten, Teilen, Sortieren, usw.
– bei Kommunikations- und Informationsverarbeitungsprozessen: Aufnehmen, Speichern, Verarbeiten, Abgeben von Informationen.
Eine Aufgabe kann nach folgenden Merkmalen abgegrenzt werden:
a) Funktionsbereich, in dem sie gelöst wird (Beschaffung, Fertigung, Marketing, usw.)
b) Aktivitäten
c) Objekt, an dem eine Tätigkeit ausgeübt wird
d) Problemlösungsphase: Entscheidungsvorbereitung, Entscheidung, Ausführung, Kontrolle
e) Häufigkeitscharakter: repetitive oder innovative Aufgabe
f) nach Raum, Zeit, Qualität und Quantität.

Diese Merkmale dienen zugleich als Kriterien für die Zentralisation bzw. Dezentralisation von Aufgaben (vgl. Abschnitt 231).

222 Kompetenzen und Verantwortung

Damit eine Stelle ihre Aufgaben erfüllen kann, muss sie das Recht haben, handelnd tätig zu werden und jene Massnahmen zu ergreifen, die zur ordnungsgemässen Aufgabenerfüllung notwendig sind. Diese Handlungsrechte werden als *Kompetenzen* bezeichnet.

Mit der Zuweisung von Aufgaben und Kompetenzen wird die Stelle zugleich verpflichtet, diese Aufgaben und Kompetenzen richtig zu erfüllen. Diese Verpflichtung ist ihre *Verantwortung*. Nach einem der bekanntesten Organisationsgrundsätze müssen sich Aufgabe, Kompetenz und Verantwortung immer entsprechen. Aus der Verantwortung resultiert eine *Verantwortlichkeit,* d.h. eine Haftung oder Belangbarkeit für fahrlässige und vorsätzliche Fehler, für die Nichtausübung von Kompetenzen und für selbstverschuldete Misserfolge.

Genauso wie die Aufgabengliederung ein organisatorisches Instrument ist, ist das auch die Zuteilung von Kompetenzen. Man spricht beim Prozess der Kompetenzübertragung von *Delegation* (vgl. Abschnitt 233). Um in der Praxis die Kompetenzdelegation mit der Aufgabenverteilung in Übereinstimmung zu bringen, werden die Aufgaben und Kompetenzen jeder Stelle in einem Funktionendiagramm und/oder in Stellenbeschreibungen genau festgelegt (vgl. Abschnitt 25: Methodik des Organisierens).

Was nun die Verantwortungsübertragung betrifft, so folgt sie zwar genau der Kompetenzübertragung; jedoch ist es missverständlich, von «Verantwortungsdelegation» zu sprechen. Durch Übertragung von Verantwortung des delegierenden Vorgesetzten an einen Untergebenen wird die Verantwortung des delegierenden Vorgesetzten nicht aufgehoben. Delegation von Kompetenzen bringt also keine Teilung, sondern im Gegenteil eine Addition von Verantwortung mit sich.

Wichtigste *Kompetenzarten* sind:

a) *Verfügungskompetenz:* das Recht, über Objekte, Maschinen, Hilfsmittel, Informationen oder Finanzen zu verfügen und sie bei anderen Stellen zu verlangen.

b) *Entscheidungskompetenz:* das Recht, zwischen Handlungsalternativen zu wählen. Entscheidungskompetenzen sind überall dort notwendig, wo sich Aufgaben nicht restlos programmieren lassen. Die organisatorische Verteilung der Entscheidungskompetenzen stellt das wichtigste Problem der Leitungsorganisation, d.h. der

Organisation der Leitungsprozesse, dar. Die Fälle der Allein-Entscheidungskompetenz einer Stelle sind dabei nur ein Teilaspekt. Möglich ist nämlich auch, dass mehrere Stellen an einer Entscheidung beteiligt werden. Es soll dann von Mitsprachekompetenz gesprochen werden:

c) *Mitsprachekompetenz:* das Mitspracherecht besagt zunächst nur, dass eine Stelle A in einer Frage nicht völlig unabhängig von einer andern Stelle B entscheiden kann, sondern dass die Stelle B zu konsultieren ist. Wie weit dieses Mitspracherecht geht, muss genau bestimmt werden: es kann sich um ein blosses *Anhörungsrecht* (Mitberatungsrecht), ein *Vetorecht* oder um ein eigentliches *Mitentscheidungsrecht* handeln.

d) *Anordnungskompetenz:* das Recht, andere Stellen zu einem Tun zu veranlassen, also Anordnungen zu geben. Anordnungen sind nötig, um nach der Willens*bildung* (Entscheidung) die Willens*durchsetzung* zu sichern. Zu jeder Entscheidungskompetenz gehört daher eine entsprechende Anordnungskompetenz. Mit der Anordnungskompetenz ist gleichzeitig das *Kontrollrecht* verbunden: wer als verantwortlicher Leiter Anordnungen trifft, muss in der Lage sein, die richtige Ausführung seiner Anordnungen zu kontrollieren.

e) *Vertretungskompetenz:* das Recht, die Unternehmung nach aussen zu vertreten. Dazu gehört einerseits die Kompetenz, die Unternehmung gegenüber Dritten vertraglich zu verpflichten, anderseits die Kompetenz, Rechte der Unternehmung gegenüber Dritten wahrzunehmen.

f) *Richtlinienkomptenz:* das Recht, Richtlinien zu erlassen, die den grundsätzlichen Rahmen abgrenzen, innerhalb dessen untergeordnete Stellen Entscheidungen treffen können. Richtlinienkompetenzen sind Entscheidungskompetenzen höherer Ordnung.

Zur Kompetenzdurchsetzung muss es möglich sein, *Sanktionen* zu ergreifen (vgl. Abschnitt I/132).

223 Stellen und Stellengruppen

Das System «Unternehmung» besteht aus Subsystemen, die innerhalb des Systems bestimmte Aufgaben erfüllen. Diese Subsysteme lassen sich wiederum zerlegen in ihre kleinsten Einheiten: die Systemelemente (Menschen und Mensch-Maschinen-Kombination). In der formalen Betrachtungsweise werden diese kleinsten Einheiten als *Stellen* bezeichnet.

Die *Stelle* ist die Kombination aus einem Aufgabenkomplex, der von einer Person (oder einer Gruppe) erfüllt werden kann, und den dazu notwendigen Kompetenzen und Verantwortlichkeiten. Sie ist eine abstrakte, strukturelle Einheit und nicht identisch mit einem räumlichen Arbeitsplatz, obwohl im Normalfall ein solcher zu einer Stelle gehört. Da nun lauter gleichgeordnete, nebeneinanderstehende Stellen kaum geeignet sind, eine *koordinierte* Leistung zu erbringen, müssen jeweils mehrere Stellen, die gemeinsame oder direkt zusammenhängende Aufgaben erfüllen, zu Gruppen zusammengefasst und einer Leitungsstelle unterstellt werden. Solche Zusammenfassungen von Stellen bezeichnet man als *Stellengruppen,* Stellenbereiche oder *Abteilungen.* Leitungsstellen werden als *Instanzen* bezeichnet.

224 Verbindungswege zwischen Stellen

Stellen erfüllen immer nur Teilaufgaben. Sie benötigen zur Zusammenarbeit und Koordination untereinander gegenseitigen Kontakt. Dazu werden verschiedene *Verbindungswege* oder Kanäle eingerichtet. Auf diesen Verbindungswegen werden entweder physische Objekte oder Informationen ausgetauscht. Es sind also primär *Transportwege* und *Informationswege* zu unterscheiden.

Innerhalb des *Informationssystems* der Unternehmung, das die wichtige Aufgabe hat, die Koordination der Stellen zu ermöglichen, lassen sich verschiedene *Arten von Informationswegen* unterscheiden:

a) reine *Mitteilungswege* dienen der blossen gegenseitigen Information.
b) *Entscheidungswege* dienen dazu, einen Entscheid von einer Stelle zu fordern *(Anrufungsweg)* oder einen Entscheid zu realisieren *(Anordnungsweg).* Zu den Entscheidungswegen gehören auch *Mitsprachewege* für die Ausübung von Mitsprachekompetenzen.

Anrufungswege werden dort notwendig, wo eine Stelle bestimmte Aufgaben zu erfüllen hat, eine dazu notwendige Entscheidung aber durch eine andere Stelle gefällt werden muss. Die Anrufung kann den Charakter eines Antrags, eines Vorschlags, einer Rückfrage oder auch einer Beschwerde haben. Sie muss immer durch einen Entscheid beantwortet werden.

23 *Organisatorische Instrumentalvariablen*

Als *organisatorische Instrumente* betrachten wir Variablen, welche
a) einer formalen Regelung zugänglich sind
b) Verhaltenserwartungen gegenüber Systemmitgliedern beinhalten und regeln,

c) von der Unternehmungsleitung relativ autonom variierbar und
d) soweit originär sind, dass sie nicht nur Symptome verändern, sondern zur Gestaltung einer grundlegenden strukturellen Dimension dienen.

Nicht zu den organisatorischen Instrumenten im engeren Sinn zählen wir deshalb
- ergänzende OE-Massnahmen (gemäss a)
- technologische Massnahmen (gemäss b)
- den Führungsstil (gemäss c)
- «Symptomvariablen» wie z.B. die Leitungsspanne, d.h. die Anzahl Untergebener pro Instanz (gemäss d).

Es werden folgende Instrumentalvariablen unterschieden:
- Zentralisation/Dezentralisation (Aufgabengliederung)
- Strukturtypen (Leitungsbeziehungen)
- Delegation (Kompetenzabstufung)
- Standardisierung (Festlegen von Aktivitätsfolgen)
- Arbeitszerlegung (interpersonale Aufteilung von operativen Aktivitätsfolgen).

Dazu kommt dann noch die später zu behandelnde organisatorische Festlegung von Führungsrichtlinien (inkl. Partizipationsregelungen).

231 Zentralisation/Dezentralisation

Zentralisation bedeutet die Zusammenfassung, Dezentralisation die Trennung von Teilaufgaben, die *hinsichtlich eines bestimmten Merkmals* (vgl. Abschnitt 221) gleichartig sind.

Die Aussage «Die Unternehmung X ist zentralisiert» ist so lange gehaltlos, als nicht das Kriterium genannt wird, nach dem zentralisiert wurde. Das schliesst nicht aus, dass man unterschiedlichen Zentralisationsarten einen unterschiedlichen Zentralisations*grad* zuschreibt und damit ein Vergleichsmass schafft, das ohne Angabe des Kriteriums der Aufgabenverteilung vergleichbar ist.

Als wichtigste Arten der Aufgabengliederung (der Zentralisation) seien hier unterschieden:
- die *funktionale Gliederung*
  = Gliederung nach Funktionsbereichen auf den oberen Ebenen bzw. nach Verrichtungen auf den unteren Ebenen der Hierarchie
- die *divisionale Gliederung*
  = Gliederung nach Geschäftsbereichen, vor allem nach Produktgruppen (Spartengliederung) oder Abnehmergruppen (marktorientierte Gliederung)

- die *regionale Gliederung*
  = Gliederung nach Gebieten, vor allem nach Absatzgebieten
- die *Phasengliederung*
  = Gliederung nach den Phasen der Aufgabenerfüllung

Der funktionalen Gliederung wird im allgemeinen ein hoher, der divisionalen und regionalen Gliederung ein niedriger Zentralisationsgrad zugeschrieben.

A. Die funktionale Gliederung
(Gliederung nach Funktionsbereichen)

Der Begriff *«Funktion»* meint hier ganz einfach einen bestimmten Anteil an einer Aufgabe, eine *Teilaufgabe* im Gegensatz zur Gesamtaufgabe. Jede Unternehmung benötigt bestimmte, typische Zweck- oder *Funktionsbereiche*. Im Industriebetrieb sind dies:

I *Ressourcenbezogene Aufgaben* (input-orientierte Aufgaben)

1. Mittelbeschaffung und -verwaltung (Finanzen, Produktionsmittel, Rohstoffe, Information, Rechte)
2. Personalbeschaffung und -verwaltung

II *Leistungsbezogene Aufgaben* (output-orientierte Aufgaben)

3. Leistungsgestaltung (Forschung und Entwicklung)
4. Leistungserstellung (Produktion)
5. Leistungsverwertung (Absatz)

B. Die divisionale und die regionale Gliederung
(Gliederung nach Geschäftsbereichen bzw. Gebieten)

Grundsätzlich wird eher
a) nach *Produktgruppen* (Sparten) gegliedert, wo die Geschäftsbereiche vorwiegend produktspezifisch geartet sind,
b) nach *Abnehmermärkten* (Abnehmergruppen) gegliedert, wo die Geschäftsbereiche vorwiegend kundengruppenspezifisch geartet sind,
c) nach *Regionen* gegliedert, wo die Geschäftsbereiche vorwiegend raumspezifisch bzw. landesspezifisch geartet sind (z.B. Übersee-Export).

Ein Geschäftsbereich, sei er vom Typ a, b oder c, wird im allgemeinen als *Division* bezeichnet, wenn er
- über alle wesentlichen, erfolgbestimmenden Funktionsbereiche verfügt und damit wirtschaftlich weitgehend autonom ist
- Teil eines grösseren Systems, d. h. der Gesamtunternehmung, und rechtlich *nicht* selbständig ist (Tochtergesellschaften eines Konzerns sind keine Divisionen).[4]

Als *Profit Center* kann eine Division dann – und nur dann – bezeichnet werden, wenn sie
- wirtschaftlich selbsttragend ist wie eine selbständige Unternehmung
- rechnungsmässig eine abgegrenzte Kosten- und Leistungseinheit mit ausgewiesenem Erfolg darstellt
- die Kompetenz hat, benötigte Unterstützungsleistungen und Waren nicht nur unternehmungsintern gegen Verrechnungspreise sondern auch extern auf dem Markt einzukaufen, und
- dementsprechend in der Lage ist, die volle Gewinnverantwortung für ihren Leistungsbereich zu tragen.

Die Koordination der verschiedenen Profit Centers innerhalb einer Unternehmung erfolgt weniger durch direkte Eingriffe als vielmehr mittels finanzieller Zielvorgaben (Budgetgewinn bzw. Deckungsbeitrag an den Unternehmungsgewinn) und Nebenbedingungen (z.B. Investitionsbudget).

C. Die Phasengliederung

Das Phasenkriterium gliedert nach den *drei Hauptphasen* jedes Problemlösungsprozesses, nämlich
- Planung (Zielsetzung und Vorbereitung)
- Durchführung
- Kontrolle

Dieses Kriterium wird für die Aufteilung von Leitungsaufgaben verwendet. So wird z.B. die Entscheidungsvorbereitung aus der Leitungsaufgabe einer Instanz ausgegliedert und einer speziellen Stelle, die von einem Experten besetzt ist, übertragen. Ähnlich wird in der Fertigung die sogenannte Arbeitsvorbereitung (Avor) ausgegliedert.

---

[4] Vgl. zum Problem der Divisionalisierung Gälweiler, Aloys: Grundlagen der Divisionalisierung, Zeitschrift für Organisation 40 (1971), S. 55 – 66.

D. Die Kombination mehrerer Gliederungskriterien

Bei der Gebildestrukturierung gelangen die verschiedenen Gliederungskriterien in bestimmten Kombinationen zur Anwendung. Auf den obersten Systemebenen besteht der Hauptkonflikt normalerweise zwischen den vier Kriterien «Produktgruppen», «Kundengruppen», «Regionen», «Funktionen». Dieser Konflikt wird traditionellerweise so gelöst, dass die verschiedenen Merkmale in eine *Rangfolge* gebracht werden, z. B.
– regionale Gliederung auf der obersten Ebene
– funktionale Gliederung auf der zweitobersten Ebene
– Produktgliederung auf der dritten Ebene.

Eine neuere, grundsätzlich andere Lösung des Zentralisationsproblems wird heute in der Matrix-Organisation gesucht (Darstellung in Abschnitt 232).

In der jüngsten Zeit gewinnt ein weiteres Gliederungskriterium an Bedeutung: die Gliederung nach *Projekten*. Projekte beinhalten zeitlich beschränkte, innovative (d. h. neuartige) Aufgabenkomplexe.

In einer empirischen Analyse amerikanischer Grossunternehmungen hat Hoffmann[5] etwa folgende statistische Verteilung der Gliederungskriterien auf den drei Ebenen Top-, Middle- und Lower-Management gefunden (Abb. IV/3).

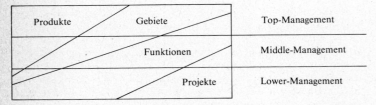

Abb. IV/3: Zentralisationskriterien auf verschiedenen Ebenen der Organisation

Diese Darstellung symbolisiert gut die fortgeschrittene Divisionalisierung einerseits und die aktuelle Tendenz zur Einführung von Projektorganisationen auf unteren bis mittleren Ebenen anderseits.

---

[5] Hoffmann, F.: Merkmale der Führungsorganisation amerikanischer Unternehmen, 1. Teil, Zeitschrift für Organisation 41 (1972), S. 3 ff.

232 Strukturtypen

Als *Strukturtypen* sollen vier organisatorische Grundmodelle der Funktions- und Kompetenzzuteilung bezeichnet werden, nämlich
- die Linienorganisation
- die Stab-Linien-Organisation
- die funktionale Organisation (Mehrlinien-System)
- die Matrix-Organisation.

Diese Strukturtypen befassen sich nicht mit der Aufgabengliederung, sondern mit den Leitungsbeziehungen zwischen den verschiedenen Stellen. Der Begriff «funktional» hat hier nicht den Sinn eines Gegensatzes zu «divisional», sondern bezieht sich auf die Spezialisierung in der Leitungsfunktion der Instanzen. Diese Funktionalisierung oder Spezialisierung in der Leitung nimmt in der genannten Reihenfolge der vier Strukturtypen zu.

Linien-, Stab-Linien- und Funktionalorganisation sind die drei «klassischen», pyramidenartigen Organisationsmodelle. Sie werden im folgenden direkt gegenübergestellt, währenddem die Matrix-Organisation erst anschliessend behandelt wird. Zuletzt wird noch kurz auf Kollegien als Ergänzung der Leitungsorganisation eingegangen.

A. Linien-, Funktional- und Stab-Linien-Organisation

Grundlegend für die Unterscheidung von Linienorganisation und Funktionaler Organisation sind zwei unterschiedliche *organisatorische Grundsätze* oder Prinzipien:

- Das *Prinzip der «Einheit der Auftragserteilung»* besagt, dass eine Stelle nur von einer einzigen, ihr direkt vorgesetzten Stelle Anordnungen erhalten und dieser allein verantwortlich sein soll. Jede Stelle ist also nur durch eine einzige «Linie» mit all ihren vorgesetzten Instanzen verbunden. Die Linie ist sowohl Entscheidungsweg wie Mitteilungsweg: sie wird als sogenannter *«Dienstweg»* bezeichnet. Grundgedanke der sich daraus ergebenen *Linienorganisation* ist, die Einheitlichkeit der Leitung (Willensbildung und -durchsetzung) zu gewährleisten.

- Das *Prinzip der Spezialisierung der Leitung* dagegen besagt, dass das Prinzip der Arbeitsteilung auch auf Leitungsaufgaben anzuwenden sei. Jede Instanz soll nur für ein eng begrenztes Spezialgebiet zuständig und verantwortlich sein, in dem sie über das erforderliche Spezialwissen verfügt. Daraus ergibt sich zwingenderweise die Mehrfachunterstellung untergebener Stellen. Jede Stelle ist mit der für ein Spezialgebiet zuständigen Instanz direkt verbunden *(Prinzip des direkten Weges)*. Grundgedanke der sich daraus ergebenen *Funktionalen Organisation* ist es, eine Übereinstimmung der formellen Entscheidungskompetenz mit der Fachkompetenz (Spezialwissen) einer Instanz zu erreichen, um so die qualitative und quantitative Leitungskapazität in der Organisation zu heben.

Die *Stab-Linien-Organisation* schliesslich entstand aus dem Grundgedanken, die Vorteile der klaren Kompetenz- und Verantwortlichkeitsabgrenzung des Liniensystems mit den Vorteilen der Spezialisierung des Funktionalsystems zu verbinden: das Liniensystem wird ergänzt durch *Stabstellen*. Stabstellen sind weder Instanzen noch unterste ausführende Stellen, sondern *Leitungshilfsstellen*. Zuhanden der Linieninstanzen erfüllen sie Aufgaben der Entscheidungsvorbereitung, der Kontrolle und allgemein der fachlichen Beratung und Entlastung, ohne selbst Entscheidungs- und Anordnungskompetenzen zu besitzen.

In der Praxis sind die Übergänge zwischen reinen Stabstellen und Stellen mit funktionalem Weisungsrecht (Funktionale Organisation) fliessend, so dass man heute besser von *zentralen Dienststellen* oder Service-Stellen spricht. Beispiele für solche Dienststellen mit gewissen funktionalen Kompetenzen sind
- das Personalwesen
- die Abteilung Finanz- und Betriebswirtschaft (Controlling)
- die Organisations- und EDV-Abteilung
- Abteilung Recht
- Volkswirtschaft- und Statistik-Abteilung.

Dank ihren eng begrenzten Kompetenzen – meistens nur Mitsprachekompetenzen in spezifischen Punkten – können solche Dienststellen eine Reihe von Aufgaben für die Gesamtunternehmung relativ selbständig lösen, und zwar unter Einsatz eines ihrer Aufgabe entsprechenden Spezialwissens.

B. Projekt- und Matrixorganisation

Den drei eben behandelten, klassischen Strukturtypen ist gemeinsam, dass sie streng «pyramidenförmig» aufgebaut sind.

Der Entwicklung der Matrixorganisation liegen nun drei neuere Tendenzen zugrunde:

1. das Bemühen, von streng hierarchischen Pyramidenmodellen wegzukommen
2. der Versuch, vom «Entweder – Oder» bei der Lösung des in Ab-

schnitt IV/231, lit. D beschriebenen Zentralisationskonfliktes wegzukommen durch eine mehrdimensionale Gliederung
3. die wachsende Bedeutung von Projektaufgaben.

Ältere Formen der *Projektorganisation* sind
a) die *Projektkoordination durch eine Stabsstelle:*
   ein Projektkoordinator sorgt für Koordination und Termineinhaltung des Projekts, hat aber ausschliesslich Informations-, Beratungs- und Planungsbefugnisse und keine Kompetenzen gegenüber den Linieninstanzen.
b) *Projektorganisation mit voller Linienkompetenz* (Task Force): hier wird eine Ad-hoc-Organisation für die Dauer des Projektes aus der normalen Organisation herausgelöst. Es entsteht eine Parallel-Linienorganisation mit dem Projektleiter an der Spitze. Die bisherigen Linienvorgesetzten der Projekt-Mitarbeiter haben keine Anordnungsbefugnisse mehr über diese.

Die *Matrixorganisation* ermöglicht demgegenüber eine Projektabwicklung ohne Ausgliederung einer Parallel-Organisation, aber trotzdem mit funktionalen Kompetenzen des Projektleiters. Sie ist im Unterschied zur eindimensionalen «klassischen» Organisation *zwei- oder mehrdimensional*. Die Dimensionen sind normalerweise:
– Produktgruppe (Sparte)
– Region
– Funktionsbereich
– Projekt.

Die gewählten Dimensionen sind hierarchisch gleichwertig: das Prinzip der «Einheit der Auftragserteilung» wird fallengelassen zugunsten einer *Aufteilung der Leitungsfunktion nach Dimensionen:*
– der *Product Manager* sorgt für eine einheitliche Produktpolitik in seinem Bereich
– der *Regional Manager* koordiniert die Tätigkeiten in seinem Marktgebiet
– der *Functional Manager* koordiniert seinen Funktionsbereich
– der *Project Manager* koordiniert die Abwicklung des ihm zugewiesenen Projekts.

Die Verantwortung ist grundsätzlich geteilt, alle «Dimensions-Manager» sind gleichberechtigt. Im Prinzip handelt es sich bei der Matrixorganisation um eine Funktionale Organisation in weiterentwickelter Form. Am einfachsten ist natürlich eine zweidimensionale Matrix, beispielsweise mit den Dimensionen «Funktionen» und «Projekte» (Abb. IV/4):

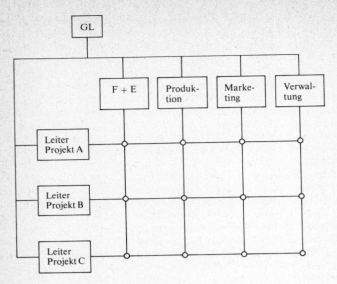

Abb. IV/4: Projekt-Matrixorganisation

Jeder Kreis in Abb. IV/4 symbolisiert eine «*Kompetenzkreuzung*» zwischen jeweils einem Funktionsmanager und einem Projektmanager. Grundsätzlich wird über den im Schnittpunkt stehenden Problembereich unter Mitsprache beider Manager entschieden. Dabei muss in Funktionendiagrammen (vgl. Abschnitt IV/262) genau geregelt werden, wer bei welchen Entscheidungen in welchem Ausmass den Vortritt hat.

Die Matrix-Organisation eignet sich keineswegs nur als Form der Projektorganisation. Die grösste Bedeutung hat sie vielmehr im Zusammenhang mit dem Konzept des *Product Management* erlangt, auf das deshalb speziell eingegangen wird (Punkt C).

Dem Hauptvorteil der grossen Koordinationsfähigkeit der Matrixorganisation steht der Hauptnachteil einer anspruchsvollen Kompetenzabgrenzung, damit aber auch anspruchsvoller Willensbildungsprozesse (Team-Entscheid) gegenüber. Als schwer realisierbar hat sich in der Praxis vor allem die gleichberechtigte Teilung der Dimensionsleiter in die kommerzielle Ergebnisverantwortung erwiesen; ein Dimensionsleiter ohne solche kommerzielle (Mit-)Verantwortung für das Jahresergebnis sieht sich jedoch im Konfliktfall rasch einmal in eine Position der Ohnmacht abgedrängt, in der ihm die wirkungsvolle Erfüllung seiner spezifischen Funktion kaum mehr möglich ist. Nicht zu übersehen sind ausserdem die Gefahren der bürokratischen Schwerfälligkeit von Entscheidungsprozessen aufgrund der Zahl der jeweils involvierten Instanzen, was sich vor allem auf die Initiative der untergeordneten Stellen demotivierend auswirken kann.

Die Abbildung IV/5 stellt die vier besprochenen Grundmodelle mit ihren Vor- und Nachteilen – soweit sich diese unabhängig von situativen Bedingungen nennen lassen – systematisch dar.

C. Product Management und Matrixorganisation

Product Management (PM) stellt ein modernes, flexibel anwendbares Konzept dar, das zuerst in der Markenartikelindustrie auf der Basis der Matrix-Idee entwickelt wurde, diesen Rahmen in einigen seiner Varianten heute allerdings sprengt. Grundsätzlich geht es beim PM darum, die für den Markterfolg einer Produktgruppe relevanten Aktivitäten in allen Funktionsbereichen zu koordinieren. Hauptaufgabe des PM ist es, dem Verkauf Produkte mit einem grösstmöglichen Marktpotential zur Verfügung zu stellen. Dazu gehören im wesentlichen folgende Aufgaben:
- Überwachung und Weiterentwicklung der Produkt/Markt-Konzeption der Unternehmung (Produkt/Markt-Planung)[6]
- Aufstellen von Produkte- oder Produktgruppenbudgets und Überwachen der Produkte- bzw. Produktgruppenerfolgsentwicklung
- Erarbeitung marktgerechter neuer Produktkonzeptionen (Marktanalyse und Erstellung des Produkt-Pflichtenhefts)
- Koordination aller Entwicklungs- und Markteinführungsaktivitäten bei neuen Produkten
- Planung und Koordination aller Werbe- und Verkaufsförderungsaktivitäten
- Überwachung von Preisen, Konditionen, Vertreterprovisionen, Vertriebskanälen usw.

Mit seiner eher längerfristig-konzeptionellen Denkweise zum einen und der gewinn- oder deckungsbeitragsorientierten Erfolgsbeurteilung zum andern soll das PM ein erwünschtes Spannungsfeld gegenüber dem Verkauf, der mehr an der kurzfristigen Maximierung des Umsatzes (auch auf Kosten des Deckungsbeitrags) oder gar des Kundenstamms interessiert ist, erzeugen.

[6] Vgl. dazu auch Abschnitt III/22.

Linienorganisation	Stab-Linien-Organisation	Funktionale Organisation	Matrix Organisation
1. Grundsätze – Einheit der Leitung – Einheit des Auftragsempfangs	*1. Grundsätze* – Einheit der Leitung – Spezialisierung von Stäben auf Leitungshilfsfunktionen ohne Kompetenzen gegenüber der Linie	*1. Grundsätze* – Spezialisierung – direkter Weg – Mehrfachunterstellung	*1. Grundsätze* – Spezialisierung nach Dimensionen – Gleichberechtigung der Dimensionen
2. Schema 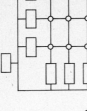 «Passerelle»	*2. Schema* 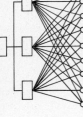	*2. Schema* 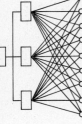	*2. Schema* 
3. Eigenarten – Linie = Dienstweg für Anordnung, Anrufung, Beschwerde, Information – Linie = Delegationsweg – hierarchisches Denken – keine Spezialisierung bei der Leitungsfunktion – *Praxis:* a) Tendenz zur Bildung von «Passerellen» b) Tendenz zur Angliederung von Stäben und Komitees	*3. Eigenarten* – Entscheidungskompetenzen von Fachkompetenzen getrennt – Funktionsaufteilung nach Phasen des Willensbildungsprozesses – Systematische Entscheidungsvorbereitung – *Praxis:* a) Tendenz zur Bildung einer eigenen funktionalen Stabshierarchie b) Tendenz zu zentralen Dienststellen (unechte Funktionalisierung)	*3. Eigenarten* – Übereinstimmung von Fachkompetenzen und Entscheidungskompetenzen – Funktionale Spezialisierung der Leitungsorgane – *Praxis:* Tendenz zur unechten Funktionalisierung (nur funktionale Dienststellen wie z. B. Personalwesen)	*3. Eigenarten* – perfektionierte Form der funktionalen Organisation – systematische Regelung der Kompetenzkreuzungen – Teamarbeit der Dimensionsleiter – *Praxis:* Tendenz zur Gewichtung eines Dimensionsleiters als «Primus inter pares»

Linienorganisation	Stab-Linien-Organisation	Funktionale Organisation	Matrix-Organisation
4. *Vorteile* (1) klare Kompetenz- und Verantwortlichkeitsbereiche (2) klare Anordnungen (3) Koordination und Kontrolle einfach (4) Sicherheit bei Vorgesetzten und Untergebenen (5) tüchtige Linienchefs werden gefördert	4. *Vorteile* (1) Einheit der Leitung trotz gewisser Spezialisierung (2) Entlastung der Linieninstanzen (3) fachkundige Entscheidungsvorbereitung (4) Ausgleich zwischen Spezialistendenken und übergeordneten Zusammenhängen	4. *Vorteile* (1) fachkundige Entscheidungen (2) Entbürokratisierung: – kurze Kommunikationswege – Fachkompetenz wichtiger als hierarchische Stellung – grössere Leitungskapazität (3) psychologischer Vorteil der funktionalen Autorität	4. *Vorteile* (1) sachgerechte Teamentscheidungen (2) übersichtliche, klare Koordination (3) institutionalisierter Konflikt zwischen Dimensionen (4) psychologischer Vorteil der funktionalen Autorität
5. *Nachteile* (1) Unvereinbarkeit mit dem Grundsatz der Spezialisierung (2) Schwerfälligkeit, Bürokratisierung: – unterdimensionierte Kommunikationsstruktur – Betonung der Hierarchie – Überlastung der Leitungsspitze – Starrheit (3) lange Kommunikationswege, Informationsfilterung (4) Belastung der Zwischeninstanzen	5. *Nachteile* (Gefahren und Auswüchse) (1) Stab als «Alternative» zu richtiger Organisation («Wasserkopf») (2) Stab als Vorwand für mangelhafte Delegation (3) Stab als «Graue Eminenz» (Macht ohne Verantwortung) (4) Stab als Konkurrenz zur Linie (Friktionsmöglichkeiten)	5. *Nachteile* (1) Kompetenzüberschreitungen kaum vermeidbar (2) Unsicherheit bei Vorgesetzten und Untergebenen (3) komplizierte Kommunikationsstruktur, schwierige Koordination und Kontrolle (4) fehlender Blick für das Ganze beim Spezialisten: – Ressort-Denken – Überbewertung der eigenen Aufgabe	5. *Nachteile* (1) Kompetenzabgrenzungen aufwendig (2) grosser Kommunikationsbedarf (3) kaum nachvollziehbare Entscheidungsprozesse (4) Gefahr zu vieler Kompromisse (5) Fehlen einer eindeutigen kommerziellen Ergebnisverantwortung von Dimensionsleitern

Abb. IV/5: Grundlegende Strukturtypen

Je nach der Bedeutung, die dem PM beigemessen wird, kann nun zwischen verschiedenen organisatorischen Lösungsansätzen gewählt werden:

a) *Service-Stelle für PM:* Das PM ist lediglich eine Informations-, Analyse- und Entscheidungsvorbereitungsstelle ohne eigene Weisungsbefugnisse. Als «kleine» Variante handelt es sich um eine Service-Stelle der Marketing-Abteilung, als «grosse» Variante um eine zentrale Dienststelle der obersten Unternehmungsleitung. In beiden Fällen ergibt sich ein auf dem Stab-Linien-Modell aufbauender Ansatz mit nur schwach ausgeprägtem PM.

b) *Produkt-Matrixorganisation:* Soll das PM eigentliche Koordinationsaufgaben wahrnehmen, so drängt sich eine Matrix-Struktur auf, in der dem PM grundsätzlich Mitspracherechte gegenüber den Funktionsbereichsleitern in allen Fragen, die «seine» Produktgruppe betreffen, zugebilligt werden. Als «kleine» Variante kann es sich um eine Matrix innerhalb der Marketing-Abteilung handeln. Demzufolge koordinieren die Product Manager bei dieser Lösung nur die produktbezogenen Aktivitäten der verschiedenen Marketing-Stellen. Als «grosse» Variante ergibt sich eine Matrix-Gesamtstruktur, d.h. die gesamte Organisation wird als Produkt-Matrix aufgebaut. Diese Lösung ist zweckmässig, wenn die Product Manager sämtliche produktbezogenen Aktivitäten in allen Funktionsbereichen (Entwicklung, Produktion, Verkauf, usw.) koordinieren sollen. Vor allem diese letzte Variante führt zu einer recht stark ausgeprägten Produktorientierung.

c) *Profit-Center-Konzept:* Im Grenzfall wird auf die Gleichrangigkeit der Funktionsbereichsleiter mit den Product Managern verzichtet und die Organisation primär nach Produktgruppen gegliedert. Der einzelne Product Manager übernimmt dabei mehr oder weniger eindeutig die Ergebnisverantwortung für seine Produktgruppe. Diese Lösung tendiert bei ihrer konsequenten Ausgestaltung dazu, mit dem Profit-Center-Konzept[7] zusammenzufallen. Die Matrix-Struktur als das typische Merkmal des PM wird dabei wieder fallengelassen. Diese Lösung dürfte häufig der Endpunkt einer schrittweisen Organisationsentwicklung sein, die z.B. mit einer PM-Servicestelle eingeleitet und mit einer Produkt-Matrix als zweitem Schritt weitergeführt wird, bis im dritten Schritt aus der ursprünglich funktionsorientierten Gliederung eine produktorientierte Gliederung geworden ist. So kann die Organisation schrittweise dem Wachstum und der Diversifikation der Unternehmung angepasst werden. Die Veränderung der Aufgabenglie-

---

[7] Vgl. Abschnitt IV/231, Punkt B.

derungsart und des Strukturtyps werden dabei in einer ausgeprägten Wechselwirkung miteinander kombiniert.
Grundsätzlich sind jeweils entsprechende Organisationsformen auch denkbar, wenn anstelle des PM-Konzepts das *Markt-Management-Konzept* bevorzugt wird. Dieses unterscheidet sich vom PM nur dadurch, dass nicht Produktgruppen sondern Abnehmergruppen (Abnehmermärkte) als relevantes Kriterium gewählt werden.

D. *Kollegien als Ergänzung der Strukturtypen*

Die Koordination zwischen einzelnen Leitungsstellen kann nicht nur, wie bisher dargestellt, durch genaue Kompetenzabgrenzung in der einen oder anderen Weise erfolgen, sondern auch durch eine Durchbrechung des 1-Mann-Stellen-Prinzips: mehrere Leitungskräfte aus verschiedenen Bereichen und/oder hierarchischen Ebenen können dauernd oder periodisch zu einem *Kollegium* zusammengefasst werden und als solches bestimmte nicht aufteilbare Kompetenzen gemeinsam ausüben. Kollegien treten nach aussen als Handlungs- und Verantwortungseinheit auf. Zwei Hauptformen sind zu unterscheiden:
– Als *Kollegialinstanzen* stellen sie eine Zusammenfassung mehrerer Instanzen zu einem Organ dar, das sämtliche Leitungsaufgaben, welche *alle* direkt unterstellten Bereiche treffen, gemeinsam erfüllt. Häufiges Beispiel dafür ist die Geschäftsleitung (Direktion).
– Als *Komitees* stellen sie eine vorübergehende bzw. periodische Zusammenfassung von Personen, die daneben eine eigene, hauptamtliche Stelle innehaben, für die Erfüllung bestimmter Sonderaufgaben dar: für Koordinationsaufgaben oder für einmalige Aufgaben (Projekte, Expertisen, Konfliktlösung, usw.). Dem Komitee können unterschiedliche Kompetenzen gegeben werden, je nachdem, ob es um
 – Informationsaustausch (Informationskomitee)
 – Beratung von Problemen und Entscheidungsvorbereitung (Beratungskomitee)
 – oder um das Treffen von Entscheidungen (Entscheidungskomitee) geht.
Kollegien bieten – neben den weiter unten in Abschnitt IV/31 genannten allgemeinen Vor- und Nachteilen von Gruppenarbeit – vor allem folgende potentielle *Vorteile:*
– eine Entlastung der Leitungsspitze von Koordinationsaufgaben (durch Komitees)

- die Möglichkeit der Interessenvertretung für alle berührten Bereiche
- Konsolidierung von Fachkompetenzen und damit ausgewogenere Entscheidungen.

Als potentielle *Nachteile* müssen beachtet werden:
- die Gefahr unbefriedigender Kompromisse anstelle der notwendigen klaren Entscheidungen
- die Verringerung des Verantwortungsgefühls des einzelnen Mitglieds.

233   Delegation

Delegation heisst: Kompetenzübertragung von oben nach unten. Während mit dem Begriff der Dezentralisierung die Zuordnung von Aufgaben und die *horizontale Autonomie* von Subsystemen oder Stellen erfasst wird, erfasst die Delegation also die *vertikale Autonomie*, d.h. den Ermessens- und Entfaltungsraum untergeordneter Stellen. Die Verteilung von Aufgaben und die Zuteilung von Kompetenzen stellen zwei verschiedene Stufen im organisatorischen Entscheidungsprozess dar und werden deshalb hier als getrennte Instrumente behandelt.

Delegation dient im allgemeinen folgenden Zwecken:
1. *Entlastung der übergeordneten Stellen* von jenen Entscheidungen, die ihrer Leitungsfunktion nicht entsprechen.
2. *Handlungsfähigkeit der untergeordneten Stelle:* für eine sinnvolle Aufgabenerfüllung benötigt die untergeordnete Stelle jene Kompetenzen, nach denen ihre Aufgabe häufig verlangt.
3. *Entlastung der Kommunikationskanäle* durch Vermeidung ständiger Anrufungen an höhere Stellen.
4. *Personenbezogene Aspekte:* genügt das Ausmass an Kompetenzdelegation, um
   - die Mitarbeiter zu motivieren
   - ihre Entwicklung zu fördern,
   - ihnen eine befriedigende Tätigkeit zu bieten?

Das optimale Ausmass der Delegation hängt von verschiedenen *Kriterien* ab, vor allem von folgenden:
a) *Kompetenzmöglichkeiten* einer Stelle: nur jene Kompetenzen können einer Stelle übertragen werden, die ihrer Aufgabe entsprechen und denen die persönlichen Qualifikationen des Stelleninhabers, nämlich seine Fachkompetenz und seine Leistungsbereitschaft, genügen. Allerdings dient umgekehrt gerade die Kompetenzdelegation der persönlichen Entfaltung und damit der Verbesserung dieser Qualifikation!

b) *Delegierbarkeit einer bestimmten Entscheidung:* Im Vergleich zu den Möglichkeiten einer Stelle bestimmt natürlich der Charakter der zu treffenden Entscheidungen, wieweit sie an eine Stelle delegierbar sind. Es empfiehlt sich, die Entscheidungskompetenzen einer Stelle genau abzustufen nach[8]
(1) der zeitlichen Reichweite
(2) der Wirkungsbreite
(3) den menschlichen Auswirkungen
(4) dem Risiko
(5) dem Routine- oder Ausnahmecharakter der Entscheidung.

Als wichtigster *Grundsatz der Delegation* gilt:
– *Kein Entscheid soll von einer Stelle gefällt werden, wenn er von einer ihr untergebenen Stelle ebensogut oder gar besser getroffen werden kann.*

Oder anders gesagt:
– *Jede Entscheidung soll von der untersten Stelle gefällt werden, die noch über den dazu nötigen Überblick verfügt.*

Gemäss diesem Grundsatz ist es vor allem wichtig, dass die *nicht* delegierbaren Kompetenzen jeder Stelle genau ermittelt werden.[9]

234 Standardisierung

Unter Standardisierung soll hier das Festlegen bestimmter *Aktivitätsfolgen,* also die Prozessstrukturierung, verstanden werden. Indem bestimmte Problemlösungswege im voraus analytisch durchdacht und dann festgelegt werden, können die entsprechenden Aktivitätsfolgen *routinisiert* werden, so dass sie immer wieder gleichartig ablaufen. Damit wird einerseits eine Entlastung der ausführenden Individuen von wiederholten Entscheidungen und anderseits eine bessere Koordination (mehr Einheitlichkeit) erreicht.

Die Standardisierung kann unterschiedlich weit gehen:
– Sie kann nur die groben Schritte im Sinne eines *Rahmenprogramms* festlegen. Die Details werden dann situativ entschieden.
– Sie kann umgekehrt als *Modulprogrammierung* bestimmte, häufig auftretende Sequenzen von Aktivitäten standardisieren (Module), deren Kombination aber für den problemspezifischen Einzelfall offenlassen.

---

[8] Vgl. dazu Drucker, Peter: Die Praxis des Management, Düsseldorf 1956, S. 242 ff.

[9] Vgl. Ulrich, Hans: Stichwort «Delegation», in: E. Grochla (Hrsg.): Handwörterbuch der Organisation, Stuttgart 1969, Sp. 436.

- Sie kann ganze Abläufe *vollständig, aber konditional* programmieren, d.h. für unterschiedliche Situationen alternative Programmwege festlegen (verzweigte Routineprogrammierung).
- Sie kann aber auch das kleinste Detail *vollständig und starr* standardisieren, so dass der betroffene Ablauf nicht mehr an wechselnde Situationen angepasst werden kann. Eine so hohe Standardisierung ist nur in Bereichen sinnvoll, wo die Situation langfristig konstant ist (starre Routineprogrammierung).

Anwendungsbereiche sind:
a) *operative Aktivitätsfolgen,* seien es physische Bearbeitungsvorgänge oder administrative Prozesse. Durch die rasche Entwicklung der Informationstechnologie sind die Anforderungen an die Prozessorganisation als Voraussetzung integrierter EDV-Applikationen stark angestiegen. Prozessorganisation wird praktisch gleichbedeutend mit der Organisation von *Informationsprozessen.* Der Schwerpunkt liegt dabei zunehmend auf der Entwicklung des jeweils unternehmungsspezifischen ablauforganisatorischen Gesamtkonzepts eines zu reorganisierenden Arbeitsbereiches. Liegt dieses Konzept vor, so lässt sich die benötigte EDV-Hardware und -Software evaluieren. Aufgrund von Risiko-, Zeit- und Kostenüberlegungen wird mehr und mehr der Wahl von bewährter *Standard-Software,* die von den Computer-Herstellern und spezialisierten Software-Lieferanten angeboten und jeweils an die speziellen Bedürfnisse angepasst wird, der Vorzug gegenüber Eigenentwicklungen gegeben.
b) *Leitungsprozesse:* hier kann nur im Sinne von Rahmenprogrammen standardisiert werden. Anwendungsbeispiele: Planungs-, Budgetierungs- und Kontrollsysteme, Führungstechniken wie Management by objectives (s. weiter unten, Abschnitt IV/323), Marketing- und Forschungsstrategien, Beförderungssysteme, Ausbildungsprogramme, Sanktionsverfahren.

Standardisierung ist in einem minimalen Umfang in jeder Organisation nötig. Ihre *Vorteile* sind vor allem
- die *Klarheit* und *Sicherheit,* die sie schafft, und damit auch die Reduktion von potentiellen Konflikten zwischen verschiedenen Stellen;
- die *Reduktion persönlicher Willkür* und damit persönlicher Abhängigkeit, indem die formalen Regeln einerseits persönliche Anweisungen des Vorgesetzten ersetzen und anderseits die Beziehungen zwischen dem Vorgesetzten und dem Mitarbeiter ordnen.

Ihre *Nachteile* sind vor allem
- die Beeinträchtigung der *Motivation* und der *Initiative* der Mit-

arbeiter, weil sie geringere Chancen zur Verwirklichung ihrer Selbstentfaltungsbedürfnisse sehen;
– die Gefahr einer *Erstarrung* der ganzen Organisation durch sog. «Überorganisation» (Verlust der Anpassungsfähigkeit);
– der *«bürokratische Circulus vitiosus»*:[10] der Verlust an Motivation und Selbstkontrolle des Individuums bei zu hoher Standardisierung wird, gemäss der «Logik der formalen Organisation»,[11] durch eine Intensivierung der Fremdkontrolle kompensiert; gesamthaft nimmt dann trotz Standardisierung der Überwachungsaufwand zu, und parallel dazu die Frustration der Mitarbeiter.

Zusammenfassend kann festgehalten werden, dass durch Standardisierung zwar die Übersicht über das Betriebsgeschehen verbessert und das Vorgehen und Verhalten der Mitarbeiter reguliert werden kann (und in einem gewissen Umfang reguliert werden muss), dass sich aber ihre Einstellung zur Arbeit dadurch kaum im Sinne einer erhöhten Leistungsmotivation, sondern meistens in der gegenteiligen Richtung ändert.

235 Arbeitszerlegung

Unter Arbeitszerlegung wird die Arbeitsteilung auf der operativen Ebene verstanden (ausführende Tätigkeiten). Das Grundproblem der Arbeitszerlegung besteht in der Bestimmung der optimalen Arbeitsteiligkeit; dabei sollte den Mitarbeiterzielen grosses Gewicht beigemessen werden, um eine einseitig technische Rationalität zu vermeiden.

Das zu Anfang des Jahrhunderts entstandene, technisch-physiologisch ausgerichtete «Scientific Management» vertrat die Ansicht, eine möglichst weitgehende Arbeitszerlegung und Reduktion der individuellen Aufgabe auf wenige Handgriffe sei am leistungswirksamsten. Dies mag in bezug auf kurzfristige Effizienz zutreffen. Langfristig sind jedoch die *psychologischen Nachteile* einer maximalen Arbeitszerlegung zu berücksichtigen, nämlich
– die *Ermüdung* durch einseitige psycho-physische Belastung
– die *Monotonie* durch Reizarmut

---

[10] Vgl. Gouldner, A.W.: About the Function of Bureaucratic Rules, in: Litterer, J.A. (ed.): Organizations: Structure and Behavior, New York 1963, S.395, sowie Crozier, Michael: The Bureaucratic Phenomen, Chicago 1964, S.190f.
[11] Vgl. Argyris, Chris: Understanding Organizational Behaviour, London 1960, S.18.

- die ständige Wegnahme eines unvollendeten Produkts und damit Gefühle der *Entfremdung*
- die *Verkümmerung nichtgebrauchter Fähigkeiten* und damit die Frustration persönlicher Entfaltungs- und Erfolgsbedürfnisse
- die *soziale Isolation* des Individuums am technisierten Arbeitsplatz.

Diese negativen Effekte, die unter Umständen als Folgewirkungen psychosomatische Erkrankungen und eine Deformation der Persönlichkeit nach sich ziehen, werden verursacht durch
- den extrem kurzen Arbeitszyklus (Repetitivität)
- den sinnlos erscheinenden Output, zu dem das Individuum keine Beziehung entwickeln kann
- die totale Fremdbestimmtheit und Fremdkontrolle
- die Beherrschung des Individuums durch die Maschine,

wenn der Arbeitsprozess allzu stark in elementare Teilarbeiten atomisiert ist.[12]

Gegenüber diesen mit dem durchschnittlich ansteigenden Bedürfnisniveau immer schwerer ins Gewicht fallenden Nachteilen werden die *kurzfristigen Effizienzvorteile* einer hohen Arbeitszerlegung immer fragwürdiger. Es sind dies:
- der Routine-Effekt: durch häufige Wiederholung kann der Arbeitsrhythmus gesteigert werden
- Verkürzung der Anlern- und Einarbeitungszeit
- Produktion unabhängig vom Ausbildungsniveau der zur Verfügung stehenden Mitarbeiter
- optimale Anpassung des Arbeitsplatzes an die Teilaufgabe.

Diese Vorteile aus leistungsorientierter Sicht werden durch die leistungshemmenden psychologischen Nachteile hoher Arbeitszerlegung unter Umständen mehr als kompensiert.

Heute zeichnen sich neue Konzepte ab, welche die Vorteile einer geringeren Arbeitszerlegung für die Mitarbeiter mit hohen Produktivitätszielen in bessere Harmonie bringen:
- Bei «*Job Rotation*» wird den Stelleninhabern turnusgemäss eine andere Aufgabe zugewiesen und damit die Monotonie verringert.

---

[12] Eine Schilderung dieser Probleme aus persönlicher Erfahrung gibt Günter Wallraff: Industriereportagen, Reinbek 1970 (1973). – Vgl. dazu als wissenschaftliche Arbeit: Friedmann, Georges: Grenzen der Arbeitsteilung, Frankfurt 1959. – Eine Integration der Standardisierungs- und Arbeitszerlegungseffekte erfolgt in: Ulrich, P.: Ein verhaltenswissenschaftlicher Ansatz zur Theorie der Prozess-Organisation, Die Unternehmung 28 (1974), Nr. 2.

- Beim *«Job Enrichment»* wird den Mitarbeitern ein wesentlich erweiterter Aufgabenkreis zugeteilt, der einen relativ vollständigen, als sinnvoll erlebbaren Output (Fertigprodukt, Zwischenprodukt, Bedienung eines «Kunden») besitzt.[13]

Das «Job Enrichment» wird neuerdings selbst in der Automobilindustrie, welche seit langem eine extreme und technologisch nicht vermeidbar scheinende Arbeitszerlegung (Detroit-Automation) praktiziert, angewendet, wobei auf das Fliessband verzichtet wird zugunsten von *teilautonomen Arbeitsgruppen*.[14] Diese Gruppen sind jeweils für einen ganzen Aufgabenkomplex (z.B. Zusammensetzung von Motoren) verantwortlich. Positive Untersuchungsergebnisse, nach denen nicht nur die Arbeitszufriedenheit, sondern nach einer gewissen Umstellungsphase auch die Produktivität deutlich gestiegen ist, liegen bereits in grosser Zahl vor. Danach halbiert sich z.B. etwa die Fluktuationsquote[15], welche in der Automobilindustrie bei traditioneller Fertigung oft schon bei gegen 50% liegt.

«Job Rotation» wird dagegen eher gemischt beurteilt, weil
- der häufige Tätigkeitswechsel noch keine ganzheitliche Aufgabe schafft, mit der sich der Mitarbeiter identifizieren kann
- der häufige Wechsel ihn jedesmal aus einer sozialen Umgebung reisst, in die er sich integrieren möchte.

Die zunehmenden Bemühungen in Forschung und Praxis um die Entwicklung neuer betrieblicher Organisationsformen, von denen man sich die Überwindung der erkannten Mängel extremer Arbeitszerlegung unter Beibehaltung des erreichten Produktivitätsniveaus erhofft, werden neuerdings unter dem programmatischen Begriff *«Humanisierung der Arbeit»* zusammengefasst.

---

[13] Vgl. als grundlegende Artikel zum Job Enrichment: Herzberg, Frederick: One More Time: How Do You Motivate Employees? Harvard Business Review 46 (1968), January-February, sowie: Ford, Robert N.: Job Enrichment Lessons from AT and T, Harvard Business Review 51 (1973), January-February.

[14] Pionierfirmen sind: Bell Telephones, Volvo u.a. Die Fliessbandtechnologie wird dabei ersetzt durch die sog. Gruppentechnologie. Vgl. dazu: Vogel, K./Arn, E.: Die planerischen Voraussetzungen zur Einführung der neuen Arbeitsformen, Industrielle Organisation 43 (1974), S. 15 – 20.

[15] Unter der Fluktuationsquote wird der Abgang von Mitarbeitern im Verhältnis zur Anzahl Arbeitsplätze pro Jahr verstanden.

24 Die situative Gestaltung der Organisation

241 Problemstellung

Das konkrete *Organisationsproblem* besteht darin,
- bestimmte organisatorische Ziele
- unter Berücksichtigung der situationsspezifischen Bedingungen[16]
- mittels einer Kombination geeigneter Ausprägungen der organisatorischen Instrumente

zu erreichen. Man könnte bei einer solchen Kombination analog zum Marketing-Mix vom «*Organisations-Mix*» sprechen. Nun sind jedoch so viele alternative Bedingungskonstellationen und Instrumentkombinationen möglich, dass sie kaum mehr systematisch auf ihre unterschiedlichen Zielwirkungen hin untersucht und verglichen werden können.

Zwischen der beim heutigen Forschungsstand nicht zu bewältigenden Pluralität von nicht-vergleichbaren Konstellationen und der traditionellen Beschränkung auf die Empfehlung einer einzigen Organisationsform als der allgemein richtigen wählen wir deshalb einen Mittelweg: wir definieren zwei polar entgegengesetzte Bedingungskonstellationen und ordnen ihnen zwei idealtypische Organisationsmodelle zu; alle dazwischen liegenden Bedingungskonstellationen und die ihnen entsprechenden Organisationsformen projizieren wir gedanklich auf eine lineare, stufenlose Dimension zwischen den beiden Extremtypen.[17]

Zwar erlaubt dieses Vorgehen für alle Zwischenformen – und damit für die meisten Fälle in der Realität – nur noch vage Empfehlungen etwa von der Art «eher in dieser als in der andern Richtung». Dafür stellen sie keine unzulässige Überinterpretation nicht-verallgemeinerungsfähiger Einzeluntersuchungen dar (was für die Praxis noch wesentlich unbrauchbarer wäre).

Mit den beiden polaren Idealtypen wird zumindest *eine* wesentliche, meist übersehene Voraussetzung erfolgreichen Organisierens sichtbar: zwischen aufgabenspezifischen und personenspezifischen Bedingungen muss eine bestimmte *Kongruenz* herrschen:[18] sind die von den Aufgaben gestellten Anforderungen (Routine- oder Pro-

---

[16] Der Bedingungsrahmen wurde in Teil I: Grundlagen dargestellt.
[17] Diese Methode geht auf Burns, T./Stalker, G.M.: The Management of Innovation, London 1961, zurück.
[18] Vgl. dazu Hill, W./Fehlbaum, R./Ulrich, P.: Konzeption einer modernen Organisationslehre, Zeitschrift für Organisation 43 (1974), Heft 1, sowie von denselben Autoren: Organisationslehre, a.a.O., Abschn. III/114.

blemlösungscharakter) einerseits und die von den Mitarbeitern mitgebrachten Fähigkeiten, Bedürfnisse und Erwartungen gegensätzlich, so lässt sich keine rationale Organisationsform bestimmen, die beiden Situationskomponenten gerecht wird. Es muss dann zuerst durch *ergänzende Massnahmen,* insbesondere
- Management Development (Teil V)
- Organisationsentwicklung (Abschnitt IV/25)
- technologische Massnahmen (Vollautomatisierung zu anspruchsloser Aufgaben bzw. umgekehrt «mittlere Technologie», welche einfachere Teilaufgaben ergibt)

eine annähernde Kongruenz zwischen aufgaben- und personenspezifischen Bedingungen geschaffen werden (vgl. Abb. IV/6).

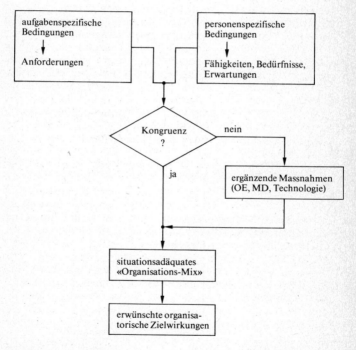

Abb. IV/6: Die Schaffung kongruenter Organisationsbedingungen als Voraussetzung eines situationsgerechten «Organisations-Mix»

Zu beachten ist, dass schon die Priorität der anzustrebenden *Ziele* weitgehend von den Bedingungen beeinflusst wird (vgl. Abschnitt IV/12). Trotzdem ist es nicht zweckmässig, von der Annahme auszugehen, dass die gegebene Bedingungskonstellation eine einzige zweckmässige Organisationsform übrig lasse, d. h. bereits vollständig determiniere; sie beschränkt bloss das zweckmässige Entscheidungsfeld, lässt aber innerhalb dessen Grenzen durchaus verschiedene Zielgewichtungen zu. Wäre dies nicht der Fall, so müssten sich die Organisationsstrukturen erfolgreicher Firmen aus derselben Branche viel stärker gleichen, als sie dies in der Praxis (aufgrund unterschiedlicher Zielkonzeptionen) tun. Abb. IV/7 symbolisiert diese unvollständige Determiniertheit der Organisation durch die Bedingungskonstellation. Dieser organisatorische Spielraum kann und sollte konsequent für die *strategische Optimierung des Personal- und Ressourceneinsatzes* gemäss den festgelegten strategischen Entwicklungszielen der Unternehmung genutzt werden.

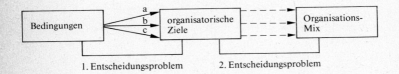

Abb. IV/7: Die unvollständig determinierte Beziehung zwischen organisatorischen Bedingungen und «Organisations-Mix» und ihre Vervollständigung durch die organisatorische Zielgewichtung

Die nachfolgende Charakterisierung eines Typ-A- und eines Typ-B-Systems als polare Idealtypen schliesst deshalb nur die *grundsätzliche* Richtung der Zielprioritäten ein.

242 Idealtypische Organisationsmodelle (Typ A und Typ B)

Die *Unterscheidung zweier idealtypischer Organisationsmodelle* ergibt sich aus der Unterscheidung zweier polarer Bedingungskonstellationen Typ A und Typ B. Es ist unwahrscheinlich, dass diese einen konkreten Einzelfall genau charakterisieren; vielmehr charakterisieren sie in idealtypischer Weise zwei Konstellationen, welche
- zwei verschiedenen Phasen der industriellen Entwicklung entsprechen

– und jeweils eine Kongruenz zwischen aufgaben- und personenspezifischen Bedingungen aufweisen.

Daraus lassen sich dann tendenziell eindeutige Empfehlungen hinsichtlich der zu betonenden Instrumentalziele und der einzusetzenden Ausprägung der Instrumentalvariablen ableiten.

Die beiden Konstellationen und Modelle werden in Abb. IV/8 einander gegenübergestellt. Dabei werden auch die in Teil IV/3 zu behandelnden Merkmale der Führung vorwegnehmend erwähnt.

A. Zum Typ-A-System

Das Typ-A-System entspricht weitgehend den Vorstellungen der klassischen, auf dem Bürokratiemodell Max Webers und dem «Scientific Management» F.W. Taylors aufbauenden Organisationslehre. Es stimmt in etwa mit dem «mechanistischen System» von Burns/Stalker überein. In mehr oder weniger ausgeprägter Form fand es bis etwa vor dem zweiten Weltkrieg generelle Verbreitung. In Branchen, die heute noch eine relativ stabile aufgabenspezifische Umwelt kennen, einfache Routinetechnologie einsetzen und vorwiegend gering qualifizierte Mitarbeiter haben, ist es auch heute noch anzutreffen (Textilindustrie, z.T. metallverarbeitende Industrie, traditionelle Produktionszweige im allgemeinen). Gemeinsames Charakteristikum der für diese Organisationsform geeigneten Unternehmungen ist die *langfristig gleichbleibende Aufgabe.*

Wo heute noch nach Typ-A-Grundsätzen organisiert wird, ist grundsätzlich die Frage zu stellen, ob aufgrund der veränderten sozio-kulturellen Umwelt nicht eine *tendenzielle Diskrepanz zwischen aufgaben- und personenspezifischen Bedingungen* droht oder schon besteht. Steigende Fluktuations-, Abwesenheits- und Ausschussquoten müssen als ernste Warnsignale dafür betrachtet werden, dass diese Diskrepanz zunimmt und die Organisation damit nicht mehr situationsgerecht ist.

B. Zum Typ-B-System

Das der Typ-B-Situation angepasste Modell – es entspricht im wesentlichen dem «organismischen System» von Burns/Stalker – ist in der Praxis erst seit wenigen Jahrzehnten im Entstehen begriffen, und zwar am häufigsten in den typischen Wachstumsbranchen der «zweiten industriellen Revolution», welche um die Jahrhundertwende oder später entstanden sind und seither eine rasche technologische Entwicklung durchgemacht haben (Elektronikindustrie, Flugzeug- und Raumfahrtindustrie, z.T. chemische Industrie, Dienstleistungsbranchen). Grundlegendes Charakteristikum dieser Unternehmungen ist die *häufig ändernde Aufgabe,* woraus ein hoher Anteil von

Situationsvariablen	Ausprägung in SITUATION TYP A	Ausprägung in SITUATION TYP B
		1) Personenspezifische Einflüsse
Motivationsniveau	durchschnittlich niedrig	durchschnittlich hoch
Kenntnisse und Fähigkeiten	durchschnittlich gering	durchschnittlich hoch
Statusdifferenzierung	stark (gesellschaftlich)	gering (gesellschaftlich)
Autoritätsstruktur	absolute Geltung der positionsspezifischen Autorität als gesellschaftlicher Normalfall	Legitimationskrise der positionsspezifischen Autorität, Höherbewertung fachlicher und persönlicher Autorität
		2) Aufgabenspezifische Einflüsse
Aufgabencharakter	vorwiegend Routineaufgaben	vorwiegend Problemlösungsaufgaben
Technologie	einfach, nicht integriert	komplex, integrierte Abläufe, anspruchsvoll
aufgabenspezifische Umwelt	einfach, statisch	komplex, dynamisch (Wachstumsbranchen)
		3) soziokulturelle Umwelteinflüsse
allgemeiner Charakter	relativ stabil, traditional	dynamisch: rascher sozialer Wandel, Wertpluralismus
typische Entwicklungsphase	vor- und frühindustrielle Gesellschaft	«Wohlstandsgesellschaft»

ORGANISATIONSMODELLE	TYP-A-System (MECHANISTISCHES SYSTEM)	TYP-B-System (ORGANISMISCHES SYSTEM)
	Zielprioritäten	
Aufgabenziele	Produktivität unter konstanten Bedingungen	Produktivität unter wechselnden Bedingungen (Anpassungsfähigkeit)
Mitarbeiterziele	Sicherheit	Selbständigkeit, Persönlichkeitsentfaltung, Arbeitszufriedenheit
	organisatorische Instrumente	
Zentralisationsgrad	hoch (also Zweckbereichsgliederung)	niedrig (also Divisionalisierung oder Regionalisierung)
Funktionalisierungsgrad	niedrig (also Linien- oder Stab-Linien-Organisation)	hoch (also zentrale Dienststellen oder Matrix-Organisation)
Delegationsgrad	niedrig (also Konzentration der Kompetenzen an der Unternehmungsspitze)	hoch (also Entlastung der Spitze von delegierbaren Entscheidungen)
Standardisierungsgrad	hoch (also viele routinisierte Aktivitätsfolgen)	niedrig (also viele dispositive bzw. innovative Entscheidungen)
Grad der Arbeitszerlegung	hoch (also kurze Arbeitszyklen)	niedrig (also ganzheitliche Stellenaufgaben)
	Führung	
Partizipationsgrad	niedrig (also autoritativer Führungsstil)	hoch (also partizipativer Führungsstil oder autonome Arbeitsgruppen)
Autoritätsbasis	v.a. Positionsautorität	v.a. Fachautorität und Persönlichkeitsautorität
Führungstechniken	Anlehnung an militärische Führungskonzepte	Management by Objectives Management by Exception

Abb. IV/8: Situative Gestaltung der Organisation

Problemlösungsaufgaben einerseits und ein hoher Anteil qualifizierter, anspruchsvoller Mitarbeiter andererseits resultiert. Eine Kongruenz zwischen aufgaben- und personenspezifischen Bedingungen lässt sich hier in der heutigen sozio-kulturellen Umwelt im allgemeinen leichter erreichen als bei Vorherrschen von Routineaufgaben. Die Selbständigkeit, die Selbstverantwortung und die anspruchsvolle Aufgabe, die von diesen Mitarbeitern normalerweise erwartet wird, stimmt mit den Bedürfnissen der Unternehmung weitgehend überein, auch wenn das Management aus Angst vor Verlust seiner Vorrangstellung nicht immer bereit ist, dies ohne weiteres einzusehen.

C. *Heutiger Entwicklungsstand in der Praxis*

Es ist eine deutliche *Grundtendenz* von den Bedingungen des mechanistischen Systems weg zu den komplexeren des organismischen Systems zu beobachten, so dass die entsprechenden Organisationsformen (Typ B) immer häufiger die richtigen sind. Dies vor allem aus drei Gründen:
- Für alle Unternehmungen werden die Umweltbeziehungen komplexer und veränderlicher, so dass die Ansprüche an die Anpassungs- und Problemlösungsfähigkeiten zunehmen.
- Mit der zunehmenden Ausbildung und dem sozio-kulturellen Wandel steigt das Fähigkeits- und Anspruchsniveau der Mitarbeiter im Durchschnitt rasch.
- Auch in «Typ-A-Unternehmungen» nimmt mit der zunehmenden Vollautomation der Routinetätigkeit der Anteil anspruchsvollerer Überwachungs-, Service-, Systementwicklungs- und Managementaufgaben zu.

Zusammenfassend gilt aber trotzdem die Einsicht, dass es nicht eine *einzige* beste Form des Organisierens gibt, sondern dass diejenige Form sinnvoll ist, die den situativen Bedingungen am besten entspricht. Diese wird häufig irgendwo in der Mitte zwischen den dargestellten Idealtypen liegen.

Schliesslich sei noch betont, dass das Prinzip der situativ angepassten Organisation auch *innerhalb* der Unternehmung für die einzelnen *Subsysteme* gilt. Eine Forschungs- und Entwicklungsabteilung wird also im Normalfall stärker «organismisch» als eine Fertigungsabteilung zu organisieren sein.

243 Situative Organisationsgestaltung am Beispiel der Produkt/Markt-Konzeption

Nach den vorangegangenen allgemeinen Überlegungen soll am praxisnahen Beispiel der Produkt/Markt-Konzeption der Unternehmung gezeigt werden, wie sich Situationsfaktoren – in diesem Fall aufgabenspezifische Einflüsse – auf die Organisation – hier konkret auf die Aufgabengliederung (Zentralisation/Dezentralisation) und auf den Strukturtyp – auswirken.

Als *Produkt/Markt-Konzeption* wurde im Abschnitt II/242 die Abgrenzung von Tätigkeitsbereich(en), speziellem Leistungscharakter und Abnehmermärkten bezeichnet. Je nach dem Verhältnis von Produkten (bzw. Produktgruppen) und Abnehmermärkten kann daraus ein organisatorisches Dilemma zwischen produktorientierter und marktorientierter Aufgabengliederung resultieren, für das sehr verschiedene Lösungsansätze denkbar sind.

Eine divisionale *Spartengliederung* zum Beispiel bietet – besonders im Falle rechnungsmässig verselbständigter *Profit Centers* – die Möglichkeit, einzelne Produktgruppen dezentral nach ihren jeweils spezifischen Anforderungen zu leiten. Nachteilig bei dieser Lösung sind u.U. die beschränkte Koordination der Aktivitäten der verschiedenen Profit Centers auf gemeinsamen Märkten und der Aufwand mehrfach vorkommender Funktionsbereiche (z.B. dezentralisierter Verkaufsabteilungen). Wird deshalb eine weniger ausgeprägte Produktorientierung bevorzugt, so kann eine zweidimensionale Matrix-Struktur gewählt werden, die in der einen Dimension nach Funktionsbereichen und in der andern nach Produktgruppen gegliedert ist. Es entsteht dann die «grosse» Variante des *Product Management*, bei der den Produktgruppenleitern bestimmte funktionale Kompetenzen zur Koordination aller Unternehmungsaktivitäten für ihre Produktgruppe gegeben werden (vgl. Abschnitt IV/232, Punkt C).

Eine andere Möglichkeit besteht darin, auf die produktorientierte Gliederung zu verzichten und stattdessen die Organisation nach den verschiedenen Abnehmermärkten zu gliedern; daraus ergibt sich eine *marktorientierte Struktur* (Prinzip des Markt-Managements). Auch hier kann als abgeschwächte Form die marktorientierte Gliederung lediglich als die eine Dimension einer Matrixorganisation gewählt werden *(Markt-Management* im engeren Sinn).

Denkbar ist im Falle besonders komplizierter Produkt/Markt-Konzeptionen aber auch eine *Mischstruktur*, in der produkt- und abnehmerorientierte Gliederungsarten vermischt werden. Nicht zu vergessen ist schliesslich die traditionellste, für kleinere und mittlere Unternehmungen mit wenig differenziertem Produkt/Markt-Konzept im Vordergrund stehende Lösung: es wird primär weder produkt- noch marktorientiert sondern nach *Funktionsbereichen* (Einkauf, Forschung und Entwicklung, Produktion, Verkauf, Verwaltung) gegliedert.

Die verwirrende, nur schematisch aufgezeigte Vielfalt von Lösungsansätzen lässt sich in einem situationstheoretischen Konzept systematisieren, wenn die Produkt/Markt-Konzeption der Unternehmung nach dem Kriterium klassifiziert wird, wieweit ihre Produkte (Produktgruppen) bzw. Märkte konvergierenden oder divergierenden Charakter haben.[19] *Konvergierend* sind Produkte bzw. Märkte, wenn sie mit ähnlichen Marketing-Methoden bearbeitet werden können, *divergierend* sind sie, wenn sie verschiedene Marketing-Methoden erfordern. Es ergibt sich nach diesem Kriterium eine grundsätzliche Systematisierung organisatorischer Lösungsansätze zum Produkt/Markt-Dilemma gemäss Abb. IV/9.

Produkte Märkte	konvergierend	divergierend
konvergierend (ähnliche Abnehmer)	funktionsorientierte Struktur	produktorientierte Struktur a) PM-Matrix b) Profit Centers (Produktgruppen)
divergierend (verschiedene Abnehmer)	marktorientierte Struktur a) MM-Matrix b) Profit Centers (Abnehmergruppen)	Mischstruktur (vermischt divisional)

Abb. IV/9: Produkt/Markt-Konzeption und situationsgerechte Organisationsstruktur

Das situationstheoretische *Ergebnis* dieser Systematik kann folgendermassen zusammengefasst werden: Je divergierender die Produkte (bzw. Abnehmermärkte) und je konvergierender die Abnehmermärkte (bzw. Produkte) sind, umso zweckmässiger ist eine ausgeprägte Produktorientierung (bzw. Marktorientierung) der Organisation.

[19] Vgl. Kotler, Ph.: Marketing-Management, Stuttgart 1974, S. 285.

25 Organisationsentwicklung

251 Problemstellung und Ziele der Organisationsentwicklung

Unter Organisationsentwicklung (OE) verstehen wir ein ganzheitliches Konzept zur gleichzeitigen Entwicklung der Kommunikationskultur und der Struktur organisierter sozialer Systeme, das personen- und aufgabenbezogenen Aspekten gleichermassen Rechnung trägt. Die verschiedenen Ansätze der OE entstanden seit dem Ende der 40er Jahre aus der Einsicht heraus, dass die angestrebten Typ-B-artigen Organisationsformen nur funktionieren können, wenn ihre Einführung durch eine entsprechend ausgerichtete, tragfähige Organisations- oder Unternehmungs*kultur* unterstützt wird. Man erkannte, dass es nicht mehr möglich ist, formale Regelungen unabhängig von den sozialen und emotionalen Gegebenheiten in der Unternehmung erfolgreich einzusetzen. Die formalen Regelungen kommen nur dann zur gewünschten Wirkung, wenn sie nicht im Widerspruch zu den Bedürfnissen, Wertvorstellungen und Gruppennormen der Betroffenen stehen, sondern auf diesen aufbauen.

Nach einer Analogie von French und Bell[20] kann man sich die formale Organisation (Organisationsstruktur) als Spitze eines Eisbergs vorstellen; die Spitze schwimmt nur so lange, wie sie vom unsichtbaren Teil (der Organisationskultur) getragen wird (Abb. IV/10).

Abb. IV/10:   Der «organisatorische Eisberg»

---

[20] French, W.L./Bell, C.H., Jr.: Organisationsentwicklung, UTB 486, 2. Aufl., Bern/Stuttgart 1982, S. 33.

Während sich die herkömmlichen Reorganisationsmethoden praktisch nur mit der Spitze des Eisbergs, also mit den formalen Regelungen befassen, setzt nun das Konzept der OE an der tragenden Basis, nämlich bei der Organisationskultur an und versucht von da aus die Funktionsfähigkeit der Organisation zu verbessern. OE ist nicht einfach eine neue Managementtechnik zur Durchsetzung im voraus festgelegter Organisationsformen, sondern ein *dialogischer Prozess des gemeinsamen Lernens von Führungskräften und Mitarbeitern,* in dem die Kooperationsfähigkeit der Beteiligten entwickelt und nötigenfalls ein Konsens über sinnvolle Änderungen der organisatorischen Regelungen gesucht wird.

Als wichtigste *Ziele der OE* können genannt werden:
- Förderung der Einsicht in zwischenmenschliche Prozesse
- Stärkung des gegenseitigen Vertrauens und Entwicklung einer offeneren Kommunikation
- Schaffung von Selbstentfaltungsmöglichkeiten für alle
- bessere Involvierung des Individuums in einer Gruppe
- besseres Führungsverhalten von Vorgesetzten
- Abbau von psychischem Energieverzehr durch Angst vor Statusverlust, «Gesichtsverlust» usw.
- kooperatives Angehen von Konflikten.

Daraus erhofft man sich schliesslich auch
- eine bessere Übereinstimmung von Werten und Zielen von Individuen, Gruppen und Gesamtsystem
- eine Erhöhung der Problemlösungsqualität und Kreativität in der Unternehmung
- eine grössere Bereitschaft zu organisatorischen Änderungen, gruppendynamisch richtige Gestaltung von Reorganisationsprozessen und permanente Anpassung der Organisation an veränderte Bedürfnisse.

Eine wesentliche Voraussetzung zur Erreichung dieser Ziele ist es, die objektiven und subjektiv empfundenen Machtdifferenzen innerhalb der Gruppen und des Gesamtsystems zu verringern und dadurch die Bereitschaft zur Ausnützung von Partizipationsangeboten (d.h. Möglichkeiten zur Mitwirkung der Mitarbeiter an den Problemen von hierarchisch höheren Ebenen) zu wecken.

252 Methoden und Entwicklungstendenz der OE

OE entstand in den USA als Gegenbewegung zu der einseitig auf formale Strukturen ausgerichteten traditionellen «Organisationstechnik». Es ist daher nicht verwunderlich, dass OE zunächst ebenso einseitig auf gruppendynamischen Trainingsmethoden aufbaute. Diese

Methoden gehen auf das am Massachusetts Institute of Technology (MIT) entwickelte *Sensitivitätstraining* (T-Group = Training Group) zurück. Eine Gruppe von Personen wird dabei ohne bestimmte Aufgabe sich selbst überlassen, um emotionale Prozesse freizulegen und bewusstzumachen. Durch die Reaktion der andern soll der einzelne die Wirkung seines emotionalen Verhaltens kennenlernen. Nach diesem Grundmuster wurde eine kaum mehr überblickbare Zahl von OE-Methoden entwickelt, die sich im wesentlichen in zwei sich ergänzende Methodengruppen einteilen lassen. Einerseits sind das Methoden der *Team-Entwicklung* im labormässigen Gruppentraining, bei denen es um verbesserte Einsichten in das Gruppenklima, um den Abbau von Vorurteilen und anderen psychischen Barrieren, um das Einüben in emotional entspannte Formen der Zusammenarbeit und Methoden der Konfliktbewältigung (Konflikt-Management) – kurz: um das Einüben von Teamarbeit – geht. Grundlage der Teamentwicklung kann die Analyse der Gruppenkultur mit Hilfe eines Bewertungsformulars sein, das zunächst von allen Beteiligten ausgefüllt wird (vgl. als Beispiel Abb. IV/11). Anderseits versucht man mit den Methoden des sogenannten *Data Feedback* Einstellungen der Organisationsmitglieder zu erforschen, die Betroffenen damit zu konfrontieren (Selbstbild/Fremdbild-Vergleich) und ihnen dadurch ein besseres Bild von der Wirkung ihres Verhaltens auf andere zu vermitteln. Im Vordergrund steht bei Data-Feedback-Methoden die Beratung des obersten Managements. Data Feedback hat den Vorteil, dass es keine Laborveranstaltung voraussetzt, lässt aber anderseits die Frage offen, ob es gelingt, die gewonnenen Einsichten in praktisches Verhalten umzusetzen. Aber auch bei Gruppentrainings ist es bis heute höchst umstritten, ob überhaupt und wieweit eine Übertragung der Lerneffekte auf die alltägliche berufliche Umwelt gelingt.

Neuere Ansätze der OE bemühen sich darum, die unbefriedigende Einseitigkeit der gruppendynamischen OE-Methoden und ihre Bezugslosigkeit zu den auf die formale Struktur ausgerichteten Organisationstechniken zu überwinden. Grundlegend für diese neue Ausrichtung ist das Konzept der *Prozessberatung,* das sich als allgemeiner Ansatz zur gruppendynamisch richtigen Gestaltung gesamter Reorganisationsprozesse versteht.[21] Die Grundidee ist folgende: ein externer, unabhängiger, gruppendynamisch geschulter Berater (Change Agent) lehrt das Management und die Mitarbeiter die

---

[21] Vgl. als grundlegende Arbeit Schein, Edgar: Process Consultation: Its Role in Organization Development, Reading, Mass. 1969.

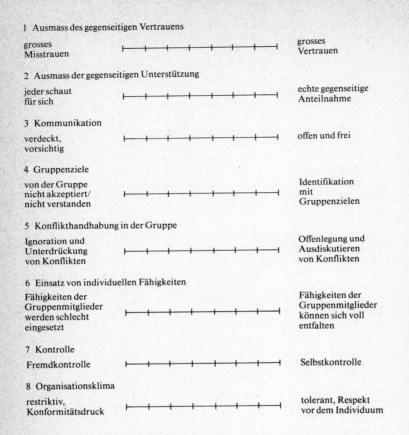

Abb. IV/11: Bewertungsbogen zur Team-Entwicklung (nach Douglas McGregor: The Professional Manager, New York 1967, S. 172)

Selbstanalyse der organisationspsychologischen Probleme und die darauf aufbauende Entwicklung der Organisationskultur *und* -struktur. OE wird mit der neuen Ausrichtung immer mehr zu einem *integrierenden Konzept des geplanten organisatorischen Wandels,* das strukturelle Veränderungen auf verhaltenswissen-

schaftlicher Basis gestalten und durch zweckmässige gruppendynamische Massnahmen unterstützen will.
Von den herkömmlichen Reorganisationsmethoden, die einseitig auf einer technischen Problemlösungslogik aufbauen und die Wirkungszusammenhänge der Organisationskultur weitgehend ausklammern, hebt sich OE durch eine *konsensorientierte* Vorgehensweise ab.[22] Indem die von geplanten Veränderungen Betroffenen von Anfang an in den Problemlösungsprozess involviert werden, können einerseits ihre spezifischen Fachkenntnisse und Erfahrungen genutzt und anderseits ihre berechtigten Bedürfnisse und Ängste berücksichtigt werden. Reibungsverluste, Widerstände und unvorhergesehene Reaktionen der Mitarbeiter, wie sie bei herkömmlichen Reorganisationsmethoden auftreten, entfallen weitgehend. Die Mitarbeiter akzeptieren die gemeinsam festgelegten Lösungen oder identifizieren sich sogar mit ihnen. Daraus resultiert schliesslich auch eine höhere Leistungsbereitschaft der Mitarbeiter und eine grössere Fähigkeit der Unternehmung zur permanenten Anpassung an sich verändernde Umweltbedingungen und damit zur längerfristigen Erfolgssicherung (vgl. Abb. IV/12).

Abb. IV/12:   Ansätze und Zielrichtung der Organisationsentwicklung

---

[22] OE kann als Beispiel eines Managementansatzes verstanden werden, der auf den Grundsätzen der konsensorientierten Unternehmungspolitik aufbaut. Vgl. dazu Abschnitt II/143.

Naheliegend ist schliesslich die *Verknüpfung der OE mit der Kaderförderung* (Management Development, MD). Im Sinne der OE sollten Kaderförderungsmassnahmen, um für die Unternehmung wirksam zu werden, von einer dem Fortschritt von Fähigkeiten und Erfahrung eines Stelleninhabers angepassten schrittweisen Erweiterung von Aufgaben, Kompetenzen und Verantwortung der jeweiligen Stelle unterstützt werden, und umgekehrt. Entgegen früheren, «bürokratischen» Organisationsmodellen wird damit nicht weniger als eine gewisse Dynamisierung der Organisationsstruktur in dem Sinne gefordert, dass die Anforderungsprofile der Stellen mit der Entwicklung des Stelleninhabers ein Stück weit mitwachsen sollten, damit die erwünschte Herausforderung durch die Aufgaben erhalten bleibt. OE versucht aus dieser Sicht die emotionalen, sozialen und strukturellen Rahmenbedingungen zu schaffen, unter denen die Leitungskräfte und Mitarbeiter ihr Leistungspotential optimal entfalten können.

26 Methodik des Organisierens

Bei der Planung und Abwicklung von Reorganisationsprozessen tauchen eine Reihe von praktischen Problemen auf. Aus Platzgründen werden hier nur die wesentlichen Phasen eines solchen Prozesses und die wichtigsten «technischen» Hilfsmittel kurz dargestellt.[23]

261 Der Reorganisationsprozess

Der Reorganisationsprozess umfasst sämtliche Aktivitäten, die im Zusammenhang mit einer organisatorischen Änderung notwendig werden. Er wird üblicherweise unter Vernachlässigung sozialpsychologischer Aspekte nach ausschliesslich planungslogischen Phasen unterteilt. Stattdessen soll hier versucht werden, die Erkenntnisse der OE, insbesondere den Ansatz der Prozessberatung, zu verwerten: neben der rein formalen Strukturänderung soll auch die gruppendynamische Vorbereitung und Unterstützung der strukturellen Änderung einbezogen werden. Wir schlagen dazu folgendes Vorgehen vor:

---

[23] Es sei auf den IV. Teil von Hill, W./Fehlbaum, R./Ulrich, P.: Organisationslehre, a.a.O., verwiesen.

1. Auslösung der Reorganisation (Vorstudie)
2. Involvierung der Betroffenen («Unfreezing»)
3. Systemanalyse (Ist-Zustand feststellen)
4. Systemgestaltung (Soll-Zustand entwickeln)
5. Systemimplementierung (Realisierung)
6. Erfolgskontrolle.

1. Auslösung der Reorganisation

In einer bestehenden Unternehmung drängt sich eine Reorganisation auf, wenn anhand bestimmter Indikatoren oder *Symptome* das Ungenügen bestehender Regelungen offensichtlich wird. Reorganisationsanlässe können etwa sein:
- das Nichterreichen gesetzter organisatorischer Ziele, z.B. ungenügende Anpassungsfähigkeit, gering motivierte Mitarbeiter
- offensichtliche Diskrepanzen im Bedingungsrahmen (Indikatoren: hohe Fluktuations- und Abwesenheitsquote, usw.)
- das Auftreten von organisatorischen Engpässen oder von Konflikten
- neue Geschäftsstrategien, neue Aufgaben, neues Leitungskonzept.

Als erstes wird die Unternehmungs- oder Bereichsleitung eine Stelle (z.B. Organisationsabteilung oder neues Projektteam) beauftragen, eine *Vorstudie* durchzuführen, in welcher sie zuhanden der auftraggebenden Instanz
- einen Projektvorschlag
- die geplante Projektorganisation und Vorgehensweise
- den Zeitbedarf
- ein Kostenbudget

beantragen sollte.[24] Erst nach der Genehmigung des Vorschlags durch den Auftraggeber wird der Reorganisationsprozess definitiv ausgelöst. Insbesondere ist in der Vorstudie auch schon zu klären, ob ein externer Berater (klassischer Organisationsberater oder «Change Agent») beigezogen werden soll, und in welcher Form die betroffenen Mitarbeiter zu involvieren sind.

2. Involvierung der Betroffenen

Geht man vom OE-Konzept aus, so ist gleich zu Beginn eine *Beziehung der Betroffenen* zum Reorganisationsprozess herzustellen. Die Mitarbeiter sind über die geplante Reorganisation ausreichend zu informieren, so dass sie keine Befürchtungen hegen, eine Schlechterstellung zu erleiden; es sollte sogar ein eigentliches *Veränderungsbe-*

---

[24] Vgl. die Ausführungen über Projektplanung, Abschn. III/322.

dürfnis der Betroffenen entwickelt werden. Diese wichtige Phase wird von Lewin als «*Unfreezing*» (Auftauen) bezeichnet.[25] Wird sie richtig gestaltet, so ist das als «*Resistance to Change*» (Widerstand gegen organisatorische Änderungen) bekannt gewordene psychologische Phänomen, dass sich einzelne Mitarbeiter und Gruppen mit allen möglichen Argumenten gegen die Preisgabe vertrauter Zustände stemmen, kaum mehr von Bedeutung. Die Mitarbeiter können sich stattdessen für eine ihren Bedürfnissen Rechnung tragende Lösung einsetzen und sich mit dieser identifizieren, so dass sie sich weniger fremdbestimmt vorkommen.

3. Systemanalyse
Unter Beteiligung der Betroffenen erfolgt als nächstes die *Analyse des Ist-Zustandes*. Einerseits ist der *Bedingungsrahmen* genau zu analysieren, um Diskrepanzen zwischen aufgaben- und personenspezifischen Bedingungen aufzudecken; andererseits ist der Ist-Zustand der *Organisationsstruktur* zu analysieren, um in den Diskrepanzen zwischen Bedingungsrahmen und Struktur die Ursachen der organisatorischen Zielabweichungen zu ermitteln und daraus die Problemstellung für die Neugestaltung abzuleiten.

4. Systemgestaltung
Zunächst sind die *Ziele* der Reorganisation festzulegen. Zur Verwirklichung dieser Ziele unter den gegebenen Bedingungen muss dann – unter Verwendung theoretischer Kenntnisse und praktischer Erfahrung – der *strukturelle Soll-Zustand* entworfen werden. Wurden Diskrepanzen zwischen aufgaben- und personenspezifischen Bedingungen festgestellt, so sind *ergänzende Massnahmen* zu planen (OE, Ausbildung, technologische Massnahmen), mit denen diese beseitigt oder wenigstens verringert werden können. Nicht vergessen werden darf die simultane Abstimmung der Soll-Struktur mit dem Sollkonzept der Führung.

Aufgrund der Komplexität dieser Phase empfiehlt sich folgendes Vorgehen:
a) Festlegung der organisatorischen Ziele
b) Ausarbeitung der Grobstruktur (Grobkonzept)
   ba) Alternativen aufstellen
   bb) Zielwirkungen beurteilen
   bc) beste Alternative auswählen

---

[25] Lewin, K.: Frontiers in Group Dynamics: Social Equilibria and Social Change, in: Human Relations 1 (1947), S. 5 ff.

c) Ausarbeitung der Feinstruktur (Detailkonzept)
d) Planung von ergänzenden Massnahmen
   da) zur Beseitigung von Diskrepanzen im Bedingungsrahmen
   db) zur Einführung der neuen Regelungen.

An allen diesen Aktivitäten sind die betroffenen Abteilungen und Mitarbeiter nach Möglichkeit zu beteiligen.

Wichtigste Darstellungsmittel sind in bezug auf die Aufbauorganisation für das Grobkonzept das Organigramm, für das Detailkonzept hingegen das Funktionsdiagramm. Für die Dokumentation der Ablauforganisation stehen Arbeitsablauf-Diagramme (Flussdiagramme) und Methodenbeschreibungen im Vordergrund (vgl. Abschnitt IV/262).

5. Systemimplementierung

Das vorliegende Konzept ist, nachdem alle auftauchenden Fragen abgeklärt sind, durch die auftraggebende Stelle zu genehmigen. Anschliessend hat die Einführung und Inkraftsetzung der neuen Regelungen, unterstützt von den ergänzenden Informations- und Ausbildungsmassnahmen, zu erfolgen (Phase des «*Moving*»[26]). Bei grösseren Reorganisationen ergibt sich dabei eine solche Fülle von anfallenden Aufgaben, dass sich ihre Koordination mittels eines Netzplans empfiehlt. Der Netzplan dient
– der Zuordnung von Teilaufgaben auf die verschiedenen Organisationsgruppen
– der logischen und zeitlichen Koordination der Aktivitäten
– der fortlaufenden Überwachung des Arbeitsfortschritts.

Bei der Realisierung des Konzepts gilt es nun, alle vorgesehenen technischen Hilfsmittel einzusetzen: Aufgabengliederungspläne, Stellenbeschreibungen, Funktionsdiagramme, Organigramme, Reglemente usw. sind zu erstellen bzw. zu bereinigen. Die betroffenen Stellen sind mit den neuen Regelungen und Formularen genau vertraut zu machen und während einer Übergangsphase laufend zu beraten und zu unterstützen. Eventuell geplante Ausbildungskurse oder gruppendynamische Trainingssitzungen sind durchzuführen.

Durch die Weiterführung solcher ergänzender Massnahmen über eine gewisse Zeit ist der neue Zustand zu stabilisieren («*Freezing*» als Gegenstück zum «Unfreezing»)[27]. Diese Phase ist erst abgeschlossen, wenn sich alle Betroffenen in der neuen Struktur wieder so heimisch fühlen wie in der alten.

---

[26] Lewin (1947).
[27] Lewin (1947).

6. Erfolgskontrolle

Aufgrund der u.U. recht langen Dauer der Stabilisierungsphase ist auch eine *langfristige* Überwachung der Neuorganisation notwendig, bevor vom erfolgreichen Abschluss der Reorganisation gesprochen werden kann. Im Fall von auftretenden Soll/Ist-Abweichungen sind geeignete *Korrekturmassnahmen* einzuleiten. Bei schwerwiegenden Abweichungen ist der gesamte Reorganisationsprozess nochmals zu überprüfen.

Weit schwieriger als die Kontrolle, ob der Soll-Zustand tatsächlich realisiert, ist dann allerdings die Beurteilung des Erfolges der Reorganisation im Hinblick auf die gesetzten Ziele. Problematisch ist hier vor allem die Isolation des organisatorischen Einflusses von anderen Veränderungen, die sich in der Zwischenzeit ergeben haben. Eine genaue *Zielwirkungskontrolle* lohnt jedoch einen etwas grösseren Aufwand, weil sie wichtige Erkenntnisse über

– richtig oder falsch vermutete Wirkungszusammenhänge
– zu hohe oder zu geringe Erwartungen
– vernachlässigte negative Nebenwirkungen
– den psychologisch zumutbaren Änderungsumfang und -rhythmus

geben kann. Diese Ergebnisse sind als Feedback für den nächsten Reorganisationsprozess sehr bedeutsam, vor allem als Grundlage für zukünftig verbesserte Erfolgsprognosen und damit eine fundiertere Systemgestaltung. Sie sind eine wichtige Hilfe auf dem Weg zu einer permanenten Beobachtung und Anpassung der Organisation im Sinne des «planned organizational change».

262 Hilfsmittel

Zum Schluss sollen noch die wichtigsten der oben genannten organisatorischen Hilfsmittel umschrieben werden.

Als primär notwendige «*Minimalausrüstung*» eines modernen Organisators müssen zumindest

– Aufgabengliederungspläne
– Organigramme
– Funktionsdiagramme
– Stellenbeschreibungen
– Flussdiagramme
– Netzpläne,

als wünschbar

– ein Organisationshandbuch

bezeichnet werden.

A. Aufgabengliederungspläne
sind ausführliche, systematische Aufgabenlisten, welche einen Überblick über sämtliche zu erfüllenden Teilaufgaben geben – ähnlich wie ein Kontenrahmen einen Überblick über die Buchhaltungskonten gibt. Auch hier ist die Verwendung einer Dezimalklassifikation empfehlenswert.
Der Aufgabengliederungsplan der Gesamtunternehmung ist eine notwendige Grundlage für die Erstellung eines Funktionsdiagramms. Er garantiert die systematische und lückenlose Erfassung aller Teilaufgaben.

B. Organigramme (Organisationspläne)
stellen nicht die Aufgabenstruktur, sondern die *Stellen*struktur der Organisation dar. Sie zeigen
a) die Gliederung in Bereiche, Departemente, Abteilungen, Gruppen, Stellen, sowie die Kriterien, nach denen gegliedert wurde (Zentralisation/Dezentralisation)
b) den Strukturtyp, d.h. ob eine Linien-, Stab-Linien-, Funktional- oder Matrix-Organisation vorhanden ist, sowie die ergänzenden Kollegialinstanzen und Komitees
c) die Kommunikationswege (nur teilweise)
d) evtl. die personelle Besetzung der Leitungsstellen.

Zu beachten ist hingegen, dass Organigramme keine näheren Aussagen über die Aufgaben- und Kompetenzabgrenzungen erlauben. So ist es z.B. müssig zu diskutieren, ob eine Stelle als «Linien-» oder «Stabstelle» eingezeichnet bzw. interpretiert werden soll; wesentlich ist allein ihre konkrete Ausstattung mit Kompetenzen. Zu deren Festlegung wird ein Funktionsdiagramm und/oder eine Stellenbeschreibung benötigt.
Abb. IV/13 stellt ein Beispiel eines Organigramms dar.
Massgeblich für die hierarchische Position einer Stelle ist in der hier gewählten Darstellungsform nicht die graphische Höhe eines Kästchens, sondern ausschliesslich die nach oben führende Verbindungslinie. Diese Technik erlaubt es, hierarchisch gleichrangige Stellen raumsparend untereinander darzustellen.

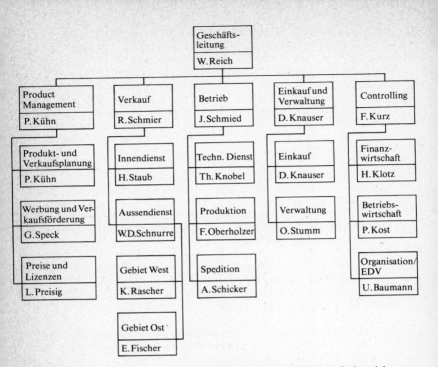

Abb. IV/13: Organigramm (Hauptgliederung eines kleineren Industriebetriebes)

C. *Funktionsdiagramme*

setzen die verschiedenen Aufgaben gemäss Aufgabengliederungsplan (A) und die gemäss Organigramm (B) gebildeten Stellen in einer Matrix in Beziehung zueinander. Im Schnittpunkt zwischen Aufgaben und beteiligten Stellen wird die jeweilige Kompetenz dieser Stellen durch ein Kurzsymbol charakterisiert. Als *«Funktion»* wird dabei die Kombination einer Teilaufgabe mit der zu bestimmenden Kompetenz und der dazugehörigen Verantwortung bezeichnet.

Funktionsdiagramme sind besonders geeignet zur systematischen Funktionsverteilung ohne Lücken und ohne Überschneidungen zwischen den verschiedenen Stellen. Sie definieren in leicht überblickbarer Weise einerseits die Zusammenarbeit zwischen mehreren Stellen an einer bestimmten Aufgabe (bei horizontalem Lesen einer Aufgabenzeile) und anderseits die Zusammensetzung der Aufgaben und Kompetenzen jeder Stelle (bei vertikalem Lesen einer Stellenspalte). Das Funktionsdiagramm wird daher zunehmend als zentrale analytische Methode für die Erarbeitung des Detailkonzepts der Strukturorganisation eingesetzt. Seine Nachteile liegen im hohen Abstraktionsgrad, der nicht für jeden Benützer zweckmässig ist, und in der Unmöglichkeit, konkrete Einzelheiten festzulegen. Beide Nachteile können jedoch durch Kommentarblätter sowie u.U. durch zusätzliche, kurze Stellenbeschreibungen kompensiert werden.

Eine andere Schwierigkeit ist das Fehlen standardisierter Techniken und Symbole. Es ist daher nötig, jedes Funktionsdiagramm mit einer genauen Wegleitung zur Benützung zu ergänzen. Grundsätzlich ist zu beachten, dass die Vorzüge des Funktionsdiagramms ohnehin nur zur Geltung kommen, wenn es nach einer strengen Methodik vom geübten Spezialisten, z.B. von einem Organisationsberater, erstellt und intensiv mit den zukünftigen Benützern durchdiskutiert wird.

Als Beispiel wird in Abb. IV/14 ein Ausschnitt aus einem Funktionsdiagramm gezeigt, das nach einer von der Unternehmensberatungs-Abteilung der Allgemeinen Treuhand AG (Zürich) entwickelten Methode erstellt worden ist.[28] Nach dieser auf dem Regelkreisdenken basierenden Methode werden für jede Aufgabe immer vier Kompetenzstufen definiert:

Z = Zielvorgabe, Grundsatzentscheid oder letztinstanzlicher Entscheid (Sollwert-Vorgabe)
R = Regeln: Leitung der Aufgabenerfüllung durch Kontrolle der Ergebnisse bestimmter Arbeitsphasen und Vergleich mit den vorgegebenen Sollwerten (Sollwert-Regelung)
A = Anordnen: Erteilen konkreter, dispositiver Anweisungen und Instruktionen (Auslösen)
D = Durchführen: die eigentliche Ausführung einer Tätigkeit (Sachbearbeitung)

Im Bedarfsfall steht eine weitere Kompetenz zur Verfügung:
M = Mitwirken: zwingende Beteiligung oder Möglichkeit der Einflussnahme auf die Durchführung durch eine Stelle, die der anordnenden Stelle (A) nicht unterstellt ist (Querbeziehung).

Zwischen den vier Hauptkompetenzen sind bestimmte Verbindungen möglich, so z.B.:
AD = selbständig durchführen
RA = Steuern von Arbeitsprozessen durch direkte Instruktionen an die durchführende(n) Stelle(n).

[28] Wir danken Herrn Max Attenhofer, dipl. Ing. ETH, Allgemeine Treuhand AG (Zürich), der das Konzept entwickelt hat, für die freundliche Erlaubnis zur Verwendung an dieser Stelle.

Schlager & Co. AG	**Funktionsdiagramm**	Blatt Nr.
	Funktionsbereich: Marketing	Gilt ab: 1.1.78

Legende:
Z: Zielsetzung, Grundsatzentscheid
R: Regeln
A: Anordnen
D: Durchführen
M: Mitsprache

	Stellen / Aufgaben	Verwaltungsrat	Geschäftsleitung	Verkaufsleitung	– Aussendienst	– Innendienst	Product Management	Engineering	Finanz- u. Betriebswirtschaft
1	Bestimmung der grundsätzlichen Produkt/Markt-Konzeption	ZR	A	M			D		
2	Entwicklungsplanung (strategisch)	Z	RA	M			D		M
3	Langfristige Absatzplanung (quantitativ)	Z	R	D			M		AD
4	Jahres-Absatzplanung und Budgetierung	Z	R	D			M		AD
5	Suche und Analyse neuer Märkte		ZR	M			AD		
6	Suche und Auswahl neuer Produkte (Pflichtenheft)		ZR	M			AD		
7	Erarbeitung von Produktkonzeptionen (Technik)		ZR				M	AD	
8	Wirtschaftl. Bewertung von Produktkonzeptionen		ZR				M		AD
9	Realisierung neuer Produkte bis Marktreife		Z				RAD	D	
10	Bestimmung der Preise und Konditionen		ZR				AD		M
11	Erstellung des Werbeplans		ZR	M			AD		
12	Erstellung des Verkaufsplans		ZR	AD			M		
13	Einteilung der Verkaufsgebiete		Z	RA	D		M		
14	Einholen von Kundenaufträgen			ZR	AD				
15	Offertstellung und Auftragsbearbeitung			ZR		AD			
16	Fakturierung		Z	A		D			R
17	Bearbeitung von Zahlungsrückständen		Z	M					RAD
18	Erstellung der Provisionsabrechnung		Z	RA		D			M
19	Bestimmung der Verkaufsstatistiken		ZR	AD			M		M
20	Analyse des Absatzerfolgs		Z	RAD			AD		M
...									

Abb. IV/14: Ausschnitt aus einem Funktionsdiagramm (System ATAG)

Eine genauere Erläuterung des ATAG-Systems kann hier nicht gegeben werden. Als Hauptvorteil gegenüber herkömmlicheren Methoden hat sich erwiesen, dass das System durch die differenzierte, flexible Aufteilung von Entscheidungskompetenzen auf die verschiedenen hierarchischen Ebenen der realen Komplexität von Kompetenzabstufungen in der Praxis gerecht wird; diese Differenziertheit gewinnt noch an Bedeutung im Rahmen der modernen Führungstechnik des Management by Exceptions.[29]

D. Stellenbeschreibungen (Job Descriptions)
definieren eine Stelle nach folgenden Punkten:
- Benennung der Stelle und Stellenziele
- Stellenaufgaben
- Kompetenzen und Verantwortlichkeiten
- Organisatorische Eingliederung: direkt vorgesetzte Stelle(n), funktional weisungsberechtigte Stellen, direkt untergeordnete Stellen, Zugehörigkeit zu Gremien
- Stellvertreten

Prinzip: In der Kürze liegt die Würze!
Neben rein organisatorischen Zwecken erfüllen Stellenbeschreibungen willkommene Dienste
- als Grundlage für die analytische Arbeitsplatzbewertung
- als Grundlage für die Entwicklung von Bewertungskriterien zur Qualifikation der Mitarbeiter (Standards of performance und Leistungsziele)
- bei der Personaleinstellung und Personalbedarfsplanung.

Zum echten Führungsinstrument wird die Stellenbeschreibung, wenn sie vom Vorgesetzten und dem betroffenen Mitarbeiter gemeinsam erarbeitet wird, so dass sie eine Vereinbarung bezüglich Stellenzielen, Aufgaben- und Kompetenzabgrenzung und Kriterien der Erfolgsbeurteilung darstellt.

E. Flussdiagramme (Flow Charts)
dienen zur graphischen Darstellung von Arbeitsabläufen. Die traditionellen organisatorischen *Arbeitsablauf-Diagramme* verwenden einige wenige gebräuchliche Symbole (Kreise, Quadrate, Dreiecke, Pfeile usw.). Sie werden mehr und mehr durch die aus der EDV stammenden *Flow Charts* verdrängt, deren Symbole praktisch und allgemein verbreitet sind. Zu automatisierende Teilabläufe sind dann erst noch direkt für die EDV-Analyse verwendbar. Von da her sind diese Flussdiagramme eine besonders geeignete Darstellungs-

---

[29] Vgl. dazu Abschnitt IV/323.

technik für die Standardisierung von Prozessen, die sich aus manuellen und maschinellen (EDV-)Aktivitäten zusammensetzen.
Die Entwicklung eines Flow Charts zwingt zu einer sorgfältigen logischen Analyse von Arbeits- oder Entscheidungsprozessen. Das Flussdiagramm drückt gleichzeitig auch die Art der verwendbaren Belege und Speichermedien aus. Zudem steht heute eine anerkannte Berufsgruppe, die Systemanalytiker-Organisatoren, zur Verfügung, welche diese Technik speziell beherrscht.

F. Netzpläne
sind eine ausgereifte Darstellungstechnik für grössere Projektabläufe, wobei besonders die zeitliche Koordination der einzelnen Teilaufgaben im Vordergrund steht. Die *Netzplantechnik* bietet heute ausgereifte Planungsverfahren an. Für ihre Erläuterung wird auf die reichlich vorhandene Spezialliteratur verwiesen.[30]

G. Organisationshandbücher
(auch Organisations-Manuals genannt) sind Zusammenstellungen aller schriftlichen Regelungen im Bereich der Organisation und dienen als systematische «Nachschlagewerke». Sie sind in Loseblattform zusammengestellt und müssen von der zuständigen Organisationsstelle à jour gehalten werden. Sie werden an alle Inhaber von Leitungsstellen abgegeben, wobei jeweils eine Selektion der enthaltenen Blätter nach den Bedürfnissen der Stelle erfolgt.

---

[30] Als empfehlenswerte Einführung sei z. B. genannt: Schwarze, J.: Netzplantechnik. Eine Einführung für Kaufleute, Techniker und Studierende, 4. Aufl., Herne/Berlin 1979.

Kontrollfragen zu IV/1 und 2

1. Wie lautet die allgemeine Fragestellung einer entscheidungsorientierten Organisationslehre?
2. Welche organisatorischen Instrumentalziele wurden unterschieden, und in welcher Weise sind sie für die organisatorische Gestaltung bedeutsam?
3. Als die beiden Grundaspekte des Organisationsproblems wurden «Differenzierung» und «Koordination» bezeichnet. Versuchen Sie, die fünf definierten Instrumentalvariablen diesen beiden Aspekten zuzuordnen.
4. Was sind formale Elemente der Organisation?
5. Was sind Kompetenzen, und welche Arten unterscheidet man?
6. Weshalb wurde wohl die «Leitungsspanne» nicht als selbständige Instrumentalvariable definiert (Leitungsspanne = Anzahl Untergebene pro Instanz)?
7. Welches sind die drei wichtigsten Arten der Aufgabengliederung auf der höchsten Ebene der Organisation?
8. Was sind «zentrale Dienststellen»?
9. Können Sie sich an die drei Arten der Projektorganisation erinnern?
10. Wie lautet der wichtigste Grundsatz der Delegation?
11. Auf welchen unterschiedlichen organisatorischen Prinzipien beruhen die Linienorganisation und die Funktionale Organisation?
12. Was versteht man unter «Job Enrichment»?
13. Welchem Typ, einem mechanistischen oder organismischen System, neigen folgende Unternehmungen tendenziell eher zu:
    a) eine Firma, welche Konservendosen herstellt,
    b) eine Firma der Unterhaltungselektronik?
    Lässt sich eine solche Tendenz für die Gesamtunternehmung angeben?
14. Umschreiben Sie kurz den grundsätzlichen Ansatz der OE im allgemeinen und der Prozessberatung im besonderen.
15. Was ist «Resistance to Change»?
16. Was ist der Zweck
    a) eines Funktionsdiagrammes,
    b) einer Stellenbeschreibung?

Literaturempfehlungen zu IV/2

Als Gesamtdarstellungen der Organisationstheorie werden empfohlen:
Hall, R.H.: Organizations: Structure and Process, 2. Aufl., Englewood Cliffs, N.J. 1977.
Hill, W./Fehlbaum, R./Ulrich, P.: Organisationslehre: Ziele, Instrumente und Bedingungen der Organisation sozialer Systeme, UTB 259/365, 3. Aufl., Bern/Stuttgart 1981.
Khandwalla, P.N.: The Design of Organizations, New York 1977.
Kieser, A./Kubicek, H.: Organisation, 2. Aufl., Berlin 1983.
Mintzberg, H.: The Structuring of Organizations, Englewood Cliffs, N.J. 1979.
Pugh, D.S. (ed.): Organization Theory, Harmondsworth 1971.

Zur Kritik des vorherrschenden kontingenztheoretischen Ansatzes in der Organisationstheorie vgl.
Schreyögg, G.: Umwelt, Technologie und Organisationsstruktur. Eine Analyse des kontingenztheoretischen Ansatzes, Bern/Stuttgart 1978.

Einen Überblick über den Ansatz der Organisationsentwicklung bieten:
Beckhard, R.: Organization Development: Strategies and Models, Reading, Mass. 1969 (deutsche Übers.: Organisationsentwicklung – Strategien und Modelle, Baden-Baden 1972).
French, W.L./Bell, C.H., Jr.: Organisationsentwicklung, UTB 486, 2. Aufl., Bern/Stuttgart 1982.
Gebert, D.: Organisationsentwicklung: Probleme des geplanten organisatorischen Wandels, (Urban Taschenbuch) Stuttgart 1974.
Glasl, F./de la Houssaye, L. (Hrsg.): Organisationsentwicklung, Bern/Stuttgart 1975.
Lauterburg, Ch.: Vor dem Ende der Hierarchie – Modelle für eine bessere Arbeitswelt, Düsseldorf 1979.
Sonderheft 1/1980 der Management-Zeitschrift io: Management der Veränderung: Organisationsentwicklung.
Wübbenhorst, K.L./Staudt, K.-U.: Organisationsentwicklung: Grundlagen, Ansätze und Kritik, Die Unternehmung 36 (1982), S. 279 – 298.

Eine kritische und amüsante Auseinandersetzung mit den Erscheinungsformen und Folgen der firmenspezifischen Organisationskultur bieten:
Westerlund, G./Sjöstrand, S.: Organisationsmythen, Stuttgart 1981.

Die Methoden und Techniken des Organisierens werden dargestellt bei:
Acker, H./Weiskam, J.: Organisationsanalyse, 9. Aufl., Baden-Baden 1978.
Hub, H./Fischer, W.: Techniken der Aufbauorganisation, Stuttgart 1977.
Schmidt, G.: Organisation: Methode und Technik, 4. Aufl., Giessen 1981.

3 Führung

Zusammen mit der Organisation ist es vor allem das Führungsverhalten der einzelnen Vorgesetzten, welches über Einstellung, Motivation und Verhalten der Mitarbeiter entscheidet und damit wesentlichen Anteil an der Erreichung oder Nichterreichung von Mitarbeiter- und Aufgabenzielen hat.

Der Vorgesetzte wird aber bei seinem Führungsverhalten von der Organisation unterstützt und zugleich eingeengt. Das Führungsproblem ist also unter zwei Aspekten zu behandeln:[31]

- einerseits *interpersonell:* wie kann der einzelne Vorgesetzte das Verhalten seiner Untergebenen beeinflussen? (Abschnitt 31);
- andererseits *organisatorisch:* welche Massnahmen können im Rahmen der Gesamtorganisation getroffen werden, um das Verhalten der Mitarbeiter und ihrer jeweiligen Vorgesetzten auf die Erreichung der Unternehmungsziele auszurichten? (Abschnitt 32).

31 Führung als interpersonelles Problem: Führungsstile[32]

311 Führung als situatives Problem der Beeinflussung

Das in Abschnitt IV/123 dargestellte, je nach Situation unterschiedliche Verhältnis zwischen Aufgabenzielen und Mitarbeiterzielen stellt ein Grundproblem für den einzelnen Vorgesetzten dar:
- Seine eigenen Vorgesetzten verlangen von ihm primär, dass er die ihm zugeteilten *Aufgabenziele* erfüllt; somit heisst Führen für ihn: Einfluss auf die Mitarbeiter auszuüben, der sie veranlasst, Leistungen zur Erreichung der Aufgabenziele zu erbringen.
- Seine Mitarbeiter erwarten von ihm primär, dass er die Erreichung von *Mitarbeiterzielen* zulässt, d.h. ihnen die Befriedigung persönlicher Bedürfnisse ermöglicht; somit heisst Führung für ihn gleichzeitig: die Mitarbeiter so beeinflussen, dass sie sich von ihrer Gefolgschaft einen wesentlichen Beitrag zur Erreichung ihrer per-

---

[31] Dieser Abschnitt 3 basiert in seinem Aufbau auf einer früheren Fassung von Raymond Fehlbaum.
[32] Vgl. zu diesem Abschnitt: Ulrich, Peter: Gibt es einen besten Führungsstil? Zum Stand der Führungsstil-Diskussion, in: Coop-Fachblatt für Unternehmungsführung, Basel, Februar 1973.

sönlichen Ziele versprechen und sich deshalb mit den Aufgabenzielen weitgehend identifizieren.

Von echter Führung kann nur gesprochen werden, wenn beide Komponenten vorhanden sind. Die Integration beider Aspekte stellt das eigentliche *Führungsproblem* dar, wobei der Vorgesetzte zusätzlich die Erwartungen und organisatorischen Regelungen der Gruppenumwelt erfüllen muss (Abb. IV/15). So betrachtet, stellt Führung also ein recht schwieriges Verhaltensproblem dar. Dass es dafür keine allgemein gültige Patentlösung gibt, kann unter diesen Umständen nicht erstaunen.

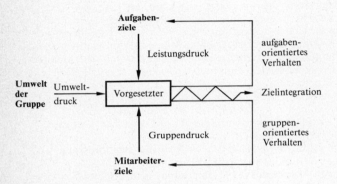

Abb. IV/15: Das Führungsproblem des Vorgesetzten

Die *aufgabenorientierte Führungsfunktion* besteht darin,
- die Gruppenaufgabe zu definieren und zu strukturieren,
- eine rationelle Arbeitsteilung in der Gruppe zu schaffen,
- die Kommunikationsstruktur in der Gruppe zweckmässig zu gestalten (vgl. Abschnitt I/132),
- die Beratungs- und Entscheidungsprozesse in der Gruppe zu steuern
- bzw. im Bedarfsfall selbst Entscheidungen zu treffen,
- die Realisierung der getroffenen Entscheidungen sicherzustellen.

Die *gruppenorientierte Führungsfunktion* umfasst im einzelnen die Aufgaben,
- eine offene Kommunikation und gegenseitiges Vertrauen zwischen den Gruppenmitgliedern zu fördern,

- die Gruppenintegration zu stärken, d. h. die Mitarbeiter zu einem «Team» zusammenzuschweissen, so dass sie sich in der Gruppe geborgen fühlen (Entwicklung einer kooperativen Gruppenkultur),
- den einzelnen Mitarbeitern Möglichkeiten zur Persönlichkeitsentwicklung zu bieten durch die Zuteilung einer herausfordernden – aber nicht überfordernden – Aufgabe
- und damit im Zusammenhang die Arbeitszufriedenheit der Mitarbeiter, also die Befriedigung des Bedürfnisses nach der erfolgreichen Erfüllung einer sinnvollen Aufgabe, zu ermöglichen.

Die *Zielintegration* ist dann als gelungen zu betrachten, wenn sich Mitarbeiter- und Aufgabenorientierung wechselseitig unterstützen, wenn also
- einerseits die Aufgabenziele, die dem Vorgesetzten vorgegeben sind, zu motivierenden Gruppenzielen werden, so dass die Mitarbeiter ihre eigenen Bedürfnisse weitgehend in der Erfüllung ihrer Aufgabe befriedigen können;
- andererseits dank der Gruppenintegration ein «Leistungsvorteil der Gruppe» resultiert, der in folgenden Aspekten liegen kann:[33]
    - Nutzung aller vorhandenen Informationen, Fähigkeiten und Erfahrungen
    - Irrtumsausgleich
    - gegenseitige Anregung und Kreativitätsförderung
    - gegenseitige fachliche und soziale Unterstützung
    - gegenseitige Konkurrenz (in begrenztem Umfang)
    - argumentative Konsensfindung
    - Identifikation mit den Gruppenentscheidungen (Akzeptanz);

in Verbindung mit sich selbst entwickelnden, mit ihrer Aufgabe zufriedenen Mitarbeitern stellt dann die Gruppenintegration die beste Voraussetzung für qualitativ und quantitativ gute Leistungen dar.

Eine völlige Zielintegration ist allerdings als utopischer Idealfall zu betrachten. Es muss anerkannt werden, dass zwischen der Unternehmung als Ganzes und den einzelnen Mitarbeitern bestimmte unüberbrückbare Interessengegensätze bestehen. Es geht nicht darum, diese Gegensätze zu beseitigen oder zu überdecken, sondern eine bestmögliche Koalition zwischen den harmonisierbaren Interessen zu verwirklichen. Wieweit dies möglich ist, hängt von der gegebenen Situation, also vom Verhältnis zwischen aufgaben- und personenspezifischen Bedingungen ab (vgl. Abschnitt IV/123).

[33] Vgl. Hofstätter, Peter R.: Gruppendynamik, Hamburg 1957, S. 27 ff., sowie Blau, P. M./Scott, R. W.: Formal Organizations, London 1963, S. 118 ff.

Je nach dieser Situation kann der Versuch, die Zielintegration (mehr oder weniger) zu verwirklichen, lohnend oder unzweckmässig sein. Es bestehen deshalb für den Vorgesetzten zwei grundsätzliche alternative Strategien:
- entweder versucht der Vorgesetzte eine *Zielintegration* von Aufgaben- und Mitarbeiterzielen zu erreichen, so dass daraus gemeinsame Gruppenziele entstehen;
- oder er nimmt bewusst einen *Zielkonflikt* in Kauf und versucht, die Erfüllung «seiner» Aufgabenziele mit Hilfe seiner *Positionsmacht* und der damit verbundenen Sanktionsgewalt durchzusetzen.

Nur im ersten Fall, also wenn ihm eine gewisse Zielintegration zwischen Aufgaben- und Mitarbeiterzielen gelingt, wird der Vorgesetzte zum echten *Führer*. Ob ihm dies gelingt (falls er es überhaupt anstrebt), hängt im einzelnen ab
- von der zu erfüllenden *Aufgabe,* insbesondere ihrem Routine- oder Problemlösungscharakter, vom Zeitdruck, unter dem sie zu erfüllen ist, und davon, ob es sich um eine Analyse- oder Koordinationsaufgabe handelt;
- von der *Umwelt* der Gruppe, insbesondere der organisatorischen Umwelt und den Erwartungen des übergeordneten Systems;
- vom *Führenden* selbst, insbesondere von seinen Kenntnissen und Fähigkeiten, seiner Persönlichkeit und seiner Positionsautorität;
- von den *übrigen Gruppenmitgliedern* als Individuen (Kenntnisse und Fähigkeiten, Motivation, Erwartungen) und als Gruppe (Struktur und Zusammenhalt der Gruppe).

In jedem Fall, auch wenn der Vorgesetzte sich nicht darum bemüht, als echter Gruppenführer anerkannt zu werden, prägen diese situativen Faktoren den Erfolg oder Misserfolg seines Verhaltens.

312 Führungsstile (eindimensionale Darstellung)

Um seine Mitarbeiter in gewünschter Weise zu beeinflussen, stehen dem Vorgesetzten grundsätzlich *drei Basen der Einflussnahme* oder Machtquellen zur Verfügung:
- seine Positionsautorität (Sanktionsgewalt)
- seine Fachautorität (Argumente)
- seine Persönlichkeitsautorität (Ausstrahlung).[34]

Die Art und Weise, wie er von diesen drei Einflussbasen Gebrauch macht, bezeichnen wir als seinen *Führungsstil*. Grundsätzlich sind drei Fälle möglich:

[34] Vgl. Abschn. I/132.

1. der Vorgesetzte stützt sich ausschliesslich auf seine Positionsautorität
2. der Vorgesetzte stützt sich sowohl auf Positionsautorität als auch auf Fach- und Persönlichkeitsautorität
3. die Gruppe wählt selbst einen Führer, der ohne jede Positionsautorität (d. h. ohne Vorgesetzter zu sein) ausschliesslich mit Fach- und Persönlichkeitsautorität führt.

Zu 1: Im ersten Fall handelt es sich um einen *autoritativen Führungsstil*. Der Vorgesetzte verzichtet weitgehend darauf, die gruppenorientierte Führungsfunktion wahrzunehmen; stattdessen beschränkt er sich auf aufgabenorientiertes Verhalten. Er bemüht sich nicht darum, als echter Führer anerkannt zu werden. Seine Funktion sieht er vielmehr darin, allein die Entscheidungen zu treffen, diese mit Anordnungen (Befehlen) durchzusetzen und ihre Ausführung zu kontrollieren. Mitarbeiter, die solches autoritatives Verhalten gewohnt sind und/oder selbst einen autoritären Charakter haben, werden sich den Anordnungen «freiwillig» unterwerfen. Widerwillige Mitarbeiter werden kraft der Positionsautorität und der dahinter stehenden Sanktionsandrohungen zur Leistung gezwungen. In einer weniger extremen Form dieses Stils bemüht sich der Vorgesetzte bereits um eine gewisse Anerkennung, indem er seine Anordnungen begründet und seine Mitarbeiter von deren Richtigkeit zu überzeugen versucht.

Zu 2: Hier spricht man von einem (mehr oder weniger) *partizipativen Führungsstil*. Dieser ist dadurch gekennzeichnet, dass der Vorgesetzte sich um die Anerkennung als Führer bemüht. Da dies mit reiner Positionsautorität nicht möglich ist – die notwendige Zielintegration lässt sich nicht anordnen – setzt er seine fachliche und persönliche Autorität ein, um die Mitarbeiter zu motivieren und ihr Vertrauen zu erwerben. Er *ersetzt* einen Teil seiner Positionsautorität durch fachliche Argumente und persönliche Überzeugungskraft. Je weiter er in dieser Richtung geht, um so mehr beschränkt er sich damit auf jene Einflussformen, die jedem anderen Gruppenmitglied im Prinzip genauso zur Verfügung stehen. Der Verzicht auf Positionsautorität verlangt, dass er aber auch bereit ist, sich von Gegenargumenten der übrigen Gruppenmitglieder beeinflussen zu lassen. Er beharrt also nicht mehr darauf, die Entscheidungen allein treffen zu wollen, denn seine Funktion sieht er weniger im Entscheiden, Anordnen und Kontrollieren als darin, die Gruppe zu integrieren und funktionsfähig zu machen. Er versucht somit, die aufgabenorientierte Führungsfunktion auf dem «Umweg» über gruppenorientiertes Verhalten zu erfüllen.

In einem beschränkt partizipativen Führungsstil wird er allerdings die Schlussentscheidungen nach wie vor kraft seiner Positionsautorität treffen; bei vollständig partizipativem Führungsstil wird er hingegen auch in dieser Phase auf den Einsatz von Positionsautorität verzichten, und die Gruppe trifft den Entscheid faktisch gemeinsam. Mit der formellen Vorgesetztenposition sind dann nur noch folgende «autoritative» Elemente verknüpft:

- Der Vorgesetzte gibt die Rahmenbedingungen vor, innerhalb derer die Entscheidung zu treffen ist (Mindestzielniveau, Restriktionen in bezug auf Mittel, Termine usw.).
- Der Vorgesetzte ist formell nach aussen alleinverantwortlich für die getroffenen Entscheidungen.

Aus dieser Darstellung des partizipativen Führungsstils sollten zwei Einsichten deutlich geworden sein:

a) Partizipativ führen heisst weder einfach «nett sein mit den Mitarbeitern» noch einfach «ihnen gewisse Mitspracherechte einräumen», sondern verlangt vom Vorgesetzten ein *gruppendynamisch richtiges Verhalten,* so dass sich die Mitarbeiter von seiner Einflussnahme einen positiven Beitrag zur Erreichung ihrer persönlichen Ziele versprechen.

b) Ein partizipativer Führungsstil ist viel *anspruchsvoller* als ein autoritativer, denn je mehr der Vorgesetzte auf den Einsatz seiner Positionsautorität verzichtet, um so mehr muss er diesen Verzicht durch sein fachliches und persönliches Einflusspotential wettmachen, wenn er nicht in einen «laisser-faire»-Stil abgleiten, d.h. auf jede zielorientierte Beeinflussung der Mitarbeiter und damit auf Führung verzichten will.

Zu 3: Solange ein formeller Vorgesetzter vorhanden ist, kann dieser niemals völlig ohne den Einfluss seiner Position führen, denn allein schon das Bewusstsein dieser Tatsache beeinflusst die Mitarbeiter. Völliger Verzicht auf den Einfluss der formellen Positionsautorität ist deshalb nur in vorgesetztenlosen Gruppen, die höchstens einen informellen Führer *gruppenintern* wählen, möglich. Diese Alternative der *«autonomen Arbeitsgruppe»* stellt die eigentliche demokratische Führungsform dar, indem der Führungsanspruch des Führers «von unten her» (von der Gruppe) legitimiert ist. An die Stelle der formellen Alleinverantwortung des Vorgesetzten tritt jetzt die formell anerkannte *Gruppenverantwortung* für die Erfüllung der Gruppenaufgabe. Die Gruppe hat keinen direkten Vorgesetzten (Supervisor), sondern wird «indirekt geleitet»

- durch vorgegebene Rahmenbedingungen
- durch funktionale Weisungen von zentralen Dienststellen oder funktionalen Instanzen
- durch den Einsatz geeigneter Planungs- und Kontrollsysteme.

Diese Führungsform verlangt also auch eine neuartige Organisation, die man als *gruppenorientierte Struktur* bezeichnen kann. Der gruppenintern gewählte Führer wird dank seinem günstigen Status in persönlicher und/oder fachlicher Hinsicht die Zielintegration im allgemeinen leichter erreichen als ein formeller Vorgesetzter. Es ist allerdings auch möglich, dass ihm die andern Gruppenmitglieder bei der Realisierung der Aufgabenziele nur begrenzte Gefolgschaft leisten. Er wird dann unter Umständen kurzfristig einseitig aufgabenorientiertes Verhalten zeigen und versuchen, auf ähnlich autokratischem Weg wie der autoritative Vorgesetzte die Aufgabenziele zu erreichen. Solange die andern Gruppenmitglieder dieses Verhalten akzeptieren, bleibt der demokratische Charakter der Führung gewahrt. Eine andere Möglichkeit besteht darin, dass aufgaben- und gruppenorientierte Funktionen von zwei verschiedenen Führern in der Gruppe wahrgenommen werden.[35]

Das Konzept der (teil-)autonomen Arbeitsgruppe wird in der Praxis seit etlichen Jahren eingesetzt, so z.B. in der Automobilindustrie bei Volvo.[36] Sowohl in bezug auf die Aufgabenziele als auch auf die Mitarbeiterziele liegen positive Erfahrungen vor. Der Erfolg des Systems in aufgabenorientierter Hinsicht hängt allerdings u.a. davon ab, ob es organisatorisch gelingt, die Koordinationsprobleme zwischen den Gruppen zu bewältigen und eine geeignete Unternehmungskultur zu entwickeln.

Zusammenfassend können die drei unterschiedenen Führungsstile nach dem Kriterium des zunehmenden Partizipationsgrades graphisch dargestellt werden (Abb. IV/16):

---

[35] Nach Bales und Slater kann diese «Dual leadership» sowohl für die Erreichung der Aufgabenziele wie auch der Mitarbeiterziele vorteilhaft sein. Vgl. Bales, R.F./Slater, P.E.: Role Differentiation in Small Decision-making Groups, in: Parsons, T./Bales, R.F. (eds.): Family, Socialization, and Interaction Process, New York 1955.

[36] Vgl. Gyllenhammar, P.G.: People at Work, Reading Mass. 1977, sowie Lattmann, Ch.: Das norwegische Modell der selbstgesteuerten Arbeitsgruppe, Betriebswirtschaftliche Mitteilungen Nr. 56, Bern/Stuttgart 1972.
– Vgl. auch die Ausführungen über Job Enrichment in Abschn. IV/235.

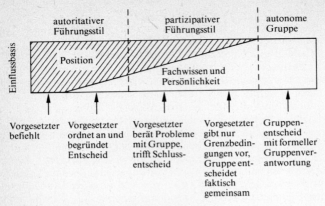

Abb. IV/16: Führungsstile und ihre Einflussbasis

313 Exkurs: zweidimensionale Darstellung des Führungsstils

Neben der oben erfolgten eindimensionalen Unterscheidung verschiedener Führungsstile wird häufig eine zweidimensionale Darstellungsform gewählt, wobei als eine Dimension die «*Aufgabenorientierung*», als andere die «*Personenorientierung*» verwendet wird.

Ein Vorgesetzter kann nun vorwiegend aufgabenorientiert (auf Aufgabenziele ausgerichtet) oder vorwiegend personenorientiert (auf Mitarbeiterziele ausgerichtet) führen. Im ersten Fall betont er mehr die sachtechnischen Aspekte der zu erfüllenden Aufgabe, im zweiten Fall mehr die zwischenmenschlichen Beziehungen in seiner Arbeitsgruppe (die Gruppenkultur).

Eine der bekanntesten Darstellungen dieser Art ist das *Verhaltensgitter*» von *Blake* und *Mouton*[37] (vgl. Abb. IV/17). Blake und Mouton charakterisieren die mit Ziffern bezeichneten Punkte in diesem Koordinatensystem als bestimmte Führungsstile. Für erstrebenswert halten sie eine Position nahe bei (9,9), welche die totale Integration von Aufgabenzielen und Mitarbeiterzielen darstellen würde.

---

[37] Blake, Robert R./Mouton, Jane S.: Verhaltenspsychologie im Betrieb, Düsseldorf/Wien 1969.

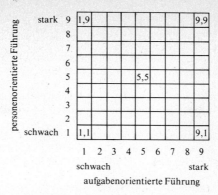

Abb. IV/17: Das Verhaltensgitter von Blake und Mouton

Die *Schwächen* dieses Konzepts sind:
- es ist nicht situativ, sondern empfiehlt generell (9,9);
- es verdeckt die wahrscheinlichen Konflikte zwischen beiden Dimensionen in der (9,9)-Ecke (Idealfall der vollständigen Zielintegration);
- die Stile (1,1) und (1,9) sind keine echten Alternativen, denn die Erfüllung der Aufgabenziele wird vom Vorgesetzten immer verlangt; sie entsprechen vielmehr einem «laisser-faire»-Stil;
- die beiden Dimensionen sind nach neueren Untersuchungen[38] nicht immer unabhängig voneinander, sondern ob Unabhängigkeit oder Abhängigkeit besteht, ist wiederum situationsabhängig. In diesem Fall wäre die zweidimensionale Erfassung des Führungsstils zumindest nach wissenschaftlich-statistischen Forschungskriterien unzweckmässig;
- Ursachen und Autoritätsbasis der alternativen Führungsstile werden nicht sichtbar;
- der wesentliche Aspekt des Partizipationsgrads kommt nicht explizit zum Ausdruck; damit lässt sich auch das Konzept der (teil-)autonomen Arbeitsgruppe nicht in diese Typologie einordnen.

Zur eindimensionalen Einteilung der Führungsstile besteht folgendes Verhältnis:

---

[38] Vgl. Kavanagh, M.J.: Leadership Behavior as a Function of Subordinate Competence and Task Complexity, Administrative Science Quarterly 17 (1972), S. 591 ff.

- ein *autoritativer* Führungsstil ist stark aufgabenorientiert bei geringer Rücksichtnahme auf die Mitarbeiterziele: also Tendenz zu (9,1);
- ein *partizipativer* Führungsstil tendiert bei Zielharmonie zwischen Aufgaben- und Mitarbeiterzielen zu (9,9), bei Zielkonflikt zu (5,5).

Positiv am Verhaltensgitter ist zu bewerten: es macht plausibel, dass zwischen aufgaben- und personenorientierter Führung kein zwingender Gegensatz besteht.

Wegen der komplexen Beziehungen zwischen den beiden Dimensionen können die im folgenden zu behandelnden Zielwirkungen jedoch einfacher am eindimensionalen Konzept erläutert werden.

314 Zielwirkungen alternativer Führungsstile

Die Zusammenhänge zwischen Führungsstil, Motivation, Leistung und Arbeitszufriedenheit sowie den situativen Einflüssen sind äusserst kompliziert und keineswegs geklärt. Wir können deshalb nur einige Grundtendenzen andeuten. Dabei wollen wir uns auf die *wichtigsten Determinanten* beschränken, nämlich
- das Partizipationsangebot des Führenden
- die Partizipationserwartungen der Geführten
- die Fähigkeiten der Geführten

als personenspezifische Faktoren sowie
- die Anforderungen der gestellten Aufgabe (Routine- oder Problemlösungscharakter)
- den Zeitdruck bei der Aufgabenerfüllung
- den Analyse- oder Koordinationscharakter der Aufgabe (bei Problemlösungsaufgaben)

als aufgabenspezifische Faktoren.

Wenn wir den Zeitdruck sowie den Analyse- und Koordinationscharakter vorerst beiseite lassen, so bleiben die vier wohl grundlegendsten Determinanten der Zielwirkungen des Führungsverhaltens übrig (bei gegebener Gruppenumwelt). In Abb. IV/18 werden ihre Zusammenhänge und Wirkungen schematisch dargestellt. Die weiteren Situationsvariablen (Umwelt, Persönlichkeitsfaktoren, Gruppendynamik) werden der Übersichtlichkeit wegen vernachlässigt.

Das Schema kann in der Weise gelesen werden, dass schrittweise die vier Hauptfaktoren kombiniert werden:

1. Wir gehen vom *Partizipationsangebot* des Vorgesetzten (bzw. des gruppenintern gewählten Führers) aus, also vom Führungsstil, und fragen uns zunächst, ob er den *Partizipationserwartungen* der Mitarbeiter entspricht. Das Verhältnis zwischen diesen beiden

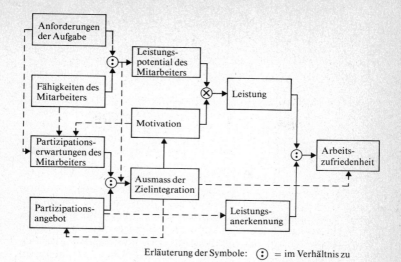

Abb. IV/18: Die wichtigsten Determinanten der Zielwirkungen unterschiedlich partizipativer Führungsstile

Grössen bestimmt das *subjektiv* empfundene Ausmass der Partizipation. Wird dieses als zu niedrig empfunden, so sehen die Mitarbeiter keine genügende Möglichkeit zur Befriedigung ihrer persönlichen Bedürfnisse; die *Zielintegration* zwischen Aufgaben- und Mitarbeiterzielen gelingt dann nur schlecht, vor allem wenn zusätzlich eine Diskrepanz zwischen aufgaben- und personenspezifischen Bedingungen besteht (durch senkrechten gestrichelten Pfeil im Schema angedeutet).

2. Wie hoch die Partizipationserwartung der Mitarbeiter ist, hängt unter anderem von ihren *Fähigkeiten* (bzw. der subjektiven Einschätzung der eigenen Fähigkeiten) und ihrem *Motivationsniveau* ab. Vom Ausmass der Zielintegration ist ein direkter Einfluss auf die Motivation zu erwarten, damit also auch ein indirekter Einfluss auf die spätere Partizipationserwartung. Je stärker nämlich die Identifizierung mit den Aufgabenzielen durch ihre Akzeptierung als Gruppenziele ist, um so stärker ist die Motivation zu ihrer Verwirklichung.

Das Partizipationsangebot hat also einen beträchtlichen Einfluss auf die (spätere) Partizipationserwartung und Motivation.[39]

3. Das Verhältnis zwischen den Fähigkeiten des Mitarbeiters und den *Anforderungen der Aufgabe* (Routine- oder Problemlösungscharakter) als der wesentlichste Aspekt der Kongruenz oder Diskrepanz zwischen aufgaben- und personenspezifischen Bedingungen bestimmt die *relative Leistungsfähigkeit* des Mitarbeiters (im Schema als Leistungspotential bezeichnet). Sowohl zu hohe als auch zu geringe Anforderungen verunmöglichen die optimale Nutzung der Fähigkeiten des Mitarbeiters. Zudem wird auch die Zielintegration bei grosser Diskrepanz verunmöglicht (gestrichelter senkrechter Pfeil).

4. Als Produkt von relativer Leistungsfähigkeit und Motivation (Leistungsbereitschaft) ergibt sich – unter Vernachlässigung anderer Determinanten wie der Arbeitsorganisation – das *Leistungsniveau* des Mitarbeiters.[40] Eine hohe Motivation führt demnach bei hohem Leistungspotential zu besseren Leistungen als bei geringem Leistungspotential; ebenso bewirkt eine Verbesserung der Leistungsfähigkeit – wie sie z.B. als langfristiger Effekt partizipativer Führung zu erwarten ist – einen stärkeren Leistungsanstieg bei hoher Motivation als bei geringer Motivation.

5. Das Verhältnis zwischen der erbrachten Leistung und den dafür erhaltenen *Anerkennungen* bestimmt – abgesehen von den wichtigen gruppendynamischen Einflüssen – im wesentlichen die *Arbeitszufriedenheit* des Mitarbeiters. Solche Anerkennungen können materieller Art (Lohn, Erfolgsbeteiligung) oder immaterieller Art (sichtbares Leistungsresultat, Statussymbole, Lob, erhöhtes Vertrauen des Vorgesetzten, stärkeres Partizipationsangebot als vorher) sein.

Die Arbeitszufriedenheit wirkt auf die Motivation als Verstärker (bzw. als Dämpfer, wenn sie niedrig ist) zurück.

---

[39] Ein zweiter Wirkungszusammenhang neben dem Motivations-Feedback, der die Partizipationserwartung prägt, ist die *Gewöhnung* des Mitarbeiters an ein regelmässiges Verhalten des Führenden in bezug auf sein Partizipationsgebot: vgl. dazu Abschn. IV/315.

[40] Vgl. Vroom, V.H.: Work and Motivation, New York 1964. Vgl. auch den Aufsatz von Delhees, K.H.: Motivation, Leistung und Zufriedenheit am Arbeitsplatz, Coop-Fachblatt für Unternehmungsführung, Basel, März/April 1973.

Aus diesem Erklärungsmodell lässt sich folgendes ableiten:
a) Will der Vorgesetzte oder Führer den situationsgerechten Führungsstil bestimmen, so hat er dabei in der gezeigten Art vor allem die Faktoren
   - Partizipationserwartung
   - Fähigkeiten der Mitarbeiter
   - Anforderungen der Aufgabe

   zu berücksichtigen. Weisen alle drei Variablen hohe Werte auf, so empfiehlt sich eindeutig ein stark partizipativer Führungsstil. In diesem Fall dürften damit sowohl die Mitarbeiterziele wie die Aufgabenziele erreicht werden. Glücklicherweise gilt zumindest in den Industrieländern, dass die relative Häufigkeit dieses Falles steigende Tendenz aufweist, so dass immer häufiger ein partizipativer Führungsstil als eindeutig vorteilhaft empfohlen werden kann.

b) Besteht hingegen zwischen Fähigkeiten und Anforderungen eine grössere Diskrepanz, so ist zu erwarten, dass in bezug auf die Aufgabenziele (Leistung) der partizipative Führungsstil keine wesentliche Verbesserung gegenüber dem autoritativen Stil, ja unter Umständen sogar eine Verschlechterung bedeutet:
   - sind die Anforderungen im Verhältnis zu den Mitarbeiterfähigkeiten zu hoch, so ist zumindest anfangs mit einer Verschlechterung der Entscheidungsqualität zu rechnen;
   - sind die Anforderungen dagegen zu gering, so hemmt die mangelnde Zielintegration und damit die geringe Motivation die an sich mögliche Gruppenleistung; die Partizpation bewirkt dann vorwiegend eine Zeitverschwendung (Entscheidverzögerungen).

   Aus *ethischen* Überlegungen sollte in diesen Fällen eine Beseitigung der Diskrepanz zwischen Anforderungen und Fähigkeiten angestrebt werden, bevor man sie als Rechtfertigung für einen autoritativen Führungsstil benützt. Für die Erreichung der Mitarbeiterziele ist nämlich die Überlegenheit eines partizipativen Führungsstils (mindestens für den Grossteil der Mitarbeiter) unbestritten.

Zum Einfluss der weiteren unterschiedenen *Aufgabenmerkmale*, nämlich
- des Zeitdrucks
- des normativen, analytischen oder synthetischen (Koordinations-)Charakters der Aufgabe[41]

---

[41] Vgl. zum Einfluss dieses Merkmals: Doyle, W.J.: Effects of Achieved Status of Leader on Productivity of Groups, Administrative Science Quarterly 16 (1971), S. 40ff. – Zur Unterscheidung von normativen und analytischen Entscheidungsproblemen vgl. vorn, Abschn. I/23.

kann tendenziell folgendes gesagt werden:
- Je stärker der *Zeitdruck* ist, unter dem die Aufgabe zu erfüllen ist, und/oder je mehr es sich um ein *Koordinationsproblem* handelt, um so eher ist ein relativ autoritativer Führungsstil leistungswirksamer, falls die Diskrepanz eines solchen Führungsstils zu den Erwartungen der Mitarbeiter nicht sehr gross ist.
- Je reichlicher die *vorhandene Zeit* ist und/oder je mehr es um ein anspruchsvolles *Entscheidungsproblem* geht – sei das ein normatives oder ein analytisches Problem –, um so effizienter ist im allgemeinen ein stark partizipativer Führungsstil, der die Leistungsvorteile der Gruppe voll zur Geltung kommen lässt.

Zum *Einfluss der organisatorischen Umwelt* sei nur vermerkt, dass sie die Wahlmöglichkeiten des Vorgesetzten unter Umständen allzu stark einengt, indem ein einseitiger Führungsstil verlangt wird, oder indem die organisatorische Unterstützung für einen bestimmten Führungsstil fehlt. Weil dann die situative Anpassung des Führungsstils behindert ist, wird natürlich auch die Effizienz beeinträchtigt.

315 Die situative Anpassung des Führungsstils

Geht man davon aus, dass die oben behandelten Determinanten des richtigen Führungsstils nicht nur von Abteilung zu Abteilung und von Gruppe zu Gruppe, sondern auch innerhalb einer Gruppe im Zeitablauf schwanken (insbesondere der Zeitdruck, die Anforderungen und der analytische oder synthetische Charakter der Aufgabe), so stellt sich für den Führenden das *Problem der Verhaltensanpassung.* Zwei Fragen sind zu unterscheiden:
1. *Kann* er sich situativ verhalten?
2. *Soll* er sich situativ verhalten?

Zu 1: Über die Anpassungsfähigkeit des Führenden entscheiden zwei Eigenschaften:[42]
- sein *Einfühlungsvermögen* in eine bestimmte momentane Situation und in momentane Verhaltenserwartungen der Mitarbeiter («social sensitivity»)
- seine *Verhaltensflexibilität,* d.h. seine Fähigkeit und Bereitschaft zu einem Verhalten, das er mit Hilfe des Einfühlungsvermögens (oder sonstwie) als situationsgerecht erkannt hat («action flexibility»).

---

[42] Vgl. Tannenbaum, R./Weschler, L.R./Massarik, F.: Leadership and Organization: A Behavioral Science Approach, New York 1961, S.2 und 31ff.

Diese zwei Fähigkeiten sind die entscheidenden Voraussetzungen dafür, ob jemand ein guter Führer werden kann oder nicht. Sie gilt es deshalb in Führungskursen in erster Linie zu schulen (vgl. dazu Teil V). Vor allem aber muss der Praktiker die noch häufig anzutreffende Ansicht aufgeben, es gäbe *einen* bestimmten, generell besten Führungsstil, weil diese Meinung seine Anpassungsbereitschaft von vorneherein blockiert.

Zu 2: Nehmen wir an, ein bestimmter Vorgesetzter besitze die oben genannten Voraussetzungen zu situativem Führungsverhalten. Soll er dann sein Verhalten permanent gemäss Situation variieren, oder erwarten und benötigen die Mitarbeiter nicht eine gewisse Verhaltensstabilität, um sich sicher zu fühlen?
Beispielsweise kann eine Aufgabe zeitlich hintereinander eine «analytische Phase» und eine «synthetische Phase» enthalten, etwa wenn eine Gruppe die Abwicklung eines Prozesses zuerst plant und dann durchführt. Soll der Führende sein Verhalten beim Übergang zur zweiten Phase im Sinne einer Verminderung des Partizipationsangebots anpassen?
Grundsätzlich kann die Frage bejaht werden. Wenn die Gruppe die analytische Phase sehr stark partizipativ bewältigt hat, so wird ein Wechsel des Führungsstils für die Koordinationsphase (Durchführung) durchaus angebracht sein, vor allem wenn etwa noch Zeitdruck hinzukommt. Die Mitarbeiter benötigen nämlich kaum eine absolute Konstanz des Führungsstils, sondern bloss eine «*Konstanz der Variabilität*», d.h. eine *in gleichartigen Situationen gleichartige Verhaltensweise* des Führers. Mit einiger Erfahrung entdecken sie dann die Regelmässigkeit im Führungsstil, was ihnen den Aufbau einer genügenden *Erwartungssicherheit* ermöglicht.
Allzu krasse Stilwechsel sollten allerdings ebenso vermieden werden wie eine beharrliche Konstanz, weil sonst ihrerseits die Mitarbeiter in ihrer Anpassungsfähigkeit überfordert werden.

316 Zur Lernbarkeit von Führungsstilen

Sind Einfühlungsvermögen und Verhaltensflexibilität eines Vorgesetzten unbefriedigend, so fragt sich, wie eine situationsgerechtere Führung erreicht werden kann. Prinzipiell bieten sich drei Wege an:

1. Verhaltenstraining: Neben der Information über tendenzielle Vorteile alternativer Führungsstile muss im Zentrum der Führungsausbildung das *gruppendynamische Verhaltenstraining* stehen: man kann Führungsstile nicht theoretisch lernen. Solches aktives Lernen ist allerdings äusserst zeitintensiv und stellt hohe Anforderungen an die Kursgestalter. Mit einem kurzen Kurs lässt sich kaum etwas erreichen. Man hat deshalb nach Möglichkeiten gesucht, auf anderem Wege zu situationsgerechterem Führungsverhalten zu gelangen.

2. Normativ-analytische Entscheidungsmodelle: Anstatt die intuitiven Fähigkeiten mittels Verhaltenstraining zu entwickeln, kann man versuchen, den Vorgesetzten mit analytischen Entscheidungshilfen bei der Wahl des richtigen Führungsstils zu unterstützen. Dazu eignet sich vor allem das *Entscheidungsbaum-Verfahren,* bei dem die Selektion mittels der schrittweisen Prüfung bestimmter Kriterien erfolgt.[43]

Diese Methode wird vom Praktiker im allgemeinen skeptisch beurteilt, weil er Führung als intuitives Problem empfindet und analytische Methoden deshalb als zu mechanistisch ablehnt. Ein solches Urteil ist objektiv nicht begründbar. Mit einiger Einübung lässt sich nämlich die Sicherheit und Zuverlässigkeit in der Handhabung des Entscheidungsbaums wesentlich steigern.[44] Die Einübung erfolgt nach Vroom/Yetton in der Zeit von einigen Stunden oder Tagen. Die Ergebnisse sind nachher mindestens so gut wie die intuitiv gefundenen Lösungen.

3. Auswahl von Vorgesetzten nach dem am häufigsten notwendigen Führungsverhalten: Der einfachste Weg passt nicht das Führungsverhalten an die Situation, sondern die Situation an den Vorgesetzten an, indem schon bei der Besetzung von Leitungsstellen von den dort typischen Führungssituationen ausgegangen wird und nur Kandidaten berücksichtigt werden, welche das dafür geeignete intuitive Führungsverhalten bereits mitbringen.[45]

Dieser Weg sollte grundsätzlich immer zugrunde gelegt werden. Er ist aber nur befriedigend bei relativ statischen Bedingungen. Ändern sich die Führungssituationen stark, so ist er nicht hinreichend.

---

[43] Bahnbrechend in dieser Richtung ist die Arbeit von Vroom, V.H./Yetton, Ph.: Leadership and Decision-Making, Pittsburgh 1973. – Hoepfner, F.G.: Die Anpassung des Führungsverhaltens an die Realität – Ein konstruktiver Ansatz, WiSt 3 (1974), Heft 3, hat eine Weiterentwicklung dieses Modells versucht.

[44] Es gelten hier wohl dieselben Überlegungen wie etwa bei der Einführung eines Systems der analytischen Arbeitsbewertung: auch dort kommt die Sicherheit und Zuverlässigkeit (Vergleichbarkeit) der Bewertungen erst mit einiger Übung.

[45] Daraus ergibt sich die Notwendigkeit, auch das Führungsverhalten (soziales Verhalten) in der Qualifikation zu erfassen. Vgl. dazu Abschn. V/21.

Zusammenfassend lässt sich sagen, dass die drei Wege weniger als Alternativen denn als sich ergänzende Konzepte zu verstehen sind. Dann ist am ehesten gewährleistet, dass der Aufwand für Führungsausbildung sich lohnt.

32 Führung als organisatorisches Problem: Führungsrichtlinien

321 Führungskonzept und Führungsrichtlinien

Die Aufgabe der richtigen Mitarbeiterführung braucht nicht voll und ganz den einzelnen Vorgesetzten bzw. Gruppenführern überlassen zu werden. Durch ein formal in Kraft gesetztes Führungskonzept und organisatorische Massnahmen können sie in ihren Bemühungen, Aufgabenziele und Mitarbeiterziele zu verwirklichen, unterstützt werden.

Zunächst ist wesentlich, dass *zwischen Organisation und Führung* eine gewisse *Harmonie* besteht: Organisation und Führungsstil können nicht unabhängig voneinander gewählt werden. Die Arbeits- und Gruppensituation ist vom Individuum aus gesehen ein Ganzes. Sowohl durch den Führungsstil wie durch die Organisation werden Arbeitsinhalt (Job content) und Arbeitsbedingungen (Job environment) beeinflusst. Deshalb ist etwa ein Typ-B-artiges System (organismisches System) ohne partizipativen Führungsstil nicht denkbar, wie dies in Abb. IV/8 bereits zum Ausdruck kam.

Daraus folgt aber auch, dass die oben besprochene situative Anpassung des Führungsstils nicht nur vom Bedürfnis der Mitarbeiter nach einer gewissen Verhaltensstabilität, sondern noch stärker durch den angestrebten «Organisationsstil» begrenzt wird. Die Organisation ist von ihrem formalen Charakter her weniger der kurzfristigen Situation anpassbar. Soll die Harmonie von Organisation und Führung gewahrt bleiben, so muss bei der situativen Handhabung des Führungsstils ein Kompromiss zwischen «Organisationsstil» und Einzelsituation gefunden werden.

Die grundsätzlichen Überlegungen zu der angestrebten Harmonie zwischen Führungs- und Organisationsstil lassen sich als *Führungskonzept* schriftlich festhalten.[46] Dieses charakterisiert und erklärt

---

[46] Das Führungskonzept wird normalerweise eine abgeleitete, ausführlichere Darstellung der unternehmungspolitischen Verhaltensgrundsätze gegenüber den Mitarbeitern beinhalten, kann aber u. U. auch mit ihnen identisch sein (vgl. Abschn. II/242).

die grundlegenden Ziele und Methoden der Zusammenarbeit zwischen Vorgesetzten und Mitarbeitern aller Stufen. Damit ist es eine ideale Grundlage für den Aufbau systematischer Führungsrichtlinien, ausserdem aber auch für firmeninterne Führungskurse in der Phase der Einführung der Führungsrichtlinien.

Das Führungskonzept umfasst Grundsätze in bezug auf
– den *Führungsstil:* Konstanten, von denen das individuelle Verhalten von Vorgesetzten und Mitarbeitern geprägt sein soll (Abschnitt 322)
– anzuwendende *Führungstechniken:* organisatorische Konzepte zur Unterstützung eines dem vorgesehenen Führungsstil entsprechenden Verhaltens (Abschnitt 323)
– *institutionalisierte Formen der Zusammenarbeit und Konfliktbewältigung:* Methoden der Gruppenarbeit, der Interessenvertretung und der Konfliktregelung (Abschnitt 324).

Erst wenn eine klare Führungskonzeption vorliegt, lassen sich sinnvolle, aufeinander systematisch abgestimmte *Führungsrichtlinien* aufstellen. Gegenstand von Führungsrichtlinien sind konkrete *Leitsätze der Zusammenarbeit,* d.h. Orientierungshilfen für das praktische Verhalten aller Betriebsangehörigen in Form einfacher, kurzer Regeln, die nach Benützergruppen zusammengestellt werden, also z.B.: Leitsätze für Vorgesetzte, Leitsätze für Mitarbeiter, Leitsätze für Stellvertreter, Leitsätze für spezielle Arbeitsgruppen und Leitsätze für Konfliktparteien.

Beachtet und vermieden werden sollte die Gefahr allzu formalistischer und rigider Leitsätze, wie sie in gewissen deutschen «Führungsmodellen» üblich sind. Es geht nicht darum, die Zusammenarbeit in der Unternehmung in ein «Korsett» zu zwängen, d.h. sie schematisch zu reglementieren.

Gute Zusammenarbeit – das, was die Angelsachsen *Teamwork* nennen – lässt sich weder anordnen noch herbeiorganisieren. Vielmehr geht es gerade darum, mittels der Leitsätze das Verhältnis und die Bereitschaft zu unkomplizierter, aber korrekter Teamarbeit in einer arbeitsteiligen Organisation zu fördern. Ausserdem behindern formalistisch-bürokratische Führungsrichtlinien das situationsgerechte Verhalten; als weitere Grundregel gilt daher, dass sie genügend grosse Ermessensspielräume für situatives Führungs- und Gruppenverhalten offen lassen müssen.

Es fehlt hier der Platz, um ein umfassendes Beispiel von Führungsrichtlinien darzustellen. Hingegen werden im folgenden die wichtigsten, oben genannten Elemente eines Führungskonzepts beschrieben, wie sie zeitgemässen Führungsrichtlinien in einer Typ-B-artigen Organisation in etwa zugrundeliegen sollten.

322 Regelung des Führungsstils

Empfehlungen zum Führungsstil können nur eine für das durchschnittliche Verhalten gültige *Tendenz* beinhalten, wenn sie für die Gesamtunternehmung gelten sollen. Aufgrund der unterschiedlichen Situation, insbesondere der stark variierenden Aufgabenmerkmale in den verschiedenen Subsystemen (z.B. Fertigungsabteilung im Vergleich zu Forschungs- und Entwicklungsabteilung) sollten relativ präzise Regelungen *subsystemspezifisch in speziellen Führungsrichtlinien* erfolgen. Zu bestimmen sind insbesondere

- der normalerweise anzustrebende Partizipationsgrad im allgemeinen
- Gegenstände und Ausmass der Partizipation bei verschiedenen Problemgruppen im besonderen; unter Umständen Festlegung von Abstimmungsmodalitäten (Einstimmigkeitsprinzip, Mehrheitsprinzip, Vetorechte)
- die normalerweise gültigen Zielkriterien und das Verhalten bei Zielkonflikt zwischen Aufgaben- und Mitarbeiterzielen
- das Ausmass der Statusdifferenzierung zwischen Vorgesetzten und Mitarbeitern (offene oder begrenzte vertikale Kommunikation, Statussymbole wie Titel, Büroausstattung)
- das Verhältnis von Selbstkontrolle und Fremdkontrolle des Mitarbeiters, sowie Kriterien (Zielerreichungs- oder Massnahmenkontrolle), Art (periodisch oder stichprobenweise, usw.) und Handhabung (streng und präzis oder eher grosszügig) der Kontrolle
- Grundsätze des Informationsverhaltens gegenüber den Mitarbeitern
- Stil, Kriterien und Häufigkeit von persönlichen Beurteilungen (Qualifikation); einseitige Qualifikation (der Mitarbeiter durch den Vorgesetzten) oder beidseitige Beurteilung (Mitarbeiter qualifizieren ihrerseits den Vorgesetzten).

323 Regelung von Führungstechniken

Führungstechniken können als kombinierter Einsatz bestimmter Leitungssysteme und Führungsstile verstanden werden. Meist wird ein partizipativer Führungsstil mit bestimmten Koordinationsmechanismen kombiniert. Die bisher bedeutendste Führungstechnik ist das «*Management by Objectives*».

A. Management by Objectives

Diese Führungstechnik beruht auf der Grundannahme, dass man ein gesetztes Ziel um so eher erreicht,[47]
- je genauer man weiss, was man erzielen will
- je stärker man sich mit diesem Ziel identifiziert
- je genauer man seinen Fortschritt zu diesem Ziel messen kann (denn: eine genaue Messung erlaubt es, Abweichungen sofort zu erkennen).

Dem soll Rechnung getragen werden durch die fortgesetzte *partizipative Ableitung operationaler Unterziele* aus den obersten Unternehmungszielen auf jeder hierarchischen Ebene, so dass ein vollständiges Zielsystem für sämtliche Leitungsstellen entsteht. Nach Ablauf einer festgelegten Zeitperiode überprüfen Vorgesetzte und Mitarbeiter gemeinsam die Zielerreichung; wo die Zielerreichung nicht zufriedenstellend war, werden Verbesserungsmassnahmen für die nächste Periode eingeleitet.

«Kritische Punkte» für den Erfolg des Management by Objectives (MbO) sind:
- die *obersten Unternehmungsziele:* zur Entwicklung ausreichend konkreter oberster Ziele muss eine schriftlich formulierte Unternehmungspolitik und ein ausgebautes System der strategischen und operativen Unternehmungsplanung vorhanden sein;
- die Ableitung von *Unterzielen:* Management by Objectives setzt eine lückenlose Auflösung der Oberziele in verschiedene Unterziele voraus, die der hierarchischen Verbreiterung der Organisation von oben nach unten entspricht; die Ableitung von Bereichs-, Abteilungs- und Stellenzielen hat dabei so zu erfolgen, dass Suboptimierungen, d.h. Zielmaximierung in einem Subsystem auf Kosten des Gesamtsystems, nach Möglichkeit verhindert werden;
- die *Operationalisierung* der Unterziele: damit Ziele verbindlich und ihre Erreichung kontrollierbar sein können, müssen sie operational, d.h.
  - *quantitativ* formuliert und
  - *terminiert* sein (der Zeitpunkt, bis zu dem sie erreicht werden sollen, muss fixiert sein).

  Qualitative Ziele dürfen nicht vernachlässigt werden, sondern sollten mit quantitativen Hilfskriterien präzisiert werden;
- die *Partizipation:* zwischen der deduktiven Ableitung von Unterzielen aus den obersten Zielen und der induktiven Zielbildung

---

[47] Vgl. Brightford, Eric G.: Warum Management by Objectives?, Industrielle Organisation 40 (1971), S. 503–507.

durch Partizipation besteht ein permanenter Konflikt. Die Partizipation ist durch vorgegebene Rahmenentscheidungen auf die Feinabstimmung beschränkt. Es besteht die Gefahr, dass sie als blosser «Schleier» eines in Wirklichkeit autoritativen psychischen Drucks auf den Mitarbeiter missbraucht wird, indem von diesem die Zustimmung zu hohen Leistungszielen erpresst wird;
- der *Zeithorizont:* kurzfristige Ziele dürfen nicht auf Kosten der langfristigen Ziele forciert werden (ohne Rücksicht auf negative Nebenwirkungen), nur damit die Periodenziele erreicht werden.

Von der Einführung eines MbO-Programms werden im allgemeinen zwei Hauptvorteile erwartet:
- eine bessere *Koordination* der Subsysteme auf die Gesamtziele hin (geringere Suboptimierung)
- eine bessere *Motivation* der Mitarbeiter durch die Zielorientierung, durch die von der Partizipation erhoffte Identifikation mit den Zielen und durch die Aussicht auf Erfolgsanerkennung.

Die Anwendung des MbO ist jedoch nur in Situationen sinnvoll, in denen auch ein partizipativer Führungsstil zweckmässig ist.

B. *Management by Exception*

Eine weitere Führungstechnik, deren Anwendung durch Führungsrichtlinien festgelegt werden kann, stellt das *Management by Exception* (MbE) dar. MbE steht zu MbO in einem komplementären Verhältnis: während MbO vor allem die Zielbildungs- und Zielvorgabeaspekte betont, ist MbE eine Technik der Kontrolle. Sie basiert auf der Unterscheidung von «Normalfällen» und «Ausahmefällen».

Normalfälle sind alle Routineentscheidungen und -Massnahmen. Hier gilt gemäss MbE das Prinzip der Selbstkontrolle des Mitarbeiters.

Ausnahmefälle sind Zielabweichungen und Probleme, welche ausserhalb bestimmter, möglichst operational zu definierender *Toleranzgrenzen* liegen. Sie sind durch die übergeordnete Stelle (den Vorgesetzten) zu entscheiden. Grundlegend ist dabei die Idee der *Selbstkontrolle:* nicht der Vorgesetzte, sondern der Untergebene entscheidet, wann ein Ausnahmefall vorliegt, den er an den Vorgesetzten zurückzuweisen hat. Solange er keine aussergewöhnlichen Zielabweichungen oder Probleme feststellt, braucht er den Vorgesetzten nicht über den Stand der Dinge zu informieren («Keine Nachricht – gute Nachricht») und kann selbständig handeln.

Voraussetzungen für das gute Funktionieren des MbE sind:

- die genaue Information jedes Mitarbeiters über die Toleranzgrenzen für Normalfälle
- die genaue Regelung des Berichtwesens
- die laufende Selbstkontrolle des Mitarbeiters.

Das Konzept des Management by Exception stellt eine logische Verbindung zwischen dem Delegationsprinzip, dass kein Entscheid von einer Stelle gefällt werden soll, wenn er von der untergebenen Stelle ebensogut getroffen werden kann,[48] und dem situativen Führungsstil her: Die (starre) organisatorische Regelung der Delegation wird überlagert durch ein Führungsprinzip, das die situative Veränderung des Delegationsausmasses ermöglicht. Allerdings dürfen die Toleranzgrenzen für Normalfälle nicht so eng gezogen werden, dass die Bedürfnisse der Mitarbeiter nach Selbstentwicklung und Verantwortung frustriert werden; im Gegenteil sollte MbE dazu dienen, den selbständigen Entscheidungs- und Ermessensspielraum des Mitarbeiters ohne wesentlich erhöhtes Risiko auszuweiten.[49]

Sowohl für MbO wie für MbE gilt, dass mit der Festlegung in Führungsrichtlinien die Führungstechnik nicht eingeführt ist. Vielmehr muss das gesamte Personal in speziellen Kursen mit MbO oder MbE vertraut gemacht und am Anfang in der praktischen Handhabung beraten werden, bis das Konzept zur Selbstverständlichkeit geworden ist.

324 Regelung von Formen der Zusammenarbeit und Konfliktbewältigung

A. Zunächst lassen sich Formen der *Gruppenarbeit* (z.B. ständige Gremien und Ausschüsse, Projektgruppen usw.) und deren Arbeitsweise festlegen. Dazu gehören Angaben über das Verhältnis zwischen Arbeitsgruppen und einsetzenden Stellen (Auftraggebern), über die Kompetenzen der Arbeitsgruppen, über die gruppeninterne Struktur (sind alle Gruppenmitglieder gleichgestellt oder nicht) und über die Modalitäten der Willensbildung in der Gruppe (Einstimmigkeit, einfache oder qualifizierte Mehrheit). Gruppeninterne

---

[48] Vgl. Abschn. IV/233.
[49] Nebenbei bemerkt, ist das Konzept des MbE auch für die *Automatisierung von Entscheidungen,* also für die Zusammenarbeit von Mensch und Computer, anwendbar: wenn die Programmierung derartig erfolgt, dass der Computer jene Fälle, welche die Toleranzgrenzen überschreiten, ausweist und nur die «Normalfälle» bearbeitet, so können viele formalisierbaren Entscheidungstatbestände ohne grosses Risiko an den Computer «delegiert» werden.

Rangunterschiede sollten nach Möglichkeit vermieden werden, um der Gruppe Teamcharakter zu verleihen. Nur dadurch können die potentiellen Leistungsvorteile der Gruppe voll zur Geltung kommen.

B. Eine spezielle Gruppenform stellen *Mitwirkungsinstitutionen* dar. Es handelt sich dabei um Gremien, in denen weniger die Teamarbeit zur Lösung analytisch schwieriger Probleme als vielmehr die *Interessenvertretung* der Arbeitnehmer oder bestimmter Gruppen von Arbeitnehmern bei Entscheidungen, die sich auf die Situation der Mitarbeiter auswirken, im Vordergrund steht. Das kann eine *direkte* Interessenvertretung jedes Mitarbeiters (in Abteilungs- oder Betriebsversammlungen usw.) oder aber eine *repräsentative* Mitwirkung gewählter Arbeitnehmervertreter (in Ausschüssen, Personalkommissionen, Leitungsgremien usw.) sein. Solche Institutionen sind sinnvollerweise nur Gegenstand des Führungskonzepts bzw. der Führungsrichtlinien, wenn sie über gesetzlich oder kollektivvertraglich vorgeschriebene Mitwirkungsformen hinausgehen.

C. Institutionalisierte Methoden der *Konfliktbewältigung* dienen der persönlichen Interessenwahrung von Mitarbeitern, die sich von Vorgesetzten oder Kollegen unkorrekt behandelt fühlen, sei dies in fachlicher oder persönlicher Hinsicht. Konflikte treten in jeder Organisation von Zeit zu Zeit auf. Sie sollten als normale Erscheinung anerkannt, offengelegt und verarbeitet werden. Es sollte daher der Grundsatz gelten, dass Meinungsverschiedenheiten und Konflikte soweit wie möglich im direkten Gespräch ausdiskutiert und bereinigt werden. Darüberhinaus sind Rekurs- und Beschwerdewege festzulegen. Ein *Rekurs* stellt den Antrag auf Überprüfung einer Sach- oder Führungsangelegenheit, eine *Beschwerde* den Antrag auf Überprüfung einer persönlichen Auseinandersetzung auf höherer Ebene dar. In beiden Fällen trifft die höhere Instanz nach Anhören beider Seiten eine Entscheidung. Weitere, z.B. gruppendynamische Verfahren des Konflikt-Managements sind denkbar. Immer geht es dabei um das Ziel, Entscheidungswillkür zu verhindern, latente Konflikte so rasch als möglich zu erkennen und produktiv zu verarbeiten oder durch vorbeugende gruppendynamische Massnahmen potentielle Konfliktherde zu entschärfen.

Kontrollfragen zu IV/3

1. In welchem Verhältnis steht Führung zur Organisation?
2. Auf welche Einflussbasen kann sich der Vorgesetzte bei der Führung stützen?
3. Was unterscheidet den Führer im engeren Sinn vom blossen Vorgesetzten?
4. Was ist eine «autonome Arbeitsgruppe»?
5. Gibt es einen generell besten Führungsstil? Warum bzw. warum nicht?
6. In welcher Situation ist ein partizipativer Führungsstil sowohl in bezug auf die Aufgabenziele als auch auf die Mitarbeiterziele vorteilhaft?
7. Versuchen Sie einige Punkte zu nennen, auf denen der «Leistungsvorteil der Gruppe» gegenüber dem Individuum beruhen kann.
8. Die Persönlichkeit des Untergebenen ist eine der Bedingungen, die bei der Wahl eines Führungsstils beachtet werden muss. Allerdings nimmt der Führende weniger die «tatsächliche» Persönlichkeit des Mitarbeiters als vielmehr ein subjektives Bild von diesem wahr. Welches Menschenbild vom Unterstellten legt man zugrunde, wenn man – abgesehen von den übrigen Bedingungen – einen autoritativen Führungsstil empfiehlt, und welches Menschenbild, wenn man einen partizipativen Führungsstil empfiehlt?
9. Welche beiden wesentlichen Eigenschaften eines guten Führers wurden unterschieden?
10. In welchem Sinn lässt sich sagen, dass die Mitarbeiter ein Bedürfnis nach Umweltstabilität haben und deshalb einen gleichbleibenden Führungsstil bevorzugen?
11. Nennen Sie die Grundprinzipien des Management by Objectives.

Literaturempfehlungen zu IV/3

Zur Einführung in die Führungstheorie und -lehre werden empfohlen:

Leavitt, H.J.: Grundlagen der Führungspsychologie, 2. Aufl., München 1979 (Übersetzung von: Managerial Psychology, 3. Aufl., Chicago 1972).
Müller, W./Hill, W.: Die situative Führung, in: Die Betriebswirtschaft 37 (1977) Nr. 3, S. 353 – 378.

Zur allgemeinen Theorie der Führung sind ausserdem empfehlenswert:

Gibb, C.A. (ed.): Leadership, Harmondsworth 1969.
Kunczik, M. (Hrsg.): Führung: Theorien und Ergebnisse, Düsseldorf 1972.
Lattmann, Ch.: Die verhaltenswissenschaftlichen Grundlagen der Führung des Mitarbeiters. Bern/Stuttgart 1981.
Müller, W.R.: Führung und Identität, Bern/Stuttgart 1981.
Neuberger, O.: Führungsverhalten und Führungserfolg, Berlin 1976.
Stogdill, R.M.: Handbook of Leadership; A Survey of Theory and Research, New York/London 1974.
Wunderer, R./Grunwald, W.: Führungslehre, 2 Bände, Berlin/New York 1980.

Führungstechniken werden behandelt in:

Bittel, L.R.: Management by Exception, New York 1964.
Lattmann, Ch.: Führung durch Zielsetzung, Bern/Stuttgart 1977.
Odiorne, G.S.: Management by Objectives. Führungssysteme, 2. Aufl., München 1980.
Zander, E.: Taschenbuch für Führungstechnik, 6. Aufl., Heidelberg 1982.

Auch das bahnbrechende Buch zur normativ-analytischen Führungstheorie von Vroom/Yetton ist sehr zu empfehlen:

Vroom, V.H./Yetton, Ph.: Leadership and Decision-Making, Pittsburgh 1973.

Zusätzlich sei auf die organisationstheoretischen Lehrbücher verwiesen, die meistens auch Abschnitte zu Führungsproblemen enthalten.

V Management Development (Kaderförderung)[1]

1 Grundkonzeption 225
  11 Problemstellung und Ziele des MD 225
  12 Grundsätze des MD 227
  13 Überblick über die Aufgaben des MD 229

2 Instrumente des Management Development 232
  21 Erfassung des vorhandenen und des entwicklungsfähigen Leitungspotentials (Ist-Analyse) 232
  22 Kaderbedarfsplanung 235
  23 Bedarfsdeckungsplanung 237
  24 Individuelle Laufbahnplanung 242
  25 Detailplanung und Durchführung der Entwicklungsprogramme 243
  26 Erfolgskontrolle 244
  27 Schlussbemerkungen 244
  • Kontrollfragen 246
  • Literaturempfehlungen 247

---

[1] Der umfassende Begriff Management Development wird deutsch als «Kaderentwicklung», «Kaderförderung» o.ä. bezeichnet, ohne damit sämtliche Aspekte der MD-Konzeption zu erfassen. Grundlage der folgenden Konzeption ist vor allem die umfassende Studie von Müller, W.: Kaderentwicklung und Kaderplanung, Bern 1971.

1 Grundkonzeption

11 Problemstellung und Ziele des MD

Immer mehr setzt sich die Ansicht durch, dass neben den «klassischen» Management-Funktionen wie der Festlegung der Unternehmungspolitik, der Planung und Kontrolle, der Organisation und Führung auch die Sicherstellung eines qualifizierten Kadernachwuchses zu den Grundfunktionen des Managements gehört. Denn ohne geeignete Leitungskräfte können auch leistungsfähige Planungs- und Kontrollsysteme, Organisations- und Führungsmethoden nicht die erwartete Wirkung entfalten.

Mit den rasch gestiegenen und weiter steigenden Anforderungen der Unternehmungsleitung ist der Bedarf an Leitungskräften gegenüber dem Gesamtbedarf an Arbeitskräften in allen Wirtschaftszweigen überproportional angestiegen. Es entstand eine eigentliche *«Management-Lücke»*. Trotzdem wurde die systematische Förderung und Entwicklung von Leitungskräften lange vernachlässigt. Zwei Gründe mögen vor allem dafür massgebend sein:

(1) Lange Zeit überwog die Ansicht, Leitungs- und insbesondere Führungsfähigkeiten seien angeborene, nicht lernbare *Eigenschaften*. Bevor eine systematische Entwicklung und Ausbildung des Kadernachwuchses konzipiert werden konnte, musste nachgewiesen werden, dass sich angeborene, «typische Chef-Eigenschaften» kaum angeben lassen und dass Leistungsfähigkeiten mindestens zu einem grossen Teil mit Hilfe systematischer Ausbildung lernbar sind.

(2) Die Ausübung einer Leitungsfunktion war kaum professionalisiert, d.h. sie wies keinen festen *Berufscharakter* – wie dies etwa Juristen, Ärzte usw. haben – auf. Damit war aber auch ein eigentlicher beruflicher Werdegang, eine spezifische Berufs-Ausbildung, nicht institutionalisiert – einmal abgesehen vom betriebswirtschaftlichen Studium, das in der Regel für in der Praxis stehende Nachwuchskräfte aus zeitlichen Gründen nicht in Frage kommt.

Die *Problemstellung* des Management Development liegt entsprechend der geschilderten Situation darin, ein methodisches System der «kontinuierlichen Bereitstellung eines den Erfordernissen ange-

passten Leitungspotentials»[2] zu entwickeln. Dazu gehören die gezielte Entdeckung, Förderung und Plazierung von Leitungskräften.
Förderung heisst nicht etwa nur Vermittlung von Kenntnissen, sondern umfasst folgende Bereiche:
a) *«Wissen»:* Vermittlung problemorientierter Management-Kenntnisse
b) *«Denken»:* Entwicklung des selbständigen, verantwortungsbewussten Denkens (intellektuelle Fähigkeiten)
    ba) logisch-rationales oder systematisches Denken
    bb) kreativ-intuitives oder «laterales»[3] Denken
    bc) Kritikfähigkeit und Diskussionsfähigkeit
        (Sprech-Denken)
c) *«Wollen»:* Genauso wichtig wie (a) und (b) ist die Motivierung, die Weckung spezifischer Grundhaltungen (Leistungsfreude, «Schwung», Zukunftsorientierung, Ausrichtung auf Ziele), denn zielorientiertes Management setzt Motive, Beweggründe voraus. (Motivation, Einstellungen.)
d) *«Soziales Verhalten»:* Die sozialen Fähigkeiten stehen mit gleicher Bedeutung neben den intellektuellen und motivationalen Fähigkeiten. Es geht hier darum, gruppendynamisches Verhalten erfahrbar zu machen, um die Fähigkeit des situationsgerechten *Führens* zu entwickeln – eine allerdings nur sehr langsam lernbare Fähigkeit.[4]

Wie bei allen Massnahmen in sozio-technischen Systemen sind wiederum zwei Zielbereiche des MD zu sehen: Aufgabenziele (Leistungsziele) und Mitarbeiterziele.

Die *Aufgabenziele* als leistungsorientierter Aspekt bestehen darin:
1. alle Leitungsstellen mit Führungskräften zu besetzen, die sowohl über das ihrer Funktion entsprechende Wissen und Können («Denken» und «Führen») verfügen als auch so motiviert sind («Wollen»), dass sie ihr Leistungsvermögen voll einzusetzen gewillt sind;
2. die Kontinuität des Managements zu sichern, indem rechtzeitig die Neubesetzung frei werdender oder neuer Leitungspositionen geplant und eine systematische Vorbereitung der vorgesehenen Nachwuchskräfte betrieben wird.

---

[2] Müller, Werner, a. a. O., S. 32.
[3] Vgl. DeBono, E.: Das spielerische Denken, Bern/München 1967.
[4] Vgl. Abschn. IV/316 sowie Fluri, E.: Massnahmenplanung in der Management-Ausbildung, Bern/Stuttgart 1977, S. 39 ff.

Die *Mitarbeiterziele* als sozialer Aspekt bestehen darin:
1. die Realisierung individueller Möglichkeiten zu fördern, indem (a) Entwicklungschancen geboten und (b) Entwicklungsbedürfnisse bestärkt werden;
2. die Aufstiegsgerechtigkeit zu verbessern durch leistungsgerechte Auswahl der zu fördernden Kräfte und durch Transparenz der Beförderungspolitik.

Aber selbst die Förderung dieser Mitarbeiterziele dient indirekt wiederum den Leistungszielen, indem
– Motivation und Arbeitszufriedenheit verbessert werden;
– die Attraktivität der Unternehmung auf dem Arbeitsmarkt unter Umständen so erhöht wird, dass ihr die Neueinstellung qualifizierter Kader leichter gelingt.

12 Grundsätze des MD

Management-Development schafft eigentlich keine neuen Leitungsaufgaben, die nicht vorher schon als solche bekannt gewesen wären; es kombiniert vielmehr verschiedene Massnahmen zu einem relativ geschlossenen Konzept, um deren Wirkungen systematisch und problemorientiert zu verbinden. Der Schwerpunkt der MD-Problematik liegt also in der Konzeption und nicht in «technischen» Fragen.
Neben Klarheit über die Ziele des MD ist es daher besonders wichtig, dass die obersten Prinzipien, nach denen in der Unternehmung MD betrieben werden soll, explizit formuliert und jedem einzelnen Vorgesetzten bekannt sind. Folgende *zehn Grundsätze des MD* lassen sich als allgemeingültige Erfolgsvoraussetzungen aufstellen:[5]

1. MD ist nicht in erster Linie die Frage eines raffinierten Systems, sondern eine Frage der *grundsätzlichen Einstellung*. Eine positive Einstellung aller Leitungskräfte, die Unterstützung auf allen Management-Ebenen bis hin zur obersten Unternehmungsleitung sind erste Voraussetzungen für den Erfolg von MD-Bemühungen.
2. MD ist primär ein Teil der *persönlichen Führungsaufgabe jedes Vorgesetzten* und nur sekundär die Aufgabe einer zentralen MD-Stelle. Diese Aufgabe verlangt deshalb einen Führungsstil, der

---

[5] Die Grundsätze gehen teilweise auf Hill, W., Förderung von Führungskräften in der Unternehmung, Bern 1968, S.29ff., zum Teil auch auf Dr. J. Leupold (MD Ciba-Geigy) zurück, von dessen praxisbezogenen Ausführungen im Rahmen des Seminars «Personalwesen» im Sommersemester 1974 an der Universität Basel wir viele Anregungen erhalten haben.

die Mitarbeiterziele als gleichrangig neben den Aufgabenzielen anerkennt und wenn immer möglich die Zielintegration anstrebt.[6] Ist ein Vorgesetzter im MD schlecht, so ist er unter Umständen an seiner Leitungsstelle überhaupt am falschen Platz.

3. MD ist eine Funktion, die in der Hierarchie *von unten nach oben immer wichtiger* wird und zuoberst, im Top-Management, eine zentrale Rolle spielt.
4. MD bedeutet Vorsorge für die *Zukunft*. Die Zukunft des Leitungsnachwuchses bedarf der *Planung*. Die MD-Planung ist die Hauptaufgabe einer zentralen MD-Stelle. Sie hat, als eine Art «Rangierbahnhof» des MD, die Teilpläne der einzelnen Vorgesetzten zu Gesamtplänen zu koordinieren, Kurse und Laufbahnen (Job Rotation) zu planen, Beratungsaufgaben zu erfüllen und vor allem: die MD-Gedanken in alle Abteilungen zu tragen.
5. Neben der MD-Planung hat die zentrale MD-Stelle die Funktion der direkten *Unterstützung* des Vorgesetzten, indem sie ihm ein möglichst einfaches, aber logisches und klares *Instrumentarium* zur Verfügung stellt: methodische Hinweise und zweckdienliche Beurteilungsformulare, Möglichkeiten für regelmässigen Erfahrungsaustausch usw.
6. MD soll *leistungsgerecht* sein. Die Beurteilung der Entwicklungsmöglichkeiten jedes Mitarbeiters soll ausschliesslich auf Kriterien der (relativ) feststellbaren Leistung bzw. des Leistungspotentials und des leistungsrelevanten Verhaltens basieren. Die Persönlichkeit des Individuums soll weder beurteilt noch in Richtung auf einen «Firmentyp» hin gedrängt werden.
7. Aufgrund der zeitlich beschränkten Möglichkeiten für Management-Kurse und der relativ geringen Eignung dieser Kurse allein für die Lernbereiche des «sozialen Verhaltens» und des «Wollens» ist dem *aktiven Lernen am Arbeitsplatz* die zentrale Rolle im MD zuzumessen. Deshalb ist das direkte Vorbild des Vorgesetzten in bezug auf Wissen, Denkweise und Verhalten in seiner Wirkung durch nichts zu ersetzen.
8. Bei allem Einsatz des direkten Vorgesetzten und bei aller Systematik der Entwicklungsplanung bleibt der Wille zur individuellen *Selbstentwicklung* grundlegend. Die Förderung der Entwicklungsbedürfnisse und die Ermutigung und Beratung zur Selbstentwicklung sind das Fundament des MD.[7]

---

[6] Vgl. Abschn. IV/311.
[7] Vgl. dazu den OE-Ansatz der Prozessberatung: auch dort soll Hilfe zur Selbsthilfe geboten werden (Abschnitt IV/25).

9. Der Erfolg von MD beruht daher letztlich auf der guten *Zusammenarbeit* von MD-Stelle, Vorgesetzten und Nachwuchskräften.
10. Erfolgreiche MD-Tätigkeit eines Vorgesetzten muss gleichrangig bewertet werden wie die Erfüllung seiner aufgabenbezogenen Periodenziele. Dazu muss sie in der *Qualifikation* dieses Vorgesetzten durch seinen eigenen Vorgesetzten berücksichtigt und gewürdigt werden. Andernfalls wird der Vorgesetzte, der sich im MD engagiert, gegenüber Kollegen mit einseitiger Ausrichtung auf die kurzfristigen Leistungsziele bestraft, weil er seine Energien auf mehrere Funktionen verteilt hat.

Diese Grundsätze sind nun je nach der spezifischen Situation einer Unternehmung zu konkretisieren und in geeignete Strategien zu übersetzen. Als nächstes stellt sich deshalb die Frage, welche Aufgaben im Rahmen des MD zu erfüllen sind, damit diese Grundsätze eingehalten und realisiert werden können.

13 Überblick über die Aufgaben des MD

Im Grunde genommen lassen sich alle MD-Aufgaben aus drei einfachen Fragen ableiten:
1. Welche Leitungskräfte brauchen wir wann?
2. Wo sind die geeigneten Personen, was sind die Stärken und Schwächen der Kandidaten?
3. Wie fördern wir die Kandidaten?

Die erste Frage führt zur *Kaderbedarfsplanung* (als Soll-Analyse), die zweite Frage zur *Erfassung des Leitungspotentials* (Ist-Analyse). Aus dem Vergleich von Kaderbedarf und Leitungspotential (für einen bestimmten Zeithorizont in der Zukunft) ergibt sich

a) das Ausmass der «Management-Lücke», falls der Bedarf grösser ist als das Potential, oder

b) die Zahl der als «Reserve» verfügbaren Nachwuchskräfte, falls der Bedarf kleiner ist als das Potential.

Die dritte Frage führt zur *Bedarfsdeckungsplanung:* Sie umfasst einerseits die Entwicklungsplanung, also die Planung der durchzuführenden Entwicklungsmassnahmen, und andererseits die Beschaffungsplanung für die unternehmungsexterne Beschaffung neuer Leitungskräfte, wenn die «Management-Lücke» intern nicht gedeckt werden kann. Die Entwicklungsplanung umfasst wiederum zwei Aspekte: die Planung formaler Ausbildungskurse und die Planung der Arbeitseinsätze. Werden sämtliche Massnahmen, die eine bestimmte Nachwuchskraft betreffen, zusammengestellt, so erhalten wir individuelle *Laufbahnpläne.*

Damit ist die MD-Planung vollständig. Sie ist die Grundlage für die Phase der *Durchführung* und wird rückgekoppelt durch eine *Erfolgskontrolle*.

Die erwähnten Aufgaben ergeben zusammengefasst folgenden systematischen *Aufgabenkatalog des MD:*

1. MD-Planung
   11. Ist-Analyse des vorhandenen und entwicklungsfähigen Leitungspotentials
   12. Kaderbedarfsplanung
   13. Bedarfsdeckungsplanung
       131. Entwicklungsplanung
           – Einsatzplanung
           – Ausbildungsplanung
       132. Beschaffungsplanung
   14. Individuelle Laufbahnplanung
2. Durchführung
   21. Arbeitseinsätze (Training on the job)
   22. Ausbildungskurse (Training off the job)
3. Erfolgskontrolle

Lassen wir die Phasen der Durchführung und der Erfolgskontrolle einmal weg, so lässt sich die übrig bleibende MD-Planung graphisch in der Art von Abb. V/1 darstellen.

Die Kontrolle der Wirksamkeit der gewählten Massnahmen in bezug auf die Ziele muss *während und nach* der Realisierung erfolgen. Sie kann allenfalls zu einer Änderung der Massnahmen führen und liefert wesentliche Informationen für zukünftige Planungsperioden.

Die bei den einzelnen MD-Aufgaben zu lösenden Probleme und die dafür zur Verfügung stehenden Instrumente sind Gegenstand des folgenden Hauptabschnitts.

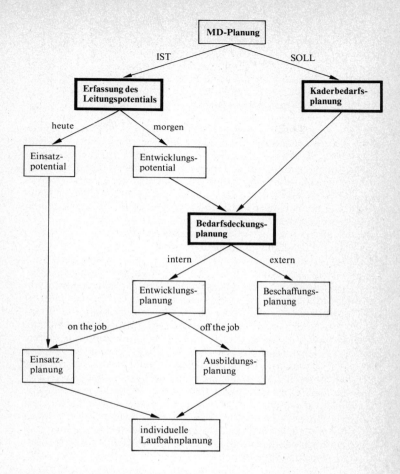

Abb. V/1: Aufgaben der MD-Planung

2 Instrumente des Management Development

21 Erfassung des vorhandenen und des entwicklungsfähigen Leitungspotentials (Ist-Analyse)

Die Ist-Analyse hat zur Aufgabe, einen Überblick über das vorhandene, bereits entwickelte *Leitungspotential* (vorhandene Kader) einerseits *und* über das *Entwicklungspotential*, d.h. über Nachwuchskräfte für die künftige Übernahme grösserer Verantwortung, zu schaffen. Dazu ist es erforderlich, die Leistungen der vorhandenen Kräfte im Hinblick auf die Anforderungen ihrer Stellen zu beurteilen und zudem die Entwicklungsmöglichkeiten jedes einzelnen Mitarbeiters zu analysieren.
Es lassen sich dabei drei Teilaufgaben unterscheiden:
– die Ermittlung der Stellenanforderungen
– die Qualifikation der Nachwuchskräfte
– die zentrale Koordination der Qualifikationsergebnisse.
Die *Ermittlung der Stellenanforderungen* liefert die Bezugsbasis, an der die Leistung jeder Stelle zu messen ist. Erste Grundlage dafür ist das Funktionendiagramm oder die *Stellenbeschreibung*.[8] Den einzelnen Stellenaufgaben und -Funktionen sollten zunächst konkrete, möglichst quantitative *Leistungsmassstäbe* oder «Standards of Performance»[9] zugeordnet werden. Präziser wird in der Art unterschieden, dass die Standards of Performance als nicht periodengebundene Leistungsmassstäbe verstanden werden, denen nachher befristete, konkrete *Leistungsziele* zugeordnet werden. Damit ist bereits die Grundlage für die *Qualifikation* gegeben. Unter Qualifikation versteht man eine systematische Bewertung der Leistung und des leistungsrelevanten Verhaltens. Auf eine detaillierte Darstellung von Qualifikationssystemen soll hier verzichtet werden.[10] Einige grundsätzliche Aspekte sollen jedoch kurz diskutiert werden:

---

[8] Vgl. Abschn. IV/262.
[9] Ein Standard of Performance definiert die zu erfüllenden Bedingungen, unter denen die betreffende Aufgabe als gut gelöst gilt. Vgl. dazu Segesser, W.: Leistungsstandards für Führungskräfte, Betriebswirtschaftliche Mitteilungen Nr. 36, Bern 1966, sowie Baur, Leo A.: Leistungsmassstäbe als Hilfsmittel der Mitarbeiterführung, Bern/Stuttgart 1973.
[10] Vgl. die Literaturempfehlungen zu diesem Teil.

a) Moderne Qualifikationssysteme sind nicht vergangenheits-, sondern *zukunftsorientiert:* die Standards of Performance bzw. Leistungsziele werden vom Vorgesetzten und dem Mitarbeiter gemeinsam aufgestellt; die Qualifikation wird so mit Management by Objectives gekoppelt und zu einem vielseitigen Führungsinstrument ausgebaut. Anhand der Standards oder Leistungsziele erfolgt nach Ablauf der Periode das Qualifikationsgespräch, in welchem die erreichten Leistungen mit den gesetzten Zielen verglichen, Gründe für Abweichungen gesucht und Möglichkeiten der Verbesserung diskutiert werden. Ein solches Qualifikationssystem kann insgesamt folgenden Zwecken im Rahmen des MD dienen (neben weiteren Funktionen):
- Feststellung der mit geeigneten Leitungskräften besetzten Stellen (verwertetes Potential)
- Feststellung von Möglichkeiten des besseren Einsatzes vorhandener Leitungskräfte, d. h. Zuteilung von Stellen, deren Anforderungsprofil dem Fähigkeitsprofil der Leitungskräfte besser entspricht (verfügbares Potential)
- Feststellung der Entwicklungsmöglichkeiten der Leitungskräfte aufgrund der Leistungsentwicklung (entwicklungsfähiges Potential)
- Förderung der Selbsterkenntnis des Mitarbeiters: Der Mitarbeiter wünscht über seine Beurteilung durch andere im Bild zu sein, weil ihm das eine gewisse Sicherheit gibt
- Förderung der Erkenntnis des Vorgesetzten über den Erfolg seines Führungsverhaltens, über die Punkte, in denen der Mitarbeiter speziell gefördert werden muss, über die Entwicklungsbedürfnisse des Mitarbeiters
- Erfolgskontrolle nach der Durchführung von Entwicklungs- und Ausbildungsprogrammen.

b) Die Qualifikation kann sich – soll sie ein umfassendes Führungsinstrument sein – nicht auf die Beurteilung der direkten Leistungen, gemessen an den Leistungszielen, beschränken, sondern muss auch im weitesten Sinne das *leistungsrelevante Verhalten* erfassen, insbesondere:
- das soziale Verhalten, vor allem das *Führungsverhalten,* damit die weiter oben verlangte, systematische Berücksichtigung des Führungsverhaltens als Kriterium bei der Stellenbesetzung möglich ist;[11]

---

[11] Vgl. Abschn. IV/316.

- die *MD-Leistungen* von Vorgesetzten: solche Leistungen sind ihrer Natur nach auf langfristige Wirkung angelegt und werden in den aufgabenbezogenen Periodenzielen normalerweise nicht erfasst. Soll ihrer hohen Bedeutung im Rahmen der Führungsfunktionen Rechnung getragen werden, sind sie (in verbaler Form) festzuhalten, soweit dies möglich ist.[12]

c) Das Qualifikationsgespräch soll unmittelbar dazu benützt werden, *Entwicklungsziele* des Mitarbeiters aufzustellen. Die an und für sich für beide Beteiligten unangenehme Situation des Bewertens verliert viel von ihrer Peinlichkeit, wenn ihr Ergebnis die Einleitung von Förderungsmassnahmen sein soll und dies dem zu Qualifizierenden bewusst ist.

d) Die Qualifikation verliert zusätzlich ihre autoritäre Komponente des Von-oben-nach-unten-Beurteilens, wenn sie als *beidseitige Qualifikation* durchgeführt wird. Der Vorgesetzte ist ebenso wie der Mitarbeiter auf einen Feedback angewiesen, um sein Führungsverhalten verbessern zu können. Die Qualifikation könnte so auch die Grundlage für ein «Self Development» des Vorgesetzten sein.

Die Qualifikation durch den Vorgesetzten kann ergänzt werden durch intensive praktische Tests von Nachwuchskräften im Rahmen sogenannter *Assessment Centers.*[13] Dabei werden Kandidaten für höhere Managementfunktionen einer mehrtägigen Laborsituation unterworfen, in der ihre Kenntnisse und Fähigkeiten, Einstellungen und Verhaltensweisen beim Lösen praxisnaher Probleme von MD-Spezialisten systematisch beobachtet werden.

Damit kommen wir zur dritten Teilaufgabe: die *zentrale MD-Stelle* hat die Aufgabe, sämtliche Qualifikationen zu sammeln und die Erfassung des gesamten Leitungs- und Entwicklungspotentials in der Unternehmung vorzunehmen. Einerseits muss das (einsatzbereite) *Einsatzpotential,* andererseits das *Entwicklungspotential* (entwicklungsfähiges Potential) ermittelt werden. Erst jetzt sind die Grundlagen für eine koordinierte Bedarfsdeckungs- sowie Einsatzplanung gegeben.

Offene Probleme im Rahmen der Ist-Analyse, die situationsspezifisch in jeder Unternehmung gelöst werden müssen, sind:

---

[12] Vgl. Grundsatz 10 in Abschn. V/12.
[13] Vgl. dazu Moses, J.L./Byham, W.C. (eds.): Applying the Assessment Center Method, New York 1977; Jeserich, W.: Mitarbeiter auswählen und fördern – Assessment-Center-Verfahren, München 1981.

- die «*Tiefe*» *der Nachwuchserfassung:* wieweit hinunter in der Hierarchie ist der Nachwuchs zu erfassen? Grundsätzlich sind zwar *alle* Personen mit Entwicklungsmöglichkeiten zu erfassen. Vom grossen Aufwand her dürfte eine vollständige Erfassung der vier obersten Rangstufen praktikabel sein, während darunter nur ausgesprochene Nachwuchstalente erfasst werden (aufgrund der Meldungen von Vorgesetzten);
- der *Zeithorizont* der Nachwuchserfassung: auf wie viele Jahre hinaus soll der Nachwuchs geplant werden? Als zweckmässig dürften bei der hohen Dynamik der Personalbewegungen etwa fünf Jahre gelten. Für konkrete Nachfolgeplanung sollte der Zeithorizont nicht mehr als zwei bis drei Jahre umfassen. Hingegen sind voraussehbare «Pensionierungswellen» schon lange voraus zu berücksichtigen;
- das *Objektivitätsproblem:* wieweit kann Qualifikation und damit die ganze «Entwicklungspolitik» objektiv und wirklich gerecht sein? Grundsätzlich sollte man sich bewusst sein, dass es wirkliche Objektivität nirgends gibt, wo persönliche Beurteilungen notwendig sind. Durch die Systematisierung und Formalisierung der Nachwuchserfassung wird jedoch die Transparenz und Vergleichbarkeit der Kaderförderung erhöht.

22 Kaderbedarfsplanung

Die Kaderbedarfsplanung hat die Aufgabe, den quantitativen und qualitativen Bedarf an Leitungskräften für bestimmte Zeitpunkte in der Zukunft (z.B. in einem Jahr oder in zwei Jahren) zu ermitteln. Dazu müssen die in den entsprechenden Zeiträumen geplanten strukturellen Veränderungen in der Unternehmung bekannt sein.
Auch hier lassen sich drei Teilaufgaben unterscheiden:
- die Feststellung des Bruttobedarfs in einem sogenannten Kaderbudget (quantitativer Aspekt)
- die Nachfolgeplanung (qualitativer Aspekt)
- die Feststellung des Nettobedarfs.

Der Bruttobedarf (als Soll-Bestand aller Leitungskräfte) für den Zeitpunkt X wird in einem sogenannten *Kaderbudget* ermittelt. Dieses wird von der MD-Stelle erstellt aufgrund
- von Organisationsplänen für diesen Zeitpunkt X
- der von den einzelnen Vorgesetzten angemeldeten Bedürfnisse für neu zu schaffende Stellen und zu ersetzende Kaderkräfte.

Rechnerisch ergibt sich das Kaderbudget folgendermassen:

(a) bestehende Leitungsstellen
(b) + neu zu schaffende Leitungsstellen
(c) − aufzuhebende Leitungsstellen

(d) = Kaderbudget

Das Kaderbudget ist also eigentlich ein «Stellenbudget». Um qualitative Aspekte zu erfassen, kann es nach typischen Anforderungsprofilen differenziert werden.

Die anschliessende *Nachfolgeplanung* hat den Zweck, die freiwerdenden Leitungsstellen nach organisatorischer Stellung und Zeitpunkt der Vakanz zu überblicken und vorgesehene Nachfolger zusammenzustellen.[14] Sie soll also zeigen, wieweit der im Kaderbudget erarbeitete Soll-Bestand im Zeitpunkt X voraussichtlich durch Nachfolger gedeckt ist, und welche Sekundärvakanzen durch die Beförderungen entstehen.

Auch hier ist die enge Zusammenarbeit zwischen den einzelnen Vorgesetzten und der MD-Stelle wichtig. Der Vorgesetzte kennt den Bedarf und die potentiellen Nachfolger innerhalb seines Bereichs, die MD-Stelle koordiniert Bedarf und Angebot, indem sie dem einzelnen Vorgesetzten ihm unbekannte Kandidaten aus anderen Abteilungen vorschlagen kann. Als organisatorische Drehscheibe kann sie ausgleichen zwischen Stellen mit mehreren geeigneten Nachfolgern und Stellen, deren Nachfolge schwierig zu sichern ist.

Aus logischen Gründen ist bei der Nachfolgeplanung hierarchisch von oben nach unten vorzugehen, da jeder vorgesehene Nachfolger seinerseits eine Vakanz entstehen lässt, die wieder aufzufüllen ist. Am übersichtlichsten werden diese Nachfolgeketten, wenn der Nachfolgeplan in organigrammähnlicher Form graphisch dargestellt wird.

Sind die feststehenden Nachfolger erfasst, so ergibt sich die Anzahl der Stellen, für deren Besetzung im Zeitpunkt X noch keine Nachfolger feststehen. Diese noch unbekannten Nachfolger stellen den *Nettobedarf* an neuen Leitungskräften dar, der durch interne Entwicklung von Nachwuchskräften oder externe Beschaffung zu decken ist.

Situativ zu lösende Probleme bei der Kaderbedarfsplanung sind:
- die *Angleichung von Bedarf und Angebot:* richtet sich die Bestimmung des Nachwuchspotentials wirklich nach dem Angebot, oder erfolgt sie in Anpassung an den Bedarf? In Mangelzeiten ist die Versuchung gross, optimistisch und grosszügig zu sein bei der Auswahl von Nachwuchskräften; in Zeiten des Angebotsüberschusses

---

[14] Vgl. das Beispiel eines Nachfolgeplans bei Leupold, J.: Laufbahn-Planung, in: Die Unternehmung 27 (1973), Heft 1.

besteht eher die Tendenz, wählerisch zu sein. Gewisse Schwankungen sind zwar unvermeidlich, aber eine gewisse Gleichbehandlung auch im Zeitablauf sollte angestrebt werden;
- der *Ausgleich zwischen Bedarf und subjektiven Ambitionen:* was macht man mit ehrgeizigen Leuten, die ihre Entwicklungschancen selbst höher einschätzen, als dies ihre Vorgesetzten tun, und die deshalb mangels Bedarf zurückgestellt werden? Dieses Problem ist ein Hauptargument für die Formalisierung des MD: man kann dann die Auswahl der zu fördernden Kräfte nachträglich begründen. Unbefriedigten Leuten kann die Möglichkeit gegeben werden, sich direkt an die MD-Stelle zu wenden und sich u. U. versetzen zu lassen in eine Abteilung, in der sie mehr Chancen haben und/oder der Bedarf grösser ist.

23 Bedarfsdeckungsplanung

Mit der Nachfolgeplanung ist bereits der Übergang zur Bedarfsdeckungsplanung eingeleitet, deren Aufgabe es ist, sämtliche Massnahmen (a) zur Vorbereitung der vorgesehenen Nachfolgekandidaten und (b) zur Deckung des Nettobedarfs zu planen. Die Bedarfsdeckungsplanung umfasst demnach zwei Teilaufgaben:
- die Entwicklungsplanung
- die Beschaffungsplanung.

In der *Entwicklungsplanung* geht es darum, die Massnahmen zur Förderung des Entwicklungspotentials zu planen. Sie beschäftigt sich mit der Organisation systematischer Lernprozesse der zu fördernden Leitungskräfte. Diese Lernprozesse müssen auf individuelle Lern- und Entwicklungsziele ausgerichtet sein.

Die *Beschaffungsplanung* hat die Aufgabe, Massnahmen zur externen Deckung eines eventuell durch Entwicklungsmassnahmen nicht zu deckenden Kaderbedarfs zu planen. Im Rahmen des MD steht jedoch der erste Weg, nämlich die interne Bedarfsdeckung durch Entwicklung im Vordergrund. Allerdings sollte nicht übersehen werden, dass eine «Blutauffrischung» von aussen auch sehr positive Wirkungen haben kann, indem sie neue Ideen ins Management bringt, Quervergleiche mit andern Firmen ermöglicht und so das Entstehen von «Betriebsblindheit» verhindert.

Im folgenden werden wir auf die Probleme der Entwicklungsplanung (Ausbildungsplanung im weiteren Sinn) etwas näher eingehen.[15] Das

---

[15] Vgl. dazu Fluri, Edgar: Massnahmenplanung in der Management-Ausbildung, Bern/Stuttgart 1977.

Grundproblem der Entwicklungsplanung besteht darin, für die durch Ist-Analyse und Kaderbedarfsplanung festgestellten Entwicklungs- und Ausbildungsbedürfnisse die geeignetsten Massnahmen festzulegen. Abb. V/2 gibt einen systematischen Überblick über die dabei zu beachtenden Kriterien und Einflussfaktoren.

Den Ausgangspunkt der Entwicklungsplanung sollten die Entwicklungs- oder *Ausbildungsbedürfnisse* unter Berücksichtigung ihrer inhaltlichen und formalen Merkmale bilden. Je nachdem, ob Ausbildungsbedürfnisse Kenntnisse und/oder Fähigkeiten und/oder Einstellungen umfassen, ob sie aufgabenbezogen oder personenbezogen sind, ob sie eine oder wenige Personen oder das gesamte Kader betreffen, ob sie einmalig oder häufig und dringlich sind, wird man verschiedene Massnahmen ergreifen müssen.

Die *Massnahmen* werden durch sechs Elemente konstituiert, nämlich

- durch den zu vermittelnden Lerninhalt (er muss den Ausbildungsbedürfnissen möglichst genau entsprechen),
- durch die grundsätzliche Lernsituation (am Arbeitsplatz, on-the-job/ausserhalb des Arbeitsplatzes, off-the-job) und die Lernmethoden (aktive/passive Methoden),
- durch die Teilnehmer (individuelle/kollektive Ausbildung),
- durch die Ausbildner (Vorgesetzte, firmeneigene, firmenfremde Ausbildner, Selbstinstruktion),
- durch den Träger der Ausbildung (Unternehmung: intern/Ausbildungsinstitut: extern/mehrere Unternehmungen gemeinsam: kooperativ).

Die Kombination der Elemente Lernsituation (on-the-job/off-the-job), Teilnehmer (individuell/kollektiv) und Träger (intern/extern/kooperativ) führt zu insgesamt neun Grundtypen von Ausbildungsmassnahmen, die sich in wesentlichen Aspekten – nicht zuletzt auch bezüglich Zeitbedarf und Kosten – unterscheiden und deshalb je nach Situation unterschiedlich geeignet sind. Die wichtigsten Grundtypen von Massnahmen sind wohl:

- interne individuelle on-the-job-Ausbildung (Anleitung und Beratung durch den Vorgesetzten, Spezialaufgaben, Job Rotation),
- interne kollektive off-the-job-Ausbildung (interne Ausbildungskurse, eventuell unter Verwendung externer Unterlagen und Ausbildner),
- externe kollektive off-the-job-Ausbildung (externe Ausbildungskurse),
- individuelle off-the-job-Ausbildung (Programmierte Unterlagen, Selbststudium).

Die spezifische Eignung von bestimmten Massnahmen hängt ausser

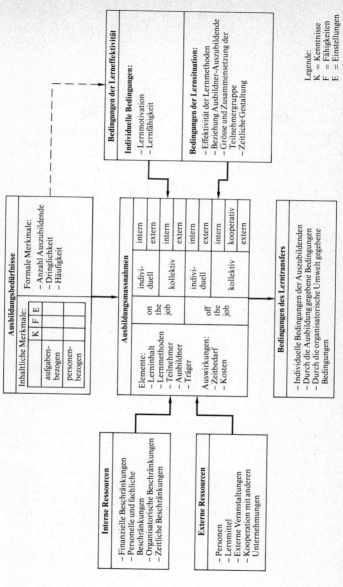

Abb. V/2: Situative Einflussfaktoren für die Wahl von Ausbildungsmassnahmen. (Quelle: Fluri, E., Massnahmenplanung in der Management-Ausbildung, a.a.O., S. 157)

von den Ausbildungsbedürfnissen von *betriebswirtschaftlichen und lernpsychologischen Bedingungen* ab. Betriebswirtschaftliche Bedingungen sind die einer Unternehmung zur Verfügung stehenden internen und externen Ressourcen. Lernpsychologische Bedingungen sind gegeben durch die individuellen Voraussetzungen der Auszubildenden (Lernmotivation und Lernfähigkeit), durch die Bedingungen der Lernsituation sowie durch die Bedingungen des Lerntransfers, d.h. die Möglichkeit, das Gelernte bei der praktischen Arbeit anzuwenden.

Die *Planung und Auswahl* der geeigneten Massnahmen muss von Fall zu Fall in einem Problemlösungsprozess erfolgen, der etwa folgende Phasen umfasst:[16]

(1) Analyse der Ausbildungsbedürfnisse in bezug auf ihre Merkmale
(2) Bestimmung von lernpsychologisch geeigneten Massnahmen
(3) Auswahl der realisierbaren Massnahmen
(4) Feinbeurteilung der möglichen Massnahmen und Entscheid.

Für wiederkehrende typische Ausbildungsbedürfnisse können standardisierte Ausbildungsprogramme (on- und off-the-job) geschaffen werden, die in der Regel alle betroffenen Mitarbeiter durchlaufen müssen.

Einige wesentliche Punkte, die bei der Planung und Auswahl von Massnahmen beachtet werden müssen, können wie folgt zusammengefasst werden:

1. Die *Lernmotivation* bildet eine *zentrale Voraussetzung* für den Lernerfolg. Sie ist teilweise durch das Individuum bestimmt; sie kann aber auch durch äussere Faktoren (Anreize, «Ausbildungsklima») beeinflusst werden.
2. Die Massnahmen müssen bezüglich Inhalt und Methoden auf die *Lernfähigkeit* der Auszubildenden (Ausbildungsniveau, Vorkenntnisse, Erfahrungshintergrund) abgestimmt sein. Für kollektive Ausbildung muss deshalb die Teilnehmergruppe bezüglich der Lernfähigkeit möglichst homogen sein. Bei on-the-job-Ausbildung, wo Lernprozesse weitgehend unkontrolliert ablaufen, ist die Berater-Funktion des Vorgesetzten sehr wichtig, um eine Überforderung und dadurch Misserfolge zu verhindern.
3. Die *Lernmethoden* sind nach den Ausbildungsbedürfnissen und nach den individuellen Voraussetzungen der Lernenden zu wählen. Grundsätzlich sind aktive Lernmethoden passiven in ihrer Wirksamkeit überlegen. Allerdings sind sie meist auch mit einem

---

[16] Vgl. dazu im einzelnen Fluri, E., Massnahmenplanung, a.a.O., S. 55 ff. und S. 159 ff.

grösseren Zeitbedarf verbunden. Bei komplexen Ausbildungsbedürfnissen, mit denen eine Verhaltensänderung (im Gegensatz zu blosser Wissensvermittlung) beabsichtigt ist wie z.B. in der Führungsausbildung, können nur aktive Lernmethoden zu einem Erfolg führen.

4. Ob eine Ausbildungsmassnahme erfolgreich ist, hängt nicht nur vom eigentlichen Lernen ab, sondern auch vom *Lerntransfer*, d.h. vom Ausmass, in dem die Übertragung des Gelernten auf die praktischen Tätigkeiten am Arbeitsplatz gelingt. Erst wenn das Gelernte auch angewendet wird, kann sich ein Nutzen der Ausbildung für die Unternehmung ergeben. Ein (positiver) Lerntransfer findet umso eher statt,
   – je stärker die Lernmotivation und je grösser die Fähigkeit der Auszubildenden zu selbständigem Lernen sind,
   – je besser die Lernsituation mit der Realsituation übereinstimmt und
   – je positiver die organisatorische Umwelt (Vorgesetzte, Kollegen, Mitarbeiter) der Ausbildung gegenüber steht.

   Zur Erleichterung des Lerntransfers sind in der Regel interne Massnahmen externen, kollektive Massnahmen individuellen und aktive Lernmethoden passiven vorzuziehen, sofern die übrigen Bedingungen dies zulassen.

5. Von entscheidender Bedeutung für den Ausbildungserfolg ist die *Haltung des Vorgesetzten*. Zwei Forderungen lassen sich daraus ableiten:
   – Betriebliche Ausbildung muss in jedem Fall die Unterstützung des Vorgesetzten sowie der obersten Unternehmungsleitung geniessen.
   – Ausbildungsmassnahmen, in die mehrere hierarchische Ebenen einbezogen werden, müssen stets auf der obersten noch betroffenen Stufe beginnen und sukzessive tiefere Stufen erfassen.

6. Der *Beurteilung und Auswahl externer Ausbildungskurse* ist besondere Aufmerksamkeit zu schenken (Übereinstimmung mit Ausbildungsbedürfnissen und individuellen Lernvoraussetzungen der Teilnehmer, Transferproblematik).

7. Die Einzelmassnahmen sind wohl auf die Bedürfnisse auszurichten (Problemorientierung) und auf die individuellen Lernvoraussetzungen abzustimmen, aber dennoch in ein *Gesamtkonzept* zu stellen, aufgrund dessen die notwendige Koordination gewährleistet und negative Auswirkungen verhindert werden können. Dies ist vor allem Aufgabe der MD-Stelle.

24 Individuelle Laufbahnplanung

Aus der personenorientierten Zusammenstellung von geplanten Einsätzen und dazwischenliegenden Ausbildungsmassnahmen ergeben sich *individuelle Laufbahnpläne* (Karrierepläne). Die einzelnen Phasen werden dabei mit Richtzeiten versehen, so dass die Erreichung der vorgesehenen Positionen zeitlich ersichtlich ist. Der ideale Laufbahnplan beinhaltet ein massgeschneidertes Programm für jede Nachwuchskraft. Er muss auf ihrem Entwicklungsstand, ihren Entwicklungsbedürfnissen und -möglichkeiten und etwaigen bereits vorgesehenen Nachfolgemöglichkeiten aufbauen. Dabei muss vor allem auf ein Gleichgewicht der verschiedenen Entwicklungsbereiche geachtet werden. Eine Erweiterung des Wissens ist nur sinnvoll, wenn die neuen Kenntnisse am Arbeitsplatz nachher angewendet werden können. In der Hauptsache werden wohl zuerst die zukünftigen Einsätze geplant und dann mit den notwendigen Entwicklungsmassnahmen ausserhalb des Arbeitsplatzes ergänzt.

Die *psychologischen Vorteile* eines Laufbahnplans für den Mitarbeiter sind offensichtlich: er hat «etwas in der Hand», was ihm Sicherheit vermittelt und sein Bewusstsein fördert, in einem permanenten Lernprozess zu stehen.

Die *Problematik* des Laufbahnplans liegt darin, dass die Unternehmung Zusicherungen macht, die beim heutigen Tempo der Entwicklung oft zu weit in die Zukunft reichen und dann nicht eingehalten werden können, so dass die Erwartungen des Mitarbeiters mit grosser Wahrscheinlichkeit frustriert werden. Karrierepläne sollen daher nur mittelfristig, nicht langfristig sein. Versetzungen sollten nicht über zwei Jahre hinaus festgelegt werden. Darüber hinaus sollten nur allgemeine Massnahmen, keine konkreten zu durchlaufenden Positionen, geplant werden. Die Pläne dürfen nicht rigid sein, sondern müssen jährlich, halbjährlich oder sogar vierteljährlich durchgesprochen werden.

Die Laufbahnpläne müssen natürlich untereinander so koordiniert werden, dass der Nachfolgeplan und das Kaderbudget eingehalten werden können. Eine gewisse Vorauskenntnis und damit Koordinationserleichterung wird erreicht durch *standardisierte Laufbahnvarianten,* welche bewährte Entwicklungsbahnen für bestimmte Positionen allgemein festlegen. Durch ständige Verbesserung dieser Programme wird eine abgerundete, den Stellenanforderungen optimal entsprechende Laufbahn erreicht.

Das Instrument der Laufbahnplanung ist in der Praxis nicht unangefochten. So werden etwa folgende Gefahren als Gegenargumente angeführt:

- «Die Kandidaten schrauben ihre Erwartungen zu hoch»: der Laufbahnplan kann leider keine *erfolgreiche* Laufbahn garantieren.[17] Ein rechtlicher Anspruch des Kandidaten, dass der Plan eingehalten wird, besteht nicht. Dies muss ihm von Anfang an klar gemacht werden;
- «Die angegebenen *Richtzeiten* werden doch nie eingehalten»: diesem oft zutreffenden Argument könnte Rechnung getragen werden durch Zeitraum- anstelle von Zeitpunkt-Angaben, z.B. «Erreichung von Position X nach 2 – 4 Jahren».

Um diese und andere negative Effekte zu vermeiden, sollten Laufbahnpläne bewusst vorsichtig und nie zu langfristig aufgestellt werden. Vor allem aber müssen dem Kandidaten Beförderungen, die sich als nicht oder nur mit Zeitverzögerung erreichbar herausstellen, so früh wie möglich und in völliger Offenheit bekanntgegeben werden; ihn so lange wie möglich in Illusionen schweben zu lassen, stellt einen Missbrauch des Instruments der Laufbahnplanung dar.

25 Detailplanung und Durchführung der Entwicklungsprogramme

Sind die grundsätzlichen Entwicklungsmassnahmen festgelegt, so ist in einem weiteren Schritt deren Durchführung im Detail zu planen. Diese Planung gestaltet sich je nach Massnahmen – z.B. Job Rotation, Interne Ausbildungskurse, Externe Ausbildungskurse – unterschiedlich.

Zur Sicherstellung eines befriedigenden Ausbildungserfolgs kann es notwendig sein, ergänzende Massnahmen
- *vor der Hauptmassnahme* zum Abbau interindividueller Unterschiede in den Lernvoraussetzungen und/oder zur Erweckung der Lernmotivation,
- *während der Hauptmassnahme* zur Vertiefung der Lerninhalte,
- *nach der Hauptmassnahme* zur Vertiefung und zur Sicherstellung des Lerntransfers

durchzuführen. Gerade in bezug auf solche ergänzende Massnahmen sollte die MD-Stelle (bzw. der Vorgesetzte) Probleme frühzeitig erkennen und gemeinsam mit den Linienvorgesetzten und den Auszubildenden Lösungen erarbeiten.

---

[17] Vgl. Leupold, J.: Laufbahn-Planung, a.a.O.

26 Erfolgskontrolle

Aufgabe der Erfolgskontrolle ist es sicherzustellen, dass die Kaderförderungsziele erreicht werden. Sie muss als notwendiges Element jeder Entwicklungsmassnahme gesehen werden und kann durch Befragungen, Tests, Verhaltensbeobachtung, Leistungsbeurteilung, usw. erfolgen.

Drei Teilaufgaben der Erfolgskontrolle lassen sich unterscheiden:

1. Bereits in der Phase der Realisierung ist mit einer Durchführungskontrolle sicherzustellen, dass die Massnahmen in der geplanten Weise durchgeführt werden und die getroffenen Annahmen zutreffen. Nötigenfalls sind Änderungen zu veranlassen.
2. Die eigentliche Erfolgskontrolle hat zu ermitteln, ob die vorgesehenen Lernziele erreicht worden sind *(Kontrolle im Lernfeld)* und
3. ob darüber hinaus das Erlernte auch tatsächlich bei der Aufgabenerfüllung angewendet wird und die erwünschten Wirkungen sich einstellen *(Kontrolle im Funktionsfeld)*.[18]

Während die Kontrolle der Lernzielerreichung unmittelbar nach oder zum Teil schon während der Ausbildung erfolgen muss, kann die Überprüfung der Anwendung erst nach einer gewissen Zeit stattfinden. Die Kontrolle im Funktionsfeld muss grundsätzlich wiederum als Leistungsbeurteilung erfolgen.

Die Erfolgskontrolle gibt den Vorgesetzten, der MD-Stelle und den Ausbildungsleitern den notwendigen «Feed back» für die Evaluation und die stetige Verbesserung der MD-Programme sowie für die Ermittlung zukünftiger Entwicklungsbedürfnisse der Teilnehmer. Darüber hinaus bietet sie aber auch den Teilnehmern die Möglichkeit der Selbstkontrolle und damit einer realistischen Selbsteinschätzung.

27 Schlussbemerkungen

Die Qualität des Kadernachwuchses ist der Schlüssel zum zukünftigen Erfolg jedes Unternehmens. Das gilt unter den heutigen turbulenten Wirtschaftsbedingungen mehr denn je. Noch nicht in allen Unternehmungen wird der Förderung und Pflege der Nachwuchskräfte jener Stellenwert eingeräumt, der ihr unter diesen Umständen

---

[18] Vgl. Lattmann, Ch.: Die Ausbildung des Mitarbeiters als Aufgabe der Unternehmung, Bern/Stuttgart 1974, S. 59f.

zukommt. Die vorangegangene Darstellung einer umfassenden Konzeption des Management Development wurde deshalb bewusst darauf ausgerichtet, die Lücke zwischen dem Möglichen und dem Realisierten erkennbar zu machen. Wieweit der Aufwand systematischen Management Developments im Einzelfall zu rechtfertigen ist, kann nur eine sorgfältige Abklärung der situativen Erfolgsvoraussetzungen der Unternehmung zeigen.

Abschliessend sei nochmals betont, dass die entscheidende Grundlage erfolgreichen Management Developments in der Einstellung der Unternehmungsleitung und des gesamten Kaders liegt. *Diese Einstellung muss vom Bewusstsein der Verantwortung geprägt sein, die jeder einzelne Vorgesetzte für die Entwicklung und Förderung seiner Mitarbeiter trägt.*

Kontrollfragen zu V

1. Weshalb wurden erst in jüngster Zeit Konzeptionen des Management Developments entworfen?
2. Welches ist die grundlegende Problemstellung des MD?
3. Auf welche Lerninhalte bezieht sich die Kaderförderung?
4. Welches Gesamtkonzept des MD wurde hier aufgestellt?
5. Welchen Zwecken dient die Qualifikation
   a) im Rahmen des MD und
   b) welchen weiteren Zwecken?
6. Welche zwei Hauptaufgaben gehören zur Kaderplanung?
7. Nach welchen relevanten Kriterien können Entwicklungsmassnahmen (Ausbildungsmassnahmen i.w.S.) klassifiziert werden?
8. Von welchen Faktoren ist die Wahl von Ausbildungsmassnahmen abhängig?
9. Was bedeutet und umfasst die Erfolgskontrolle in der Ausbildung?

Literaturempfehlungen zu V

Zu den Grundproblemen des MD empfehlen wir:

Hentze, J.: Personalwirtschaftslehre, UTB 649/650, 2. Aufl., Bern/ Stuttgart 1981.
Hill, W.: Förderung von Führungskräften in der Unternehmung, Betriebswirtschaftliche Mitteilungen Nr. 43, Bern 1968.
Müller, W.: Kaderentwicklung und Kaderplanung, Bern 1971.
Schein, E.H.: Career Dynamics – Matching Individuals and Organizational Needs, Reading Mass. 1978.
Ulrich, W.: Kreativitätsförderung in der Unternehmung. Ansatzpunkte eines Gesamtkonzepts, Bern/Stuttgart 1975.
Witte, E./Kallmann, A./Sachs, G.: Führungskräfte der Wirtschaft. Eine empirische Analyse ihrer Situation und ihrer Erwartungen, Stuttgart 1981.

Zur vertieften Auseinandersetzung mit den Problemen und Methoden der Management-Ausbildung seien empfohlen:

Fassbender, S.: Wie lehrt und lernt man Management?, Frankfurt 1973.
Fluri, E.: Massnahmenplanung in der Management-Ausbildung, Bern/Stuttgart 1977.
Stiefel, R.Th.: Management-Bildung auf dem Prüfstand, Köln 1980.

Zu den Methoden der Qualifikation:
Arpagaus, E.: Mitarbeiterqualifikation im Bürobetrieb, Betriebswirtschaftliche Mitteilungen Nr. 47, Bern/Stuttgart 1970.
Gmür, U./Sidler, F.: Führung und Beurteilung höherer Führungskräfte, Betriebswirtschaftliche Mitteilungen Nr. 66, Bern/Stuttgart 1977.
Lattmann, Ch.: Leistungsbeurteilung als Führungsmittel, Bern/ Stuttgart 1975.

Anhang

Antworten zu den Kontrollfragen

Antworten zu den Kontrollfragen I/1

1. Das Gesellschaftsrecht befasst sich herkömmlicherweise ausschliesslich mit den «Gesellschaftern», dagegen nicht mit den Arbeitnehmern und den übrigen vom unternehmerischen Handeln Betroffenen. Gesellschafter sind ausschliesslich die Eigentümer. Das Gesellschaftsrecht geht damit eindeutig vom klassischen Grundmodell der Eigentümer-Unternehmung aus.
2. Aus Antwort (1) folgt auch, dass die Verankerung der Mitbestimmung im Gesellschaftsrecht die bisherige Geschlossenheit des Modells durchbricht. Die Befürworter der Mitbestimmung treten für diese Durchbrechung und damit für das Grundmodell der Unternehmung als sozialem System ein, indem sie dem Mitarbeiter eine gesellschafterähnliche Stellung zubilligen wollen.
3. Grundfunktion: Erstellen wirtschaftlicher Leistungen für Dritte.
   Ergänzende Funktionen: – Einkommenserzielung für Mitarbeiter und Kapitalgeber
   – Steueraufkommen für Staat
   – soziale und gesellschaftliche Funktionen
4. Physiologische Bedürfnisse
   Sicherheitsbedürfnisse
   Soziale Bedürfnisse
   Ego-Bedürfnisse (Geltungsbedürfnisse)
   Individuationsbedürfnisse
5. Unter Sozialisation versteht man die (primär) im Elternhaus des (Klein-)Kindes und (sekundär) in ausserfamiliären Erziehungsinstitutionen stattfindende und (tertiär) am Arbeitsplatz fortgeführte Prägung der Denk- und Verhaltensweisen des Individuums.
6. Macht: A kann B zu einem gewünschten Verhalten beeinflussen und hat damit Erfolg.
   Autorität: B hält die Einflussnahme von A für legitim, leistet deshalb freiwillig und spontan Gefolgschaft.
7. Als «Unternehmungskultur» wird die Gesamtheit der Wert- und Zielvorstellungen, der Einstellungen und Überzeugungen, der Denk- und Verhaltensweisen bezeichnet, die in einer Unternehmung vorherrschen.
8. Absatzmarkt, Beschaffungsmarkt, Kapitalmarkt, Personalmarkt (Arbeitsmarkt).
9. Etwas überspitzt könnte man sagen: Die Probleme der Unternehmungsleitung sind zur Mehrheit grössenspezifisch! Beispiele:
   – gewisse Probleme des Leistungsprogramms (Diversifikation usw.) tauchen bei einer bestimmen Grösse auf
   – organisatorische Engpässe treten bei einer «kritischen Grösse» auf und

verlangen eine Anpassung der Organisation an die Unternehmungsgrösse
- komplexe Informations- und Planungssysteme setzen einerseits eine bestimmte Grösse voraus, um wirtschaftlich verwendet werden zu können, werden aber auch erst ab einer gewissen Grösse benötigt
- psychologische Probleme der Mitarbeiterführung sind in Grossbetrieben anders (und meist grösser) als in Kleinbetrieben
- Probleme der gesamtgesellschaftlichen Macht und Verantwortung der Unternehmung wachsen überproportional zur Unternehmungsgrösse.

10. Mit wachsender Grösse geht der privatwirtschaftliche Charakter einer Unternehmung zunehmend verloren, bis sie als Gross- und Grösst-Unternehmung «quasi-öffentlichen» Charakter annimmt. Die liberale Wirtschaftsphilosophie bemühte sich nur um den Freiheitsschutz des Kleinunternehmers vor dem Staat, dagegen nicht um den Freiheitsschutz der Allgemeinheit vor der Grossunternehmung.
11. «Ökologie» befasst sich mit allen Variablen, welche die natürlichen Lebensbedingungen beeinflussen: Bevölkerungsdichte, Nahrungsmittelproduktion, Ressourcen, Umweltverschmutzung.
12. - Personenspezifische Faktoren
    - aufgabenspezifische Faktoren   Vgl. Zusammenfassung zu I/1
    - sozio-kulturelle Umwelt

Antworten zu den Kontrollfragen I/2

1. In einem allgemeinen Sinn bedeuten sowohl Führung wie Leitung, Ziele zu setzen und zu veranlassen, dass diese Ziele erreicht werden. In diesem Text wird Führung im Sinne von Menschenführung benützt; hingegen bezieht sich Leitung auf sozio-technische Systeme und umfasst neben Führen auch die rationalen Denkprozesse des Planens und Organisierens. Leitung ist somit synonymer Ausdruck zu Management.
2. Die Professionalisierung des Managements bedeutet, dass die Leitungsfunktion zum Beruf wird, das heisst: Manager kann werden, wer die notwendigen fachlichen und persönlichen Qualifikationen zur kompetenten Ausübung einer Leitungsfunktion besitzt. Der klassische Eigentümer-Unternehmer war demgegenüber zugleich Kapitaleigner. Der Prozess der Professionalisierung des Managements fällt insofern mit dem historischen Prozess der fortschreitenden Trennung von Eigentum und Verfügungsmacht zusammen.
3. Die Problemstellung des allgemeinen Managements *(general management)* besteht in der Entwicklung und Anwendung eines umfassenden Konzepts und Instrumentariums für die Gesamtleitung der Unternehmung oder zumindest eines selbständigen Geschäftsbereichs mit eigener Ergebnisverantwortung (Profit Center) – im Unterschied zur Leitung eines Funktionsbereichs, die Gegenstand spezieller Managementlehren ist (z.B. Marketing-Management, Produktionsmanagement, Finanzmanagement, Personalmanagement).

4. Die Hauptfunktionen der Unternehmungsleitung sind:
   - *Bestimmung des unternehmungsphilosophischen Leitbilds und der Unternehmungspolitik:* Konsensfindung in der Geschäftsleitung über die leitenden Wertvorstellungen und ihre Umsetzung in einen wirtschaftlichen Grundzweck (Leistungsbereiche), generelle Ziele und Verhaltensgrundsätze gegenüber allen Gruppen, die mit der Unternehmung in Beziehung stehen, sowie die laufende Pflege dieser Beziehungen.
   - *Planung und Kontrolle:* Festlegung der aufzubauenden Markterfolgspotentiale (Produkte/Märkte) und der erforderlichen betrieblichen Leistungspotentiale *(strategische Planung).* Periodische (z.B. jährliche) Umsetzung der strategischen Leitideen in operative Ziele und Massnahmen *(operative Planung)* sowie Zuteilung der erforderlichen Mittel zu ihrer Verwirklichung *(Budgetierung).* Laufende Fortschritts- und Ergebnisprüfung sowohl auf strategischer als auch auf operativer Ebene im Rahmen eines Kontrollsystems, das frühzeitig die Plan- bzw. Budgetabweichungen relevanter Grössen aufzeigt und die Einleitung notwendiger Korrekturmassnahmen möglich macht *(Controlling).*
   - *Organisation und Führung:* Entwicklung struktureller Regelungen zur Differenzierung und Koordination der zur Zielverwirklichung notwendigen Aktivitäten sowie geeigneter Führungsformen (Führungsstil und Führungstechniken) zur Sicherstellung der Aufgabenerfüllung durch die Mitarbeiter. Beide Leitungsfunktionen setzen die gleichzeitige Entwicklung und Pflege einer tragfähigen Organisationskultur voraus.
   - *Management Development:* Entwicklung und Förderung der für die Kontinuität der Unternehmungsleitung notwendigen Kader.
5. Zu unterscheiden sind grundsätzlich *normative Willensbildungsprozesse* und *(empirisch-)analytische Informationsverarbeitungsprozesse.* Normative (ethisch-politische) Probleme bedürfen zu ihrer rationalen Lösung der argumentativen Konsensfindung unter den Betroffenen, analytische (technisch-strategische) Probleme einer Zweck-Mittel-Analyse unter Berücksichtigung der situativen Bedingungen.
6. Bestimmungsfaktoren jeder Entscheidungssituation sind:
   - die Ziele, die erreicht werden sollen,
   - die Strategien, Massnahmen und Mittel
   - die relevanten Bedingungen (constraints).
7. Ein Problem kann grundsätzlich definiert werden als Diskrepanz zwischen einem Soll-Zustand (Ziel) und einem Ist-Zustand. Eine systematische Problemlösung erfolgt in einem dem analytischen Entscheidungsprozess entsprechenden Problemlösungsprozess:
   1) Definition des Problems und Analyse der Abweichung
   2) systematische Erarbeitung alternativer Möglichkeiten zur Behebung des Problems
   3) Beurteilung der Alternativen in bezug auf Ziele und Bedingungen
   4) Auswahl der zu realisierenden Alternativen (Entscheid)
   5) Durchsetzung der gewählten Alternative
   6) Kontrolle der Zielerreichung.

Antworten zu den Kontrollfragen II

1. Unternehmungspolitik meint das tatsächliche «politische» Handeln der Unternehmung bzw. die schriftliche Stellungnahme dazu: die Managementphilosophie ist die weltanschauliche Grundlage, auf deren Basis die Unternehmungsleitung ihre Unternehmungspolitik konzipiert. Interessen- und Machtaspekte treten neben die Managementphilosophie als Determinanten der Unternehmungspolitik.
2. Da jedes unternehmungspolitische Handeln gewisse Wertentscheidungen impliziert – also nie wertneutral ist –, geht es darum, dieses Wertsystem bewusst zu machen und selbstkritisch zu prüfen.
3. Am stärksten in Frage gestellt wird das pauschale Wachstumsdenken als oberstes Unternehmungsziel. Die jährliche Umsatzsteigerungsrate dürfte nicht mehr Massstab für Erfolg und Prestige einer Unternehmung sein.
   Schliesslich wird damit das gesamte Marketing-Konzept in Frage gestellt: reines Marketing-Denken vernachlässigt die gesellschaftlichen Auswirkungen und entspricht damit nicht dem «vertikalen Systemdenken» (Jantsch).
4. Das «Ethos ganzer Systeme» wertet ein Verhalten dann als gut, wenn dieses nicht nur einen Teilaspekt des ganzen Systems, sondern das ganze System selbst verbessert. Es verlangt deshalb ein gesamtgesellschaftliches Denken im Unterschied zum individualistischen Denken, welches nur vertretbar ist, wenn individuelles Handeln mit gesamtgesellschaftlichen Aspekten nicht in Konflikt geraten kann.
5. Das «eiserne Gesetz der Verantwortung» lautet: *Auf die Dauer* verliert jede Institution jene Macht, die sie nicht verantwortungsvoll einsetzt.
6. Die Idee der sozialen Verantwortung geht von der Annahme aus, dass es möglich sei, durch individuelles verantwortungsbewusstes Verhalten aller Wirtschaftssubjekte das privatwirtschaftliche Handeln in Harmonie mit übergeordneten gesellschaftlichen Zielvorstellungen zu bringen. Ihr Ordnungprinzip ist die *Moral*.
   Demgegenüber beruht die Idee der gesellschaftlich rationalen Unternehmungsverfassung auf der Annahme, dass Moral kein hinreichendes wirtschaftliches Ordnungsprinzip ist: Disharmonien (strukturelle Widersprüche) in der Wirtschaftsordnung sollen nicht durch freiwillige Selbstbeschränkung der Wirtschaftssubjekte überbrückt, sondern auf institutioneller Basis, d. h. durch Verbesserung der Wirtschaftsordnung selbst, ursächlich beseitigt werden. Ein wesentliches Mittel dazu ist die Schaffung eines gesellschaftsbezogenen Unternehmungsverfassungsrechts, das die unternehmungspolitische Kommunikation «entschränkt». Diese Konzeption überlagert das Ordnungsprinzip der Moral mit jenem des *Rechts*.
7. Die Konzeption der konsensorientierten Unternehmungspolitik beruht auf der Leitidee der *kommunikativen Ethik:* Zu fordern ist die Anerkennung aller vom unternehmerischen Handeln Betroffenen als mündiger Personen und die Bereitschaft des Managements zur argumentativen Verständigung (Konsensfindung) mit ihnen. Es geht um den Aufbau kommunikativer Verständigungspotentiale als Grundlage tragfähiger Beziehungen zwischen dem Management und den Bezugsgruppen innerhalb und

ausserhalb der Unternehmung (dialogische statt monologische Verantwortungskonzeption). Davon sind positive Effekte auf die Leistungsfähigkeit der Unternehmung und auf die Kooperationsbereitschaft (Akzeptanz) der Betroffenen zu erwarten.

8. *Public Relations* erschöpfen sich in einer einseitigen, monologischen «Öffentlichkeitsarbeit» zum Zwecke der Firmenwerbung. *External Relations,* wie sie hier verstanden werden, bedeuten den Aufbau und die Pflege eines regelmässigen *Dialogs* mit den externen Bezugsgruppen der Unternehmung zur Verbesserung des gegenseitigen (Ein-)Verständnisses und zur vorausblickenden Sicherung der Kooperationsbereitschaft dieser Gruppen.

9. «Aufgeklärtes Marketing» induziert nicht bedingungslos Bedürfnisse, die es befriedigen kann, sondern trägt gesamtgesellschaftlichen Zielvorstellungen Rechnung («Qualität des Lebens»).

10. Soziale Kosten sind Kosten der privatwirtschaftlichen Tätigkeit, die nicht in die Kostenrechnung des Verursachers eingehen, sondern von Dritten durch finanzielle Aufwendungen und Verschlechterung der Lebensqualität getragen werden müssen.

11. Interne Anspruchsgruppen: Eigentümer
    Management
    Mitarbeiter
    Externe Anspruchsgruppen: Kapitalgeber
    Lieferanten
    Kunden
    Staat und Gesellschaft

12.

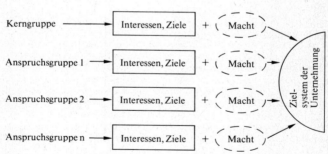

13. Besonders aktuelle Stichworte sind: Mitbestimmung, Erfolgsbeteiligung, Konsumerismus, Umweltpolitik, Entwicklungspolitik (Nord-Süd-Gefälle), Beschäftigungspolitik.

14. a) Unternehmungsfunktionen, insbesondere wirtschaftlicher Grundzweck
    b) oberste Unternehmungsziele
    c) Verhaltensgrundsätze
    d) Leitungskonzept

15. Zielgruppen: Marktleistungsziele, Marktstellungsziele, Rentabilitätsziele, finanzwirtschaftliche Ziele, soziale Ziele, Macht- und Prestigeziele.
Beispiele für mögliche (aber nicht notwendige) Zielkonflikte:

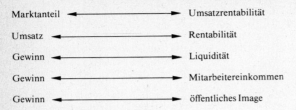

16. Sie müssten Stellung nehmen zum zugrundegelegten Gesellschaftsbild überhaupt, zum Bild von der eigenen unternehmerischen Funktion gegenüber Gesellschaft und Staat (volkswirtschaftliche, soziale und kulturelle Beiträge) und zu den Formen der Kontaktpflege und des Umgangs mit gesellschaftlichen Gruppen *(External Relations)* im allgemeinen sowie zu besonders heiklen Punkten – wie Umweltschutz, Wachstumsproblematik, Entwicklungshilfe, sozialer Wandel, Infrastrukturprobleme und Arbeitsmarktprobleme, usw. – im speziellen.

Antworten zu den Kontrollfragen III

1. Die Notwendigkeit der Planung ergibt sich daraus, dass in der Unternehmung an vielen Stellen Entscheidungen mit meist langfristigen Auswirkungen und unter hoher Unsicherheit gefällt werden müssen, die zudem alle in einem hohen Grad voneinander abhängen.
Mit Hilfe einer umfassenden Planung soll einerseits versucht werden, möglichst viele *Informationen* über die Zukunft zu gewinnen und so die Unsicherheit zu verringern, und anderseits die voneinander abhängigen Teilentscheidungen und -aktivitäten zu *koordinieren,* so dass eine sinnvolle und wirtschaftliche Gesamtleistung entsteht.
2. Prognose: *voraussichtliche* Entwicklung, wenn das bisherige Verhalten beibehalten wird
   Plan: *gewünschte* Entwicklung, umfasst Ziele, Massnahmen (Zeitplan), einzusetzende Mittel
   Budget: mengen- oder wertmässige Zusammenstellung der *erwarteten und gewollten Entwicklung* in einer zukünftigen Periode
   Vielfach unterscheiden sich Plan und Budget auch im Grad der Verbindlichkeit, indem z.B. Pläne als Richtlinien, Budgets aber als verbindlich betrachtet werden müssen.

3. Grundsätzliche Möglichkeiten:
   (1) Zentrale Planungsabteilung
   (2) Reine Linienplanung
   (3) Zusammenarbeit Planungsabteilung und Linie

Vorteile	Nachteile
(1) – grosse Fachkenntnisse der Planungsspezialisten – gute Koordination	– wenig Betriebserfahrung – schlechte Motivierung für Linien (Zielvorgabe durch Planungsabteilung) – evtl. zu wenig flexibel (Informationsfluss!)
(2) – Realistische, betriebsnahe Pläne – flexibel	– Tendenz zu schlechter Koordination
(3) – Zusammenarbeit Planungsspezialisten und Linie kann zu guten, realistischen Plänen führen – gute Motivierung	– aufwendig – evtl. Kompetenz- und Verantwortungsprobleme

4. (1) Strategische Planung
     – Situationsanalyse
     – Strategieentwicklung
   (2) Operative Planung
   (3) Durchführungsplanung
     – Dispositive Steuerung
     – Projektplanung
   (4) Kontrolle

Grundlage der Planung bilden die Unternehmungspolitik sowie die Prognosen über Umwelt- und Unternehmungsentwicklung.
Die strategische Planung ist problemorientiert und nicht unbedingt zeitorientiert. Mit andern Worten: Ein strategischer Plan muss nicht unbedingt langfristig sein, sondern kann sehr kurzfristig aufgestellt werden, z.B. wenn sich eine günstige Gelegenheit zur Übernahme einer Konkurrenzfirma oder zum Einstieg in einen neuen Markt bietet. Die operative Planung hingegen ist zeitraumorientiert. Operative Pläne werden für 1 oder 2 Jahre aufgestellt. Ihre Bedeutung liegt in der Koordination der betrieblichen Teilbereiche. Im Gegensatz zur strategischen Planung wird die operative Planung in einem systematischen, standardisierten Prozess erarbeitet, an dem alle Bereiche aktiv beteiligt sind.

5. Aspekt	Strategische Planung	Operative Planung
1. Hierarchische Stufe	Schwerpunkt bei der obersten Führungsebene der Unternehmung	Involvierung aller Stufen mit Schwerpunkt auf mittleren Führungsstufen
2. Unsicherheit	wesentlich grösser	kleiner
3. Art der Probleme	meistens unstrukturiert	relativ gut strukturiert und oft repetitiv
4. Zeithorizont	Akzent langfristig, jedoch auch kurz- und mittelfristige Aspekte möglich	Akzent kurz- bis mittelfristig
5. Informationsbedürfnisse	primär Richtung Umwelt	primär nach innen
6. Alternativen	Spektrum an Alternativen grundsätzlich weit	Spektrum eingeschränkt
7. Umfang	Konzentration auf wichtige Problemstellungen	umfasst alle funktionellen Bereiche und integriert alle Teilpläne
8. Grad der Detaillierung	globaler und weniger detailliert	relativ gross

6. (1) Situationsanalyse
    - Unternehmungsanalyse: Stärken/Schwächen
    - Umweltanalyse: Chancen/Probleme
    - Ermittlung strategischer Schlüsselfaktoren
   (2) Strategieentwicklung (strategische Erfolgspotentiale erkennen und festlegen)
    - Analyse und Konkretisierung der Zielvorstellungen
    - Erarbeitung von Strategien
    - Beurteilung der Strategien und Entscheid
   Mit dem Einbezug der Phasen
   (3) Strategieumsetzung und
   (4) Strategische Kontrolle
   weitet sich die strategische Planung zum strategischen Management aus.
7. Die Portfolio-Analyse stellt ein Instrument dar, mit dem die strategischen Erfolgspotentiale einer Unternehmung auf anschauliche Art in Abhängigkeit von den relevanten strategischen Faktoren dargestellt werden können. Bekannt ist die von der Boston Consulting Group entwickelte Matrix mit den Dimensionen Relativer Marktanteil und Marktwachstum.

Heute gibt es zahlreiche Versionen von Portfolio-Darstellungen, die sich nicht auf den Marktleistungsbereich beschränken, sondern auf andere Bereiche ausgeweitet wurden (z.B. Technologie-Portfolio). Den in der Portfolio-Matrix dargestellten Bereichen oder Erfolgspotentialen werden differenzierte strategische Verhaltensweisen zugeordnet.

8. Mit strategischem Management wird die konzeptionelle Integration von Planung, Durchführung und Kontrolle von Strategien bezeichnet. In der praktischen Anwendung bedeutet es die konsequente Ausrichtung aller Unternehmungsaktivitäten auf die strategischen Zielsetzungen.
9. Bereiche, Aufgaben und Ziele: vgl. Abb. III/9.

    Unter «integrierter Produktionsplanung» versteht man die simultane Planung (und Optimierung) von Beschaffung und Produktion. Sie lässt sich in folgende Teilbereiche aufteilen:
    – Bedarfsermittlung
    – Materialbewirtschaftung
    – Terminplanung und Fertigungssteuerung.
10. Vgl. Abb. III/11: Ergebnis einer Aktivität feststellen, mit einem Soll-Wert (Ziel) vergleichen und wenn nötig entsprechende Korrektur-Anweisungen geben, damit Soll-Wert erreicht wird.

    Die Aufgabe der Kontrolle in der Unternehmung, Sicherung der Zielerreichung, verlangt eine frühzeitige Erkennung möglicher Zielabweichungen, damit Korrekturmassnahmen rechtzeitig veranlasst werden können.
11. Voraussetzungen eines wirksamen Kontroll-Systems sind:
    – präzise Zielsetzung, damit Abweichungen überhaupt erkennbar werden,
    – klare Regelung der Kompetenzen und Verantwortung,
    – «Informationssystem», das sicherstellt, dass die Kontrollresultate rechtzeitig und in der richtigen Form bei den zuständigen Stellen ankommen.
12. Das Konzept des Controlling hat sich aus dem Rechnungswesen entwickelt und wird heute verstanden als systematische und konsequente wirtschaftliche Überwachung und Steuerung einer Unternehmung.

    Der Aufgabenbereich des Controllers kann mit drei Funktionen umschrieben werden:
    – Systementwicklung
    – Betriebswirtschaftliche Steuerung
    – Finanzwirtschaftliche Steuerung.
13. Aufgabe der internen Revision ist die systematische Analyse und Beurteilung betrieblicher Vorgänge und Tatbestände. Nach dem Gegenstand der Beurteilung kann unterschieden werden zwischen Financial Auditing, Operational Auditing und Management Auditing.

Antworten zu den Kontrollfragen IV/1 + 2

1. Die Fragestellung lautet allgemein formuliert so: Mit welchen Instrumenten (Mitteln) können unter den gegebenen Bedingungen die gesetzten organisatorischen Ziele am besten erreicht werden?
2. Es wurden unterschieden:
   – Aufgabenziele: Produktivität in qualitativer und quantitativer Hinsicht. Situativ relevant sind: a) Produktivität unter konstanten Bedingungen (Effizienz), b) Produktivität unter wechselnden Bedingungen (Anpassungsfähigkeit).
   – Mitarbeiterziele: Arbeitszufriedenheit und Motivation. Situativ wichtig sind: a) Sicherheit, b) Selbständigkeit.
   Für die organisatorische Gestaltung ist es bedeutsam, dass
   (1) zwischen Aufgabenzielen und Mitarbeiterzielen gewichtet wird, falls ein Zielkonflikt vermutet werden muss, und dass
   (2) die situativ richtigen Unterziele Priorität erhalten (a oder b).
3. Differenzierung: Aufgabengliederung (als Dezentralisation), Arbeitszerlegung, evtl. Delegation.
   Koordination: evtl. Aufgabengliederung (als Zentralisation), Strukturtypen, Delegation, Standardisierung. Die Übung zeigt, dass die beiden Aspekte in der Realität kaum zu trennen sind.
4. Formale Elemente sind die «Bausteine» der Organisation, mit deren Hilfe Verhaltenserwartungen formalisiert werden. In jedem organisatorischen Problem geht es letztlich um die Anordnung dieser Elemente und ihrer gegenseitigen Beziehungen.
5. Kompetenzen sind Handlungsrechte, die einer Stelle von der Geschäftsleitung formell zugeordnet worden sind. Hauptarten: Verfügungs-, Entscheidungs-, Mitsprache-, Anordnungs- und Vertretungskompetenz.
6. Die Leitungsspanne ist nichts weiter als eine Zahl, welche einen Zustand in der Organisation beschreibt. Sie ist immer nur «Symptom», nicht aber Ursache eines organisatorischen Problems. Wenn die sechs definierten Instrumente richtig eingesetzt werden, «stimmt» auch die Leitungsspanne.
7. Gliederung nach: Funktionen (Funktionsbereiche), Sparten (Geschäftsbereiche), Regionen.
8. Zentrale Dienststellen sind Leitungshilfsstellen (oder ganze Abteilungen) mit gewissen, genau definierten funktionalen Kompetenzen. Sie stehen damit zwischen reinen Stabstellen und Leitungsinstanzen.
9. a) Projektkoordination durch eine Stabstelle
   b) Projektorganisation mit voller Linienkompetenz (Task force)
   c) Matrix-Organisation = mehrdimensionale Organisation, in der die entsprechenden Dimensionsleiter grundsätzlich gleichberechtigt sind.
10. «Jede Entscheidung soll von der untersten Stelle gefällt werden, die noch über den dazu nötigen Überblick verfügt.» – Wo diese Stelle in der Hierarchie liegt, hängt von den situativen Bedingungen und der zu lösenden Aufgabe ab.
11. Linienorganisation: Prinzip der Einheit der Auftragserteilung.
    Funktionale Organisation: Prinzip der Spezialisierung (der Leitung).

12. Unter «Job Enrichment» versteht man eine Verringerung der Arbeitszerlegung, indem dem einzelnen Mitarbeiter eine ganzheitliche Aufgabe statt bloss einige Arbeitselemente (z. B. Handgriffe) übertragen werden, so dass sie ihm die Möglichkeit einer gewissen Persönlichkeitsentfaltung, individuellen Gestaltung und Selbstverantwortung bietet.
13. a) Konservendosenfabrik: relativ stabile, routinehafte Aufgabe; leicht durchschaubarer, nur beschränkt dynamischer Markt, tendenziell mechanistisches System.

    b) Unterhaltungselektronik-Firma: rasch wechselnde, forschungsintensive Aufgabe, Problemlösungsaufgaben wichtig; dynamischer Markt, tendenziell organismisches System.

    Diese Tendenzen scheinen nur für den Leitungsbereich sinnvoll, während etwa für die Fertigung die gemachten Angaben für entsprechende Aussagen nicht genügen (auch in der Herstellung der elektronischen Apparate kann eine Routinetechnologie angewendet werden).
14. Unter OE verstehen wir ein ganzheitliches Konzept zur gleichzeitigen Entwicklung der Organisationskultur und -Struktur auf der Basis dialogischer Konsensfindung zwischen dem Management und den betroffenen Mitarbeitern. – Im Konzept der Prozessberatung moderiert ein unabhängiger, gruppendynamisch geschulter «Change Agent» den OE-Prozess.
15. «Resistance to Change» = der psychologische Widerstand von organisatorischen Änderungen Betroffenen, beruhend auf dem menschlichen Grundbedürfnis nach Umweltstabilität (Sicherheit) oder/und auf der Angst vor persönlicher Schlechterstellung.
16. Das Funktionsdiagramm ist *aufgabenorientiert:* es zeigt das Zusammenspiel (vor allem Kompetenzaufteilung) verschiedener Stellen in einem bestimmten Aufgabenbereich.

    Die Stellenbeschreibung ist *stellenorientiert:* sie informiert den Stelleninhaber und andere interessierte Stellen über alle wesentlichen Merkmale einer Stelle.

Antworten zu den Kontrollfragen IV/3

1. Führung ist einerseits ein individuelles Verhaltensproblem des einzelnen Vorgesetzten, das er *innerhalb* der organisatorischen Rahmenbedingungen zu lösen hat; andererseits ist Führung auch *Gegenstand* des Organisierens, indem sie durch Führungsrichtlinien grundsätzlich geregelt wird.
2. Es stehen ihm drei Einflussquellen zur Verfügung, die er meistens kombiniert einsetzen wird:
   - seine Positionsautorität
   - seine Fachautorität
   - seine Persönlichkeitsautorität
3. Der echte Führer hat sich durch fachliche und persönliche Autorität das Vertrauen und die Bereitschaft zur Mitarbeit in seiner Gruppe erworben, weil sich seine Mitarbeiter von der Zusammenarbeit auch eine Befriedigung persönlicher Bedürfnisse versprechen (d. h. Aufgabenziele und Mit-

arbeiterziele sind in Harmonie gebracht). Dem blossen Vorgesetzten wird hingegen keine solche Bereitschaft zur Mitarbeit entgegengebracht; er stützt sich nur auf seine Positionsautorität, um seine Beeinflussungsversuche durchzusetzen, und verzichtet auf die Zielintegration von Aufgaben- und Mitarbeiterzielen.

4. Autonome Arbeitsgruppe = vorgesetztenlose Gruppe, welche
   - sich einen internen Führer wählt (der situativ wechseln kann)
   - nach aussen gemeinsam verantwortlich ist (Gruppenkompetenzen)
   - durch organisatorische Regelungen in das Gesamtsystem integriert ist (Rahmenbedingungen, Planungs- und Kontrollsystem).
5. Nein! Ein bestimmter Führungsstil kann *erstens* auf die einzelnen *Führungsziele* in gegensätzlicher Richtung wirken (z.B. die Zufriedenheit der Mitarbeiter steigern, jedoch die Produktivität bei den Ausführungsarbeiten senken); bei der Beurteilung, ob ein bestimmter Führungsstil «gut» oder «schlecht» ist, müssen deshalb immer die Führungsziele einzeln betrachtet werden, und es muss eine Gewichtung zwischen diesen einzelnen Zielen angegeben werden. Es lässt sich jedoch *zweitens* auch kein Führungsstil festlegen, der in bezug auf ein bestimmtes Führungsziel der beste ist, denn: die Auswirkungen eines Führungsstils auf die einzelnen Führungsziele hängen ab von situativen Bedingungen, die sich charakterisieren lassen durch:
   - die Person des Vorgesetzten
   - die zu führenden Untergebenen (als Individuen und als Gruppe)
   - die zu erfüllende Aufgabe
   - die organisatorische Umwelt.
6. Eindeutig der Fall ist dies, wenn (a) die Mitarbeiter eine hohe Partizipationserwartung haben (starke Selbstentfaltungsbedürfnisse), (b) die Fähigkeiten der Mitarbeiter den Anforderungen der Aufgabe entsprechen, (c) eine Problemlösungsaufgabe von normativem oder analytischem Charakter vorliegt, (d) der Zeitdruck gering ist und (e) die Gruppe genügend homogen ist in bezug auf den Ausbildungsstand, dass sie gegenüber dem Individuum einen Leistungsvorteil besitzt.
7. Als wichtigste Leistungsvorteile der Gruppenarbeit – die allerdings nur bei dafür geeigneten Aufgaben und Gruppen wirksam werden – können gelten:
   - die Nutzung aller in der Gruppe vorhandenen Informationen, Fähigkeiten und Erfahrungen
   - der Irrtumsausgleich
   - die gegenseitige Anregung und Kreativitätsförderung
   - die gegenseitige fachliche und soziale Unterstützung (Motivation)
   - die gegenseitige Konkurrenz (Ehrgeiz)
   - die Chance der argumentativen, rationalen Konsensfindung
   - die Identifikation mit den Gruppenentscheidungen (aufgrund der eigenen Mitwirkung).
8. McGregor hat mit seiner Theorie X und Y – in sehr pointierter Form – eine Antwort auf diese Frage gegeben.[1]

[1] McGregor, Douglas: The Human Side of Enterprise, New York 1960.

- *Theorie X: Menschenbild, das zur Empfehlung eines autoritativen Führungsstils führt:*
  1. «Der Durchschnittsmensch hat ein angeborenes Missvergnügen an der Arbeit und vermeidet sie, soweit er kann.
  2. Deshalb müssen die meisten Leute unter Druck gesetzt, kontrolliert, dirigiert und mit Strafen bedroht werden, damit sie sich für die Unternehmungsziele mit angemessener Anstrengung einsetzen.
  3. Der Durchschnittsmensch zieht es vor, gelenkt zu werden. Er neigt dazu, der Verantwortung auszuweichen. Er hat wenig Ehrgeiz und wünscht sich vor allem Sicherheit.»
- *Theorie Y: Menschenbild, das zur Empfehlung eines partizipativen Führungsstils führt:*
  1. «Sich physisch und geistig zu verausgaben, ist so natürlich wie der ständige Wechsel zwischen Spiel und Ruhe. Der Durchschnittsmensch lehnt weder von Natur aus die Arbeit ab. Unter kontrollierbaren Bedingungen erlebt er sie entweder als eine Quelle der Zufriedenheit (und erledigt sie gern), oder er empfindet sie als Strafe (und vermeidet sie, wenn er kann).
  2. Kontrolle durch andere und Angst vor Strafe sind nicht die einzigen Mittel, um eine Leistung zu bewirken. Der Mensch ist leistungswillig und bereit, Selbstkontrolle auszuüben bei der Verwirklichung von Zielen, mit denen er sich identifiziert.
  3. Der persönliche Einsatz für ein Ziel richtet sich nach der Belohnung, die man davon erwartet. Die bedeutendsten Belohnungen, zum Beispiel Freude an der eigenen Leistung, Entfaltung der eigenen Persönlichkeit, können die direkte Folge des persönlichen Einsatzes für Unternehmungsziele sein.
  4. Menschen lernen unter geeigneten Bedingungen nicht nur, Verantwortung zu übernehmen, sondern auch nach Verantwortung zu suchen. Scheu vor der Verantwortung, mangelnder Ehrgeiz und Sicherheitsstreben sind im allgemeinen eine Folge von Erfahrungen, nicht dagegen angeborene menschliche Eigenschaften.
  5. Die Fähigkeit ein hohes Mass an Vorstellungskraft, Einfallsreichtum und Gestaltungsfähigkeit zu entfalten, ist unter Menschen weit verbreitet.
  6. In unserer modernen industrialisierten Welt werden die intellektuellen Fähigkeiten des Menschen nur teilweise genutzt.»
9. Einfühlungsvermögen in die Situation (social sensitivity) und Fähigkeit zu adaptivem Verhalten (action flexibility) sind entscheidend. Leider kann man diese beiden Eigenschaften nicht aus dem Lehrbuch lernen.
10. Die Mitarbeiter haben im allgemeinen nicht das Bedürfnis nach absoluter Stabilität im Führungsstil des Chefs, sondern sie wünschen eine «Konstanz der Variabilität», d.h. eine in gleichartigen Situationen jeweils gleichartige Verhaltensweise des Führenden, damit sie eine gewisse Erwartungssicherheit erwerben können.
11. Management by Objectives beruht auf folgenden Prinzipien:
    - Ausrichtung aller Aktivitäten auf Periodenziele
    - fortgesetzte Auflösung der obersten Ziele in Unterziele bis hinab zum ausführenden Sachbearbeiter

- partizipative Festlegung der direkten Ziele jedes Mitarbeiters, um ihm die Identifikation mit «seinen» Zielen zu ermöglichen.
- Zielerreichungskontrolle als Grundlage für die regelmässige Mitarbeiterbeurteilung sowie für die Festsetzung der nächsten Periodenziele.

Antworten zu den Kontrollfragen V

1. Vor allem aus zwei Gründen:
   a) «Eigenschafts-Ansatz»: Management-Fähigkeiten galten als nicht lernbare Eigenschaften der Persönlichkeit
   b) Keine Professionalisierung: eine eigentliche Berufsausbildung war und ist im Bereich des Management kaum institutionalisiert.
2. Die grundlegende Problemstellung lautet kurz gesagt: Wie kann man eine systematische Nachwuchsförderung im Bereich des Kaders betreiben?
3. Sie bezieht sich auf sämtliche leistungsrelevanten Management-Fähigkeiten:
   - Wissensvermittlung
   - Denkschulung (intellektuelle Fähigkeiten)
   - Motivation, Einstellungen
   - soziales Verhalten, insbesondere Führungsfunktion.
4. Aufbauend auf verschiedenen Grundsätzen, so vor allem dem Grundsatz, dass MD primär Aufgabe der einzelnen Vorgesetzten ist, sowie dem Grundsatz, dass MD einer unterstützenden Planung bedarf, wurden folgende Phasen oder Aufgaben des MD unterschieden:
   1. Ist-Analyse (Qualifikation)
   2. Kaderbedarfsplanung
   3. Bedarfsdeckungsplanung (v. a. Entwicklungsplanung)
   4. Individuelle Laufbahnplanung
   5. Durchführungsplanung und Realisierung
   6. Erfolgskontrolle.
5. a) Zwecke im Rahmen des MD:
   - vorhandenes Potential an Leitungskräften feststellen
   - verfügbares, aber nicht verwertetes Potential feststellen
   - entwicklungsfähiges Potential feststellen
   - Entwicklungsbedürfnisse durch Selbsterkenntnis des Mitarbeiters wecken
   - Information und Erfolgskontrolle für die Förderungstätigkeit des einzelnen Vorgesetzten.
   b) Weitere Zwecke
   - Instrument der Lohnpolitik: dient der Bestimmung des Leistungsanteils am Lohn
   - Instrument im Rahmen des «Management by Objectives» für die Festlegung der Ziele und die Erfolgskontrolle (nur brauchbar, wenn Standards of Performance und Leistungsziele gemeinsam mit dem Mitarbeiter fixiert werden).

6. Wenn von «Kaderplanung» gesprochen wird, so fallen im hier verwendeten Konzept folgende Aufgaben darunter:
   a) Kaderbedarfsplanung
   b) Bedarfsdeckungsplanung
      ba) Entwicklungsplanung
      bb) Kaderbeschaffungsplanung
7. Ausbildungsmassnahmen können klassifiziert werden
   – nach der Lernsituation oder der grundsätzlichen Lernmethode in on-the-job-Ausbildung und off-the-job-Ausbildung,
   – nach der Zahl der Teilnehmer in individuelle und kollektive Ausbildung,
   – nach dem Träger (Organisator) in interne, externe und kollektive Ausbildung.
8. Die Wahl von Ausbildungsmassnahmen ist abhängig von
   – den Ausbildungsbedürfnissen,
   – betriebswirtschaftlichen Restriktionen (internen und externen Ressourcen),
   – lernpsychologischen Bedingungen, die sich ergeben aus
      – individuellen Voraussetzungen der Teilnehmer,
      – Bedingungen der Lernsituation,
      – Bedingungen des Lerntransfers.
9. Erfolgskontrolle in der Ausbildung bedeutet Sicherstellung, dass die Lern- und Entwicklungsziele erreicht werden. Sie muss umfassen:
   – eine Kontrolle der Durchführung,
   – eine Kontrolle des Lernerfolges sowie
   – die Kontrolle der Anwendung des Gelernten (Lerntransfer).

Literaturverzeichnis

Acker, H./Weiskam, J.: Organisationsanalyse, 9. Aufl., Baden-Baden 1978
Amin, S.: Wachstum ist nicht Entwicklung, Umwelt-Journal, Oktober 1973, Altstätten SG
Ansoff, H.I.: Management-Strategie, München 1966
Ansoff, H.I.: Corporate Strategy, Harmondsworth 1968
Ansoff, H.I. (ed.): Business Strategy, (Penguin Readings) Harmondsworth 1969
Ansoff, H.I.: Managing Strategic Surprise by Response to Weak Signals, California Management Review, Winter 1975, Vol. XVIII, No. 2
Ansoff, H.I.: Strategic Management, London 1979.
Ansoff, H.I./Declerck, R.P./Hayes, R.L. (eds.): From Strategic Planning to Strategic Management, London/New York 1976
Argyris, Ch.: Understanding Organizational Behaviour, London 1963
Arpagaus, E.: Mitarbeiterqualifikation im Bürobetrieb, Betriebswirtschaftliche Mitteilungen Nr. 47, Bern 1970
Bär, J.: Interne Revision – Grundlagen und Entwicklungen unter besonderer Berücksichtigung der schweizerischen Verhältnisse, Zürich 1979
Bales, R.F./Slater, P.E.: Role Differentiation in Small Decisionmaking Groups, in: Parsons, Th./Bales, R.F. (eds.): Family, Socialization and Interaction Process, New York 1955
Baur, L.A.: Leistungsmassstäbe als Hilfsmittel der Mitarbeiterführung, Bern 1973
Beckhard, R.: Organization Development: Strategies and Models, Reading, Mass. 1969 (dt. Übers.: Organisationsentwicklung – Strategien und Modelle, Baden-Baden 1972)
Bennis, W.G./Benne, K.D./Chin, R. (eds.): The Planning of Change, 2. Aufl., New York 1969
Berle, A.A./Means, G.C.: The Modern Corporation and Private Property, New York 1932
Bittel, L.R.: Management by Exception, New York 1964
Blake, R.R./Mouton, J.S.: Verhaltenspsychologie im Betrieb, Düsseldorf/ Wien 1969
Blau, P.M./Scott, W.R.: Formal Organizations: A Comparative Approach, London 1963
Bleicher, K. (Hrsg.): Organisation als System, Wiesbaden 1972
Bosetzky, H./Heinrich, P.: Mensch und Organisation. Aspekte bürokratischer Sozialisation. Eine praxisorientierte Einführung in die Soziologie und die Sozialpsychologie der Verwaltung, Köln 1980
Boulding, K.E.: The Economics of the Coming Spaceship Earth, in: Jarrett, H. (ed.): Environmental Quality in a Growing Economy, Baltimore/London 1966
Bower, M.: Die Kunst zu Führen, Düsseldorf 1967

Brandenburger, J.: Methoden und Hilfsmittel des Projekt-Managements, Industrielle Organisation Nr. 9/1971

Brauchlin, E.: Brevier der betriebswirtschaftlichen Entscheidungslehre, Bern/Stuttgart 1977

Brightford, E.G.: Warum Management by Objectives?, Industrielle Organisation 40 (1971), S. 503 – 507

Burnham, J.: The Managerial Revolution, New York 1941

Burns, T./Stalker, G.M.: The Management of Innovation, London 1961

Chamberlain, N.W.: The Limits of Corporate Responsibility, New York 1973

Churchman, C.W.: Challenge to Reason, New York 1968 (dt. Übers.: Philosophie des Managements. Ethik von Gesamtsystemen und gesellschaftlicher Planung, Bern/Stuttgart 1981)

Churchman, C.W.: Einführung in die Systemanalyse, München 1971

Churchman, C.W.: Der Systemansatz und seine «Feinde», Bern/Stuttgart 1981

Crozier, M.: The Bureaucratic Phenomenon, Chicago 1964

Cyert, R.M./March, J.G.: A Behavioral Theory of the Firm, Englewood Cliffs 1963

Daenzer, W.F.: Systems Engineering, V-Leitfaden zur methodischen Durchführung umfangreicher Planungsvorhaben, Zürich 1982

Davis, K./Blomstrom, R.L.: Business, Society and Environment: Social Power and Social Response, 2nd ed., New York 1971

Davis, T.C.: How the Du Pont Organization Appraises Its Performance, in: Koontz, H./O'Donnell, C.: Management: A Book of Readings, a.a.O.

Deal, T.E./Kennedy, A.A.: Corporate Cultures. The Rites and Rituals of Corporate Life, Reading, Mass. 1982

DeBono, E.: Das spielerische Denken, Bern/München 1967

Delhees, K.H.: Motivation, Leistung und Zufriedenheit am Arbeitsplatz, Fachblatt für Unternehmungsführung 6 (1973), Nr. 3/4, Basel

Deyhle, A.: Controller-Handbuch, München 1974

Dierkes, M.: Die Sozialbilanz – Ein gesellschaftsbezogenes Informations- und Rechnungssystem, Frankfurt a.M. 1974

Doyle, W.J.: Effects of Achieved Status of Leader on Productivity of Groups, Administration Science Quarterly 16 (1971), S. 40 ff.

Dreyfack, R./Seibel, J.J.: Zero-Base-Budgeting, München 1978

Drucker, P.F.: Managing for Results, London 1964

Drucker, P.: Die Praxis des Managements, Düsseldorf 1965 (Knaur Taschenbuch, München/Zürich 1970)

Dunst, K.H.: Portfolio Management – Konzeption für die strategische Unternehmensplanung, Berlin/New York 1979, 2. Aufl. 1982

Eells, R.: The Meaning of Modern Business: An Introduction to the Philosophy of Large Corporate Enterprise, New York 1960

Farmer, R.N.: Introduction to Business: Systems and Environment, New York 1972

Fassbender, S.: Wie lehrt und lernt man Management?, Frankfurt 1973

Feldman, J./Kanter, H.E.: Organizational Decision Making, in: March, J.G.: Handbook of Organizations, Chicago 1965

Filley, A.C./House, R.J./Kerr, S.: Managerial Process and Organizational Behavior, 2.Aufl., Glenview, Ill. 1976

Fischer-Winkelmann, W.F.: Gesellschaftsorientierte Unternehmensrechnung, München 1980

Fluri, E.: Massnahmenplanung in der Management-Ausbildung, Bern/Stuttgart 1977

Ford, R.: Job Enrichment Lessons from AT & T, Harvard Business Review 51 (1973), January-February

French, W.L./Bell, C.H., Jr.: Organisationsentwicklung, UTB 486, 2.Aufl., Bern/Stuttgart 1982 (deutsche Ausgabe von: Organization Development, Englewood Cliffs, N.J. 1973)

Friedmann, G.: Grenzen der Arbeitsteilung, Frankfurt 1959

Fulmer, R.M.: The New Management, New York/London 1974

Gäfgen, G.: Theorie der wirtschaftlichen Entscheidung, 3.Aufl., Tübingen 1974

Gälweiler, A.: Grundlagen der Divisionalisierung, Zeitschrift für Organisation 40 (1971), S. 55 – 66

Gälweiler, A.: Unternehmungsplanung – Grundlagen und Praxis, Frankfurt 1974

Gebert, D.: Organisationsentwicklung: Probleme des geplanten organisatorischen Wandels, Stuttgart 1974

Gibb, C.A. (ed.): Leadership, Harmondsworth 1969

Glasl, F./de la Houssay, L.: Organisationsentwicklung. Das Modell des Niederländischen Instituts für Organisationsentwicklung (NPI) und seine Bewährung, Bern/Stuttgart 1975

Gmür, U./Sidler, F.: Führung und Beurteilung höherer Führungskräfte, Betriebswirtschaftliche Mitteilungen Nr. 66, Bern/Stuttgart 1977

Gomez, P.: Frühwarnung in der Unternehmung, Bern 1983

Gottschalch, W./Neumann-Schönwetter, M./Soukup, G.: Sozialisationsforschung, (Fischer Taschenbuch) Frankfurt 1971

Gouldner, A.W.: About the Function of Bureaucratic Rules, in: Litterer, J.A. (ed.): Organizations: Structure and Behaviour, New York 1963

Gyllenhammar, P.G.: People at Work, Reading Mass. 1977

Habermas, J.: Technik und Wissenschaft als ‹Ideologie›, Frankfurt 1968

Habermas, J.: Theorie des kommunikativen Handelns, 2 Bde., Frankfurt 1981

Hahn, D./Taylor, B. (Hrsg.): Strategische Unternehmungsplanung, 2. erw. Aufl., Würzburg/Wien/Zürich 1983

Hahn, D.: Zweck und Standort des Portfolio-Konzeptes in der strategischen Unternehmungsplanung, in: Hahn, D./Taylor, B. (1983), S. 144 ff.

Hahn, D./Klausmann, W.: Frühwarnsysteme und strategische Unternehmungsplanung, in: Hahn, D./Taylor, B. (1983), S. 250 ff.

Hall, R.H.: Organizations: Structure and Process, 2. Aufl., Englewood Cliffs, N.J. 1977

Hedley, B.: A Fundamental Approach to Strategy Development, in: Hahn, D./Taylor, B. (1983), S. 177 ff.

Henderson, B.D.: Die Erfahrungskurve in der Unternehmensstrategie, Frankfurt/New York 1974

Hentze, J.: Personalwirtschaftslehre, UTB 649/650, 2. Aufl., Bern/Stuttgart 1981
Herzberg, F.: One More Time: How Do You Motivate Employees? Harvard Business Review 46 (1968), January-February
Heuer, G.: Einführung in das Projekt-Management, Industrielle Organisation 40 (1971), Nr. 9
Hill, W.: Beitrag zu einer modernen Konzeption der Unternehmungsleitung, Die Unternehmung 22 (1968), Nr. 4
Hill, W.: Förderung von Führungskräften in der Unternehmung, Betriebswirtschaftliche Mitteilungen Nr. 43, Bern 1968
Hill, W.: Unternehmungsplanung, 2. Aufl., Stuttgart 1971
Hill, W. (unter Mitarbeit von E. Fluri): Einführung in die Methoden der Unternehmungsleitung, unveröffentlichtes Skriptum, Basel 1972
Hill, W./Fehlbaum, R./Ulrich, P.: Konzeption einer modernen Organisationslehre, Zeitschrift für Organisation 43 (1974), Heft 1, S. 4 – 16
Hill, W./Fehlbaum, R./Ulrich, P.: Organisationslehre: Ziele, Instrumente und Bedingungen der Organisation sozialer Systeme, UTB 259/365, 3. Aufl., Bern/Stuttgart 1981 (1974)
Hinterhuber, H. H.: Strategische Unternehmungsführung, 2. Aufl., Berlin 1980
Hoepfner, F. G.: Die Anpassung des Führungsverhaltens an die Realität – Ein konstruktiver Ansatz, WiSt (Wirtschaftswissenschaftliches Studium) 3 (1974), Heft 3
Hoffmann, F.: Merkmale der Führungsorganisation amerikanischer Unternehmen, 1. Teil, Zeitschrift für Organisation 41 (1972), S. 3 ff.
Hofmann, R.: Interne Revision, Opladen 1972
Hofstätter, P. R.: Gruppendynamik, (Rowohlt Taschenbuch) Reinbek 1957
Hub, H./Fischer, W.: Techniken der Aufbauorganisation, Stuttgart 1977
Huber, J./Kosta, J. (Hrsg.): Wirtschaftsdemokratie in der Diskussion, Köln/Frankfurt 1978
Jantsch, E.: Unternehmung und Umweltsysteme, in: Hentsch, B./Malik, F. (Hrsg.): Systemorientiertes Management, Bern 1973
Jerome, W. T.: Management-Kontrolle, Stuttgart 1972
Jeserich, W.: Mitarbeiter auswählen und fördern – Assessment-Center-Verfahren, München 1981
Kapp, K. W.: Volkswirtschaftliche Kosten der Privatwirtschaft, Tübingen/Zürich 1958
Kappler, E.: Zur praktischen Berücksichtigung pluralistischer Interessen in betriebswirtschaftlichen Entscheidungsprozessen – Anmerkungen zu einem Investitionskalkül von Sieben und Goetzke, Betriebswirtschaftliche Forschung und Praxis 29 (1977), S. 70 – 82
Kast, F. E./Rosenzweig, J. E.: Organization and Management: A Systems and Contingency Approach, 3. Aufl., New York 1979
Kast, F. W./Rosenzweig, J. E. (eds.): Contingency Views of Organization and Management, Chicago 1973
Kavanagh, M. J.: Leadership Behaviour as a Function of Subordinate Competence and Task Complexity, Administrative Science Quarterly 17 (1972), S. 591 ff.

Khandwalla, P. N.: The Design of Organizations, New York 1977

Kieser, A./Kubicek, H.: Organisation, 2. Aufl., Berlin 1983

Kirsch, W.: Entscheidungsprozesse, Bd. I–III, Wiesbaden 1970/71

Koontz, H./O'Donnell, C.: Management: A Book of Readings, 2nd ed., New York 1968

Koontz, H./O'Donnell, C.: Management: A systems and contingency analysis of managerial functions, 6. Aufl. von «Principles of Management» (1. Aufl. 1955), New York 1976

Korndörfer, W./Peez, L.: Einführung in das Prüfungs- und Revisionswesen, Wiesbaden 1981

Kotler, Ph.: Marketing-Management, Stuttgart 1974

Kreikebaum, H.: Strategische Unternehmungsplanung, Stuttgart 1981

Kubicek, H.: Informationstechnologie und organisatorische Regelungen, Berlin 1975

Kunczik, M. (Hrsg.): Führung: Theorien und Ergebnisse, Düsseldorf 1972

Lange, B.: Portfolio-Methoden in der strategischen Unternehmensplanung, Hannover 1981

Lattmann, Ch.: Das norwegische Modell der selbstgesteuerten Arbeitsgruppe, Betriebswirtschaftliche Mitteilungen Nr. 56, Bern 1972

Lattmann, Ch.: Die Ausbildung des Mitarbeiters als Aufgabe der Unternehmung, Bern/Stuttgart 1974

Lattmann, Ch.: Leistungsbeurteilung als Führungsmittel, Bern/Stuttgart 1975

Lattmann, Ch.: Führung durch Zielsetzung, Bern/Stuttgart 1977

Lattmann, Ch.: Die verhaltenswissenschaftlichen Grundlagen der Führung des Mitarbeiters, Bern/Stuttgart 1981

Lauterburg, Ch.: Vor dem Ende der Hierarchie – Modelle für eine bessere Arbeitswelt, Düsseldorf 1979

Lawrence, P. R./Lorsch, J. W.: Organization and Environment, Boston 1967

Leavitt, H. J.: Managerial Psychology, 3. Aufl., Chicago/London 1972 (dt. Übers.: Grundlagen der Führungspsychologie, 2. Aufl., München 1979)

Leupold, J.: Laufbahn-Planung, Die Unternehmung 27 (1973), Nr. 1

Lewin, K.: Frontiers in Group Dynamics, in: Human Relations 1 (1947), S. 5 ff.

Lindblom, C. E.: The Science of «Muddling Through», in: Ansoff, H. J.: Business Strategy, a. a. O.

Lindley, D.: Einführung in die Entscheidungstheorie, Frankfurt/New York 1974

Luthans, F.: Introduction to Management. A Contingency Approach, New York 1976

March, J. G./Simon, H. A.: Organizations, New York 1958 (6. Aufl. 1965)

Markowitz, H.: Portfolio Selection, in: Archer, S. H./D'Ambrosio, C. A.: The Theory of Business Finance, New York/London 1967

Maslow, A.: Motivation and Personality, New York 1954

Massie, J.: Essentials of Management, 2nd ed., Englewood Cliffs, N. J. 1971

Mauthe, K. D./Roventa, P.: Versionen der Portfolio-Analyse auf dem Prüfstand, in: Zeitschrift Führung + Organisation, Nr. 4/1982

Mayntz, R.: Soziologie der Organisation, (Rowohlt Taschenbuch) Reinbek 1963 (1972)
McGregor, D.: The Human Side of Enterprise, New York 1960
McGregor, D.: The Professional Manager, New York 1967
Meadows, D., u. a.: Die Grenzen des Wachstums, Stuttgart 1972
Miner, J. B.: The Management Process, New York 1973
Mintzberg, H.: The Nature of Managerial Work, New York 1973
Mintzberg, H.: The Structuring of Organizations, Englewood Cliffs, N. J. 1979
Monsen, R. J.: Business and the Changing Environment, New York 1973
Moses, J. L./Byham, W. C. (eds.): Applying the Assessment Center Method, New York 1977
Müller, W.: Kaderentwicklung und Kaderplanung, Bern 1971
Müller, W. R./Hill, W.: Die situative Führung, Die Betriebswirtschaft 37 (1977), Nr. 3, S. 353 – 378
Müller, W. R.: Führung und Identität, Bern/Stuttgart 1981
Müller-Merbach, H.: Operations Research – Fibel für Manager, 2. Aufl., München 1971
Nell-Breuning, O. von: Mitbestimmung, Frankfurt 1968
Neubauer, F. F.: Das PIMS-Programm und Portfolio-Management, in: Hahn, D./Taylor, B. (1983), S. 165 ff.
Neuberger, O.: Führungsverhalten und Führungserfolg, Berlin 1976
Nowotny, O. H.: American versus European Management Philosophy, Harvard Business Review, March-April 1964
Odiorne, G. S.: Management by Objectives, Führungssysteme, 2. Aufl., München 1980
Ott, C.: Recht und Realität der Unternehmenskorporation, Tübingen 1977
Ouchi, W.: Theory Z. How American Business can meet the Japanese Challenge, Reading, Mass. 1981
Pascale, R. T./Athos, A. G.: Geheimnis und Kunst des japanischen Managements, München 1982
Paulson, R. D.: Making it happen: The real strategic challenge, in: Management Review, February 1982
Peters, Th./Waterman, R. H., Jr.: In Search of Excellence. Lessons from America's Best-Run Companies, New York 1982
Pfeffer, J./Salancik, G.: The External Control of Organizations. A Resource Dependence Perspective, New York 1978
Pfeiffer, W./Amler, R./Schäffner, G. J./Schneider, W.: Technologie Portfolio – Methode des strategischen Innovationsmanagements, in: Zeitschrift Führung + Organisation, Nr. 5 – 6/1983
Pugh, D. S. (ed.): Organization Theory, Harmondsworth 1971
Pümpin, C.: Strategische Führung in der Unternehmungspraxis, in: Die Orientierung, Bern 1980
Pümpin, C.: Management strategischer Erfolgspositionen, Bern/Stuttgart 1982
Rosenstiel, L. v.: Grundlagen der Organisationspsychologie, Stuttgart 1980
Rühli, E.: Unternehmungsführung und Unternehmungspolitik, Bd. I, UTB 260, Bern/Stuttgart 1973

Schein, E.: Process Consultation: Its Role in Organization Development, Reading Mass. 1969

Schein, E.: Career Dynamics. Matching Individuals and Organizational Needs, Reading Mass. 1978

Schmidt, G.: Organisation: Methode und Technik, 4. Aufl., Giessen 1981

Schreyögg, G.: Umwelt, Technologie und Organisationsstruktur. Eine Analyse des kontingenztheoretischen Ansatzes, Bern/Stuttgart 1978

Schwarze, J.: Netzplantechnik. Eine Einführung für Kaufleute, Techniker und Studierende, 4. Aufl., Herne/Berlin 1979

Segesser, W.: Leistungsstandards für Führungskräfte, Betriebswirtschaftliche Mitteilungen Nr. 36, Bern 1966

Senghaas, D. (Hrsg.): Peripherer Kapitalismus: Analysen über Abhängigkeit und Unterentwicklung, Frankfurt 1973

Smalter, D.J./Ruggles, R.L., Jr.: Six Business Lessons from the Pentagon, Harvard Business Review 1966, abgedruckt in: Ansoff, H.I. (ed.): Business Strategy, Harmondsworth 1969

Staehle, W.H.: Management. Eine verhaltenswissenschaftliche Einführung, München 1980

Steiner, G.A.: Top Management Planning, London 1969, deutsche Übersetzung: Top Management Planung, München 1971

Steiner, G.A.: Business and Society, New York 1971

Steinmann, H.: Zur Lehre von der «Gesellschaftlichen Verantwortung der Unternehmensführung», WiSt – Wirtschaftswissenschaftliches Studium, Heft 10, Oktober 1973, S. 467–473

Stiefel, R.Th.: Management-Bildung auf dem Prüfstand, Köln 1980

Stone, Ch.D.: Where the Law Ends. The Social Control of Corporate Behavior, New York 1975

Stogdill, R.M.: Handbook of Leadership: A Survey of Theory and Research, New York/London 1974

Sweezy, P.M.: Die Zukunft des Kapitalismus, Frankfurt 1970

Tannenbaum, R./Weschler, L.R./Massarik, F.: Leadership and Organization: A Behavioral Science Approach, New York 1961

Töpfer, A.: Planungs- und Kontrollsysteme industrieller Unternehmungen, Berlin 1976

Töpfer, A./Afheldt, H. (Hrsg.): Praxis der strategischen Unternehmungsplanung, Frankfurt 1982

Torgersen, P.E./Weinstock, J.T.: Management – An integrated approach, Englewood Cliffs, N.J. 1972

Ulrich, H.: Die Unternehmung als produktives soziales System, 2. Aufl., Bern 1970 (1968)

Ulrich, H.: Stichwort ‹Delegation› in: Grochla, E. (Hrsg.): Handwörterbuch der Organisation, Stuttgart 1969

Ulrich, H.: Unternehmungspolitik, Bern/Stuttgart 1978

Ulrich, H. (Hrsg.): Management-Philosophie für die Zukunft, Bern/Stuttgart 1981

Ulrich, P.: Gibt es einen besten Führungsstil? Zum Stand der Führungsstil-Diskussion, Fachblatt für Unternehmungsführung 6 (1973), Nr. 2, Basel

Ulrich, P.: Ein verhaltenswissenschaftlicher Ansatz zur Theorie der Prozess-Organisation, Die Unternehmung 28 (1974), Nr. 2

Ulrich, P.: Die Grossunternehmung als quasi-öffentliche Institution: Eine politische Theorie der Unternehmung, Stuttgart 1977

Ulrich, P.: Plädoyer für unternehmungspolitische Vernunft. Was hat Unternehmungspolitik mit Politik zu tun?, Management-Zeitschrift io 49 (1980), S. 32 – 38

Ulrich, P.: Wirtschaftsethik und Unternehmungsverfassung: Das Prinzip des unternehmungspolitischen Dialogs, in: Ulrich, H. (1981), S. 57 – 75

Ulrich, P.: Konsensus-Management: Die zweite Dimension rationaler Unternehmensführung, Betriebswirtschaftliche Forschung und Praxis 35 (1983), S. 70 – 84

Ulrich, P.: Konsensus-Management. Zur Ökonomie des Dialogs, gdi-impuls 1 (1983), Nr. 2, S. 33 – 41

Ulrich, P.: Transformation der ökonomischen Vernunft, erscheint 1984

Ulrich, W.: Kreativitätsförderung in der Unternehmung: Ansatzpunkte eines Gesamtkonzepts, Bern 1975

Vogel, K./Arn, E.: Die planerischen Voraussetzungen zur Einführung der neuen Arbeitsformen, Industrielle Organisation 43 (1974), S. 15 – 20

Vroom, V. H.: Work and Motivation, New York 1964

Vroom, V. H./Yetton, Ph.: Leadership and Decision-Making, Pittsburgh 1973

Wallraff, G.: Industriereportagen, (Rowohlt Taschenbuch) Reinbek 1970 (1973)

Watson, Th. J., Jr.: IBM – Ein Unternehmen und seine Grundsätze, 3. Aufl., München 1966

Welsch, L. A./Cyert, R. M. (eds.): Management Decision Making, (Penguin Readings) Harmondsworth 1970

Westerlund, G./Sjöstrand, S.: Organisationsmythen, Stuttgart 1981

Witte, E./Kallmann, A./Sachs, G.: Führungskräfte der Wirtschaft. Eine empirische Analyse ihrer Situation und ihrer Erwartungen, Stuttgart 1981

Woodward, J.: Industrial Organization: Theory and Practice, Fair Lawn, N. J. 1965

Wübbenhorst, K. L./Staudt, K.-U.: Organisationsentwicklung: Grundlagen, Ansätze und Kritik, Die Unternehmung 36 (1982), S. 279 – 298

Wunderer, R./Grunwald, W.: Führungslehre, 2 Bände, Berlin/New York 1980

Wysocki, K. von: Sozialbilanzen, Stuttgart 1981

Zander, E.: Taschenbuch für Führungstechnik, 6. Aufl., Heidelberg 1982

Zangemeister, Ch.: Systemtechnik – eine Methode zur zweckmässigen Gestaltung komplexer Systeme, in: Bleicher, K. (Hrsg.): Organisation als System, a. a. O.

Zünd, A.: Kontrolle und Revision in der multinationalen Unternehmung, Bern/Stuttgart 1973

Zünd, A.: Revisionslehre, Zürich 1982

Sachregister

Abhängigkeit, strukturelle 76
Abstimmungsmodalitäten 215
Abweichungsanalyse 125
«action flexibility» 210
Aktivitäten 147
Aktivitätsfolgen 151, 165
Akzeptanz 25, 199
Anhörungsrecht 149
Anordnung 149, 201
Anordnungs-
–~ kompetenz 149
–~ wege 150
Anpassungsfähigkeit (als organisatorisches Ziel) 142
Anrufung 150
Anspruchsgruppen 16, 66, 83
Anspruchsniveau 42, 81, 82
Antrag 150, 219
Arbeitsgruppen, (teil-)autonome 169, *202*, 205, 262
Arbeitszerlegung 167
Arbeitszufriedenheit 143, 207, 208
Arbeitszyklus 168
Assessment Center 234
Auditing 132
– Financial ~ 132
– Internal ~ 132
– Management ~ 132
– Operational ~ 132
– Social ~ 128
Aufgaben 147
– analytische/synthetische 209, 211
– Anforderungen der ~ 206, 208
–~ charakter 36, 209
–~ gliederung 151
–~ gliederungsplan 189
–~ spezifische Einflüsse 26
–~ ziele 142, 197, 226
– ressourcen-/leistungsbezogene 152
– Routine ~/Problemlösungs~ 26
Ausbildung 21
– individuell/kollektiv 238
– intern/extern 238

– off-the-job/on-the-job 238
– Träger der ~ 238
Ausbildungs-
–~ bedürfnisse 238
–~ massnahmen 238
–~ planung 237
–~ ziele 238
Ausführung 37
Ausnahmefall (im MbE) 217
Autonomie 164
Autorität *24,* 139, 200
AVOR 153
Bedarfsdeckungsplanung (MD) 229
Bedürfnishierarchie, Maslow'sche 21
Beschwerde 219
Bezugsgruppen 60, 66
Boston Consulting Group 104, 105
Budgetierung 39, 114
bürokratischer Circulus vitiosus 167
Cash-Kühe 106
Change Agent *181,* 185
Constraints 41
Controlling 40, 96, 97, *130*
– Aufgaben 131
– Instrumente 131
– Organisation 132, 156
Data Feedback Methode 181
Datenverarbeitung (s. EDV)
Davoser Manifest 56
Delegation 148, *164*
– Grundsatz der ~ *165*
Dialog 58, *59,* 66, 180, 255
Dienststelle, zentrale 156
Dienstweg 155
Differenzierung 145
Dispositive Planung 96, *117*
– Aufgaben 117, 118
– Bereiche 117, 118, 119
– Ziele 118
Division 153
– divisionale Gliederung *151,* 167
«Dual leadership» 203
Dynamik 33

EDV (~ Applikationen) 27, 119, 121, 131, *166,* 193
Effizienz *142,* 168
Eigentum und Verfügungsmacht, Trennung von 37, 252
Eigentümer-Unternehmer 16, 37
Eigentümer-Unternehmung 16
Einflussfaktoren 19, 32
– personenspezifische 20
– aufgabenspezifische 26
– sozio-kulturelle Umwelt ~ 31
Einfühlungsvermögen 210
Einsatz-
–~ planung 230
–~ potential 234
Einstellungen 21, 226
«Eisberg, organisatorischer» 179
Elemente, formale 146
empirisch-analytisch 41
Entfremdung 168
Entprivatisierung, faktische (der Institution «Unternehmung») *17,* 18
Entscheidung 40, 42
– nicht-programmierbare 43, 98
– programmierbare 42
Entscheidungs-
–~ baum-Verfahren 212
–~ wege 150
–~ prozess *40,* 43
Entwicklungs-
–~ länder 74
–~ planung (MD) 229, *237*
–~ potential 234
–~ prognose 96
Erfahrungskurven-Konzept 104
Erfolgsbeteiligung 70
Erfolgskontrolle (s. auch Kontrolle) 188, 244
Erfolgspotentiale 39, 94, 105, *108*
Ermüdung 167
Ertragsverteilung 70
Erwartung 21
Erwartungssicherheit 211
Ethik 54, 55, 56, 209
– kommunikative *59,* 61, 254
– utilitaristische 59
«Ethos ganzer Systeme» 54

External Relations 60, 66, 84, 86, 255
Externe Effekte 17, 50, *53,* 60, 63, 128
Fachautorität 24, 139, 200
Fertigungstechnologie 27
Free Rider 58
Fluktuationsquote 169
Flussdiagramm 193
Förderung von Führungskräften (s. Management Development)
Formalisierung (von Verhaltenserwartungen) 139, 147
«Freezing» 187
Frühwarnsystem 100, *112*
Frustration *22,* 168
Führer 200
– gruppenintern gewählter 202
– im Unterschied zum blossen Vorgesetzten 261
Führung 36, 40, *139,* 197
Führungs-
–~ funktionen 198
–~ konzept 84, *213*
–~ problem 198
–~ richtlinien 140, 213, *215*
–~ stil 197, *200,* 204, 214
  – autoritativer *201,* 206
  – demokratischer (autonome Gruppe) 202
  – «laisser faire» 202, 205
  – partizipativer *201,* 206
  – situativer 210
  – zweidimensional 204
–~ techniken 214, *215*
–~ theorie, normative 212
–~ verhalten als Gegenstand der Qualifikation 233
Funktion (Begriff) 152, 155, 190
– der Unternehmung 16, 18, *79*
– Management als ~ 37
funktionale Gliederung 152
Funktionalorganisation 156
Funktionsbereiche 38, 147, *152*
Funktionsdiagramm 187, *190*
Funktionsfeld 244
Gap-Analyse 107
Gebildestruktur 145

General Management 5, *38,* 43, 252
Geschäftsbereich 38, 152
Gesellschaftsrecht 251
Gewinn 53, 56, 82, 98
Gewinnverantwortung (im Profit-Center-Konzept) 153, 162
Grösse der Unternehmung 31, 251
Gruppe 24
- teilautonome 169, *202,* 205, 262
- «Leistungsvorteil der Gruppe» *199,* 210, 262

Gruppen-
- ~ arbeit, Regelung von 214, *218*
- ~ druck 25
- ~ dynamik 24
- ~ dynamische Trainingsmethoden *180,* 211
- ~ kultur *25,* 40, 199
- ~ normen 25
- ~ orientierte Struktur 203
- ~ technologie 169
- ~ verantwortung 202

Humanisierung der Arbeit 169
Identifikation 183, 186, 199, 207
Informations-
- ~ basis 94
- ~ bedürfnisse 28
- ~ prozesse 166
- ~ technologie 27
- ~ verarbeitungsprozess 41, 146
- ~ wege 150

Infrastruktur 29
Instanz 150
Institution
- Management als ~ 36
- Unternehmung als ~ 16
- quasi-öffentliche 16, *17,* 53, 62, 65

Interessen 66
- ~ gruppen (s. Anspruchsgruppen)
- ~ vertretung 67, *219*

Internalisierung sozialer Kosten *63,* 73, 76
Investitionsintensität 103
Involvierung der Betroffenen 60, 63, 112, 183, 185
Irrtumsausgleich 199
Isolation, soziale 168

Job Enrichment *169*
Job Rotation *168*
Kader (s. Manager)
- ~ förderung, entwicklung (s. Management Development)
- ~ bedarfsplanung 229, *235*
- ~ beschaffungsplanung 237
- ~ budget 235

Kenntnisse und Fähigkeiten 21, 226
Kerngruppe *67,* 77, 139
kognitive Prozesse 22
Kollegialinstanz 163
Kollegien 163
Komitee 163
Kommunikative Ethik *59,* 61, 254
Kommunikations-
- ~ kultur 41, 65
- ~ prozess 146
- ~ situation, symmetrische/ asymmetrische 59, 60
- ~ struktur 25

Kompetenz 148
- ~ abstufung 141, 180
- ~ arten 148
- ~ kreuzung 148

Komplexität 33
Konflikt 23
- ~ bewältigung *144,* 181, 214, *219*

Kongruenz (der organisatorischen Bedingungen) 170
Konsensfindung *41,* 49, 58, 61, 65, 183, 199, 254, 261
konsensorientierte Unternehmungspolitik 39, *58,* 60, 183
Konsensus-Management 60, 183
«Konstanz der Variabilität» (des Führungsstils) 211
Konsumerismus 72
Kontrolle (s. auch Controlling) 40, 96, *124*
- Aufgaben 124
- Bereiche 126
- Prinzip 124
- Träger 129
- bei DUPONT 127
- der externen Effekte 128
- interne ~ 132
- strategische 112

Kontrollsystem 40, 126
Koordination 93, *145,* 217
Kunden 66, 71, 102
«Laisser faire» 202, 205
Laufbahnplanung 229, *242*
Leadership 36
Legitimation 24, 39
– der sozialen Verantwortung 57
– des Gewinnstrebens 54
– der Unternehmung 39, 62, 69
Leistungs-
–~ massstäbe 232
–~ potential 39, 94, 98, 208
–~ vorteil der Gruppe *199,* 210, 262
–~ ziele 232
Leitbild, unternehmungsphilosophisches 39, 49
Leitung (s. Unternehmungsleitung)
Leitungs-
–~ hilfsstelle 156
–~ konzept 39, 84
–~ kräfte (s. Manager)
–~ potential 229, 232, 233
–~ prozesse 146, 166
–~ spanne 151, 260
–~ stellen 150
  – Besetzung von ~ 212
Lern-
–~ bedingungen 240
–~ fähigkeit 240
–~ feld 244
–~ methoden 240
–~ motivation 240
–~ situation 238
–~ transfer 241
Lernbarkeit
–~ von Führungsstilen 211
–~ von Management 225
«Linie» 155
Linienorganisation 155
«Logik der formalen Organisation» 167
Logistik 119
Lösung
– befriedigende 42
Macht *23,* 67
–~ verteilung 69

Management 36
– allgemeines *36,* 38
–~ by Exception 125, *217*
–~ by Objectives 83, *216*
– functional 38
–~ funktionen *38,* 253
– general 5, *38,* 43, *252*
–~ -Lücke 225, 229
–~ philosophie 49, 67
– spezielles 38
– strategisches 97, 100, *111,* 259
Management Development 40, 184, *225*
– Aufgaben 229
– Problemstellung 225
– Ziele 226
– Grundsätze 227
– Instrumente 232
Manager 36
– «Chef-Eigenschaften» 225
– Functional, Product, Project, Regional Manager 157
Managerialism 37
Marketing 29, *71,* 79, 102
– aufgeklärtes 72, 255
– differenziertes/undifferenziertes 79
– konzentriertes 79
–~ politik 72
Marktanalyse 102
Märkte 28, 30, 79, 102
– konvergierende/divergierende 178
– räumliche Abgrenzung der ~ 79
Markterfolgspotential 39, 94, 98
Markt-Management-Konzept 163, *177*
Marktposition 39, 94, 103
Marktsegmentierung 79
Matrix-Organisation *156,* 159, 160
Menschenbild 49, 263
Mitarbeiterführung (s. Führung)
Mitarbeiterziele 143, 197, 227
Mitbestimmung 63, 69
Mitsprache 149
–~ kompetenz 149
–~ wege 150
Mitwirkung, repräsentative 219

Modul(programmierung) 165
Monotonie 167
Motiv 21
Motivation *21*, 143, 217
- Motivation als MD-Aufgabe 226
- Motivationsniveau 207
«Moving» 187
Multi-Funktionalität (des Management) 18, 69, 74
Multinationale Konzerne 74, 76
Nachfolgeplanung 236
Nachwuchserfassung 235
Nachwuchsprodukt 106
Netzplan 187, *194*
Normalfall (im MbE) 217
normatives Problem *41*, 55, 58, 61
Normen 25, 112, 179
öffentliche Meinung 31
Ökologie 29, 72, *252*
ökologische Bedingungen 29, 52
ökologisches Verhalten der Unternehmung 72
Operationalisierung 216
Operative Planung 39, 94, *114*
- Aufgaben 114
- Zeitraum 114
- Ablauf 115, 116
- Teilpläne 115
Organigramm 189
Organisation 40, *139*, 145
- situative Gestaltung 170
Organisations-
-~ entwicklung (OE) 140, *179*, 261
-~ handbuch 194
-~ konzept, situatives 140
-~ kultur 26, 40, 102, 179, 180, 183
-~ methodik 184
-~ Mix 170
-~ modelle (Typ A/B) 172
-~ prinzipien
  - «Aufteilung der Leitung nach Dimensionen» 157
  - «direkter Weg» 156
  - «Einheit der Auftragserteilung» 155
  - Grundsatz der Delegation 165
  - «Spezialisierung der Leitung» 155

-~ problem 170
organisatorische Hilfsmittel 188
organisatorische Instrumentalvariablen 150
organisatorischer Wandel, geplanter 182
Organization Development
  (s. Organisationsentwicklung)
Partizipation 201
- im MbO 216
Partizipations-
-~ angebot 206
-~ erwartung 206, 209
-~ grad *193*, 205
peripherer Kapitalismus 74
Personalentwicklung 237
Personalpolitik 29
Persönlichkeitsautorität 24, 139, 200
Phasengliederung 153
Philosophie 49
PIMS-Programm 99, *103*
Planning-Programming-Budgeting-System (PPBS) 94
Planung 39, *89*
- Aufgabe 91
- Ausbildungs~ 237
- Bedarfsdeckungs~ (MD) 229
- Beschaffungs~ (MD) 237
- dispositive (s. dispositive P.) 96, *117*
- Durchführungs~ 96, *117*
- Einsatz~ 230
- Entwicklungs~ (MD) 229, *237*
- Kaderbedarfs~ 229, *235*
- Laufbahn~ 229, *242*
- Nachfolge~ 236
- operative (s. operative P.) 39, 94, *114*
- Organisation der ~ 96
- Projekt~ (s. Projektpl.) 96, *119*
- strategische (s. strateg. P.) 39, 94, *98*
Planungs-
-~ stabsstelle 97
-~ system 94, 95
politisch, Politik 65

politisch, Politik 65
Portfolio-
−~ Analyse 100, *105,* 258
−~ Management 100, 105
−~ Matrix 105, 106
−~ Selektion 105
Positionsautorität 24, 139, 200
PR (Public Relations) 50, 53, 86, 255
− PR-Funktion der schriftlichen Unternehmungspolitik 77
Prämissenkontrolle 112
Problemlösungsprozess 41
Problemprodukt 106
Product Management *159,* 177
Produkte, konvergierende/divergierende 178
Produkt/Markt-Dilemma 177
Produkt/Markt-Konzeption *80,* 159, 177
Produkt/Markt-Matrix 108
Produkt-Matrixorganisation 162
Produktionsplanung und -Steuerung (PPS) 27, *118*
Produktivität (als organisatorisches Ziel) 142
Professionalisierung (des Managements) *37,* 63, 252
Profit Center 38, *153,* 162
Prognose 91
Projekt 119, 154
−~ organisation 120, *156*
−~ struktur 120
−~ ablauf 121, 122
−~ manager 157
−~ planung 96, *119*
Projektierung
− Vor~ 120
− Detail~ 120
Prozessberatung (Process Consultation) 181
Prozesse
− Informationsverarbeitungsprozesse *41,* 146
− kognitive ~ 22
− Kommunikationsprozesse 146
− Leitungsprozesse 146
− operative ~ 146
− physische ~ 146
− Willensbildungsprozesse *41,* 58

Prozesssteuerung 27
Prozessstruktur *145*
Qualität (als strategischer Schlüsselfaktor) 103
Qualifikation 229, *232*
− einseitige/beidseitige 215, 234
Qualität des Lebens 54, 55
− sinkende 53, 73
Quasi-öffentliche Institution 16, *17,* 53, 62, 65
Rationalität, gesellschaftliche 61
«Raumschiff-Wirtschaft» 73
Rechnungswesen 130
Regelkreis 124
regionale Gliederung 152
Rekurs 219
Rentabilität des investierten Kapitals (ROI) 103, 126, 127
Reorganisationsprozess 181, 183, *184*
«Resistance to Change» 183, 186, 261
Ressourcen 40, 152, 239
−~ zuteilung, strategische 112, 172
Revision
− interne ~ 132
− externe ~ 132
Richtlinienkompetenz 149
Rolle 23
Routineprogrammierung (Routinisierung) 165, 166
Sanktion *24,* 149
satisficing solution 42
schwache Signale 113
«Scientific Management» 167, 173
Selbständigkeit (als Mitarbeiterziel) 143
Selbstkontrolle 167, 215, *217*
Selbstverwaltung 69
Sensitivitätstraining 181
Service-Stelle *156,* 162
Sicherheit (als Mitarbeiterziel) 143
Situations-
−~ analyse 19, *101*
−~ faktoren 19, 32, 96
−~ konzept 19, 32
situatives Denken *19*
Social Accounting 128

Social Audit 128
«Social sensitivity» 210
Sozial-
−∼ bilanz 128, 129
−∼ bericht 129
−∼ rechnung 129
Soziale
− Kosten 17, *52*, 57
  − Internalisierung sozialer Kosten *63*, 73, 76
− Verantwortung *56*, 59, 254
Sozialisation 22, 23, 251
Sparten(gliederung) 151, 152, 177
Stab-Linien-Organisation 156
Stabstelle 156
Standardisierung 165
«Standards of Performance 232
Standard-Software 166
Status 23
−∼ differenzierung 215
−∼ symbole 215
Stelle 149
Stellen-
−∼ beschreibung 148, *193*, 232
−∼ gruppe 150
Steuerung (s. dispositive Planung und Controlling) 117, 130, 131
Stimulus 20
Strategien
− Begriff 98
− Beurteilung 110
− Entwicklung 108
− Umsetzung 111
Strategische
− Erfolgspositionen (SEP) 109
− Erfolgspotentiale 108
− Faktoren *99*, 102, 103, 105
− Geschäftsfelder/-einheiten 105, *108*, 109
− Kontrolle 112
− Planung 39, 94, *98*
  − Ablauf 100, 101
  − Konzept 99
− Schlüsselfaktoren 101, 102
Strategisches Management 97, 100, *111*, 259
Strukturtypen 155
«Symptomvariablen» 151

Synergieeffekt 108
System 17
− mechanistisches 173
− multifunktionales *18*, 69, 74
− offenes *17*, 32
− organismisches 173
− soziotechnisches *18*, 36
System-
−∼ analyse 121, 122, 186
−∼ entwicklung 131
−∼ implementierung 187
−∼ philosophie 54
−∼ planung 121
−∼ technik 121
Subsystem *17*, 30, 176
Supersystem 17
Task Force (s. Projektorganisation) 157
Team-Entwicklung 181
Teamwork 214, 219
technisches Problem 41
Technologie 26
− Fertigungs∼ 27
− Informations∼ 27
T-Group 181
Theorie X und Y 262
Toleranzgrenzen (im MbE) 217
Training (s. auch Ausbildung)
− gruppendynamisches *180*, 211
− off-the-job 238
− on-the-job 238
Transportwege 150
Typ-A-/Typ-B-System 172
Umwelt
− aufgabenspezifische 28
− organisatorische (interne) 30, 210
− sozio-kulturelle 31
Umwelt-
−∼ analyse 94, *102*
−∼ druck 30
−∼ stabilität, Bedürfnis nach 211, 213, 220, 263
«Unfreezing» 186, 187
Ungewissheit 33
«Unité de doctrine» 77
Unternehmungs-
−∼ analyse 94, *101*
−∼ funktionen 16, *79*

- –~ kultur *26*, 112, 179, 203, 251
- –~ leitbild 39, 49, *50*
- –~ leitung (s. auch Management) 36
- –~ modelle 15, 16
- –~ philosophie *49*, 54
- –~ planung (s. Planung)
- –~ politik 39, 58, *65*
    - – Anforderungen 78
    - – Elemente 78
    - – Funktionen 77
    - – konsensorientierte *58*, 60, 183
    - – schriftliche Formulierung 77
- –~ verfassung 61, *62*, 254
- –~ ziele (s. auch Ziele) *81*, 216

Veränderungsbedürfnis 185
Verantwortlichkeit 148
Verantwortung *58*, 148
- – dialogische/monologische 58, 59
- – eisernes Gesetz der ~ 57
- – soziale *56*, 59, 60

Verbindungswege 150
Verfassung 61
Verhalten 20, 23
- – Free-Rider~ 58
- – problemlösendes 26
- – routiniertes 26
- – soziales 226

Verhaltens-
- –~ anpassung, Problem der 210
- –~ erwartungen 23, 139
- –~ flexibilität 210
- –~ «gitter» 204
- –~ grundsätze, unternehmenspolitische 83
- –~ qualifikation 233
- –~ steuerung 139, 140
- –~ training (s. Training, gruppendynamisches)

Verständigung 58, 60, 62
Verständigungspotential 60, *65*, 254
Vertretungskompetenz 149
«Verwissenschaftlichung des Managements» 51
Vetorecht 149
Vorstudie (beim Reorganisieren) 185

Wachstum
- – Grenzen des ~ 72, 86
- – Marktwachstum 103
- – qualitatives 73
- –~ sstrategien 108

Weltwirtschaftsordnung 76
Wertschöpfung 16
Wertschöpfungseinheit, Unternehmung als pluralistische *16*, 53
Wertschöpfungsrechnung 129
Wertsystem 50, 67
Wertvorstellungen 25, 50, 60, 112, 251
- – Priorität der wertenden Betrachtung 51
- – Ansatz managementphilosophischen Bewertens 55

Widerstand gegen Veränderung 183, 186
Willensbildungsprozess, normativer 41
Wirtschaftsprüfung 97, *132*
Wirtschafts- und Sozialphilosophie 49
Working Capital Management 118
Zeitdruck 206, 210
Zeithorizont
- – im MbO 217
- – der Nachwuchserfassung 235
- – der strateg. Planung 96, 99

Zentralisation 151
Zero-Base Budgeting 94
Ziel *81*
- –~ integration 199
- –~ katalog 81
- –~ konflikt 57, 76, 78, *144*
- –~ lücke 107
- –~ system 17, 83
- –~ wirkungskontrolle 188
- – Instrumentalziele 141
    - – Aufgabenziele 142
    - – Mitarbeiterziele 143
- – oberste Unternehmungsziele *81*, 92, 98, 216
- – Unterziele 83, 216

Zweck, wirtschaftlicher 78, 79
Zweck-Mittel-Analyse 41

Portfolio-
-~ Analyse 100, *105,* 258
-~ Management 100, 105
-~ Matrix 105, 106
-~ Selektion 105
Positionsautorität 24, 139, 200
PR (Public Relations) 50, 53, 86, 255
- PR-Funktion der schriftlichen Unternehmungspolitik 77
Prämissenkontrolle 112
Problemlösungsprozess 41
Problemprodukt 106
Product Management *159,* 177
Produkte, konvergierende/divergierende 178
Produkt/Markt-Dilemma 177
Produkt/Markt-Konzeption *80,* 159, 177
Produkt/Markt-Matrix 108
Produkt-Matrixorganisation 162
Produktionsplanung und -Steuerung (PPS) 27, *118*
Produktivität (als organisatorisches Ziel) 142
Professionalisierung (des Management) *37,* 63, 252
Profit Center 38, *153,* 162
Prognose 91
Projekt 119, 154
-~ organisation 120, *156*
-~ struktur 120
-~ ablauf 121, 122
-~ manager 157
-~ planung 96, *119*
Projektierung
- Vor~ 120
- Detail~ 120
Prozessberatung (Process Consultation) 181
Prozesse
- Informationsverarbeitungsprozesse *41,* 146
- kognitive ~ 22
- Kommunikationsprozesse 146
- Leitungsprozesse 146
- operative ~ 146
- physische ~ 146
- Willensbildungsprozesse *41,* 58

Prozesssteuerung 27
Prozessstruktur *145*
Qualität (als strategischer Schlüsselfaktor) 103
Qualifikation 229, *232*
- einseitige/beidseitige 215, 234
Qualität des Lebens 54, 55
- sinkende 53, 73
Quasi-öffentliche Institution 16, *17,* 53, 62, 65
Rationalität, gesellschaftliche 61
«Raumschiff-Wirtschaft» 73
Rechnungswesen 130
Regelkreis 124
regionale Gliederung 152
Rekurs 219
Rentabilität des investierten Kapitals (ROI) 103, 126, 127
Reorganisationsprozess 181, 183, *184*
«Resistance to Change» 183, 186, 261
Ressourcen 40, 152, 239
-~ zuteilung, strategische 112, 172
Revision
- interne ~ 132
- externe ~ 132
Richtlinienkompetenz 149
Rolle 23
Routineprogrammierung (Routinisierung) 165, 166
Sanktion *24,* 149
peripherer Kapitalismus 74
Personalentwicklung 237
Personalpolitik 29
Persönlichkeitsautorität 24, 139, 200
Phasengliederung 153
Philosophie 49
PIMS-Programm 99, *103*
Planning-Programming-Budgeting-System (PPBS) 94
Planung 39, *89*
- Aufgabe 91
- Ausbildungs~ 237
- Bedarfsdeckungs~ (MD) 229
- Beschaffungs~ (MD) 237

- dispositive (s. dispositive P.) 96, *117*
- Durchführungs~ 96, *117*
- Einsatz~ 230
- Entwicklungs~ (MD) 229, *237*
- Kaderbedarfs~ 229, *235*
- Laufbahn~ 229, *242*
- Nachfolge~ 236
- operative (s. operative P.) 39, 94, *114*
- Organisation der ~ 96
- Projekt~ (s. Projektpl.) 96, *119*
- strategische (s. strateg. P.) 39, 94, *98*

Planungs-
-~ stabsstelle 97
-~ system 94, 95

politisch, Politik 65

Portfolio-
-~ Analyse 100, *105,* 258
-~ Management 100, 105
-~ Matrix 105, 106
-~ Selektion 105

Positionsautorität 24, 139, 200
PR (Public Relations) 50, 53, 86, 255
- PR-Funktion der schriftlichen Unternehmungspolitik 77
Prämissenkontrolle 112
Problemlösungsprozess 41
Problemprodukt 106
Product Management *159,* 177
Produkte, konvergierende/divergierende 178
Produkt/Markt-Dilemma 177
Produkt/Markt-Konzeption *80,* 159, 177
Produkt/Markt-Matrix 108
Produkt-Matrixorganisation 162
Produktionsplanung und -Steuerung (PPS) 27, *118*
Produktivität (als organisatorisches Ziel) 142
Professionalisierung (des Management) *37,* 63, 252
Profit Center 38, *153,* 162
Prognose 91
Projekt 119, 154
-~ organisation 120, *156*

-~ struktur 120
-~ ablauf 121, 122
-~ manager 157
-~ planung 96, *119*

Projektierung
- Vor~ 120
- Detail~ 120

Prozessberatung (Process Consultation) 181

Prozesse
- Informationsverarbeitungsprozesse *41,* 146
- kognitive ~ 22
- Kommunikationsprozesse 146
- Leitungsprozesse 146
- operative ~ 146
- physische ~ 146
- Willensbildungsprozesse *41,* 58

Prozesssteuerung 27
Prozessstruktur *145*
Qualität (als strategischer Schlüsselfaktor) 103
Qualifikation 229, *232*
- einseitige/beidseitige 215, 234
Qualität des Lebens 54, 55
- sinkende 53, 73
Quasi-öffentliche Institution 16, *17,* 53, 62, 65
Rationalität, gesellschaftliche 61
«Raumschiff-Wirtschaft» 73
Rechnungswesen 130
Regelkreis 124
regionale Gliederung 152
Rekurs 219
Rentabilität des investierten Kapitals (ROI) 103, 126, 127
Reorganisationsprozess 181, 183, *184*
«Resistance to Change» 183, 186, 261
Ressourcen 40, 152, 239
-~ zuteilung, strategische 112, 172

Revision
- interne ~ 132
- externe ~ 132

Richtlinienkompetenz 149
Rolle 23
Routineprogrammierung (Routinisierung) 165, 166

Sanktion *24*, 149
—~ modelle 15, 16
—~ philosophie *49*, 54
—~ planung (s. Planung)
—~ politik 39, 58, *65*
  – Anforderungen 78
  – Elemente 78
  – Funktionen 77
  – konsensorientierte *58*, 60, 183
  – schriftliche Formulierung 77
—~ verfassung 61, *62*, 254
—~ ziele (s. auch Ziele) *81*, 216
Veränderungsbedürfnis 185
Verantwortlichkeit 148
Verantwortung *58*, 148
 – dialogische/monologische 58, 59
 – eisernes Gesetz der ~ 57
 – soziale *56*, 59, 60
Verbindungswege 150
Verfassung 61
Verhalten 20, 23
 – Free-Rider ~ 58
 – problemlösendes 26
 – routiniertes 26
 – soziales 226
Verhaltens-
—~ anpassung, Problem der 210
—~ erwartungen 23, 139
—~ flexibilität 210
—~ «gitter» 204
—~ grundsätze, unternehmenspolitische 83
—~ qualifikation 233
—~ steuerung 139, 140
—~ training (s. Training, gruppendynamisches)
Verständigung 58, 60, 62
Verständigungspotential 60, *65*, 254
Vertretungskompetenz 149
«Verwissenschaftlichung des Managements» 51
Vetorecht 149
Vorstudie (beim Reorganisieren) 185

Wachstum
 – Grenzen des ~ 72, 86
 – Marktwachstum 103
 – qualitatives 73
—~ sstrategien 108
Weltwirtschaftsordnung 76
Wertschöpfung 16
Wertschöpfungseinheit, Unternehmung als pluralistische *16*, 53
Wertschöpfungsrechnung 129
Wertsystem 50, 67
Wertvorstellungen 25, 50, 60, 112, 251
 – Priorität der wertenden Betrachtung 51
 – Ansatz managementphilosophischen Bewertens 55
Widerstand gegen Veränderung 183, 186
Willensbildungsprozess, normativer 41
Wirtschaftsprüfung 97, *132*
Wirtschafts- und Sozialphilosophie 49
Working Capital Management 118
Zeitdruck 206, 210
Zeithorizont
 – im MbO 217
 – der Nachwuchserfassung 235
 – der strateg. Planung 96, 99
Zentralisation 151
Zero-Base Budgeting 94
Ziel *81*
—~ integration 199
—~ katalog 81
—~ konflikt 57, 76, 78, *144*
—~ lücke 107
—~ system 17, 83
—~ wirkungskontrolle 188
 – Instrumentalziele 141
   – Aufgabenziele 142
   – Mitarbeiterziele 143
 – oberste Unternehmungsziele *81*, 92, 98, 216
 – Unterziele 83, 216
Zweck, wirtschaftlicher 78, 79
Zweck-Mittel-Analyse 41

Betriebswirtschaft

Prof. Dr. Hans Ulrich (Hrsg.)

Management-Philosophie für die Zukunft

Gesellschaftlicher Wertewandel als Herausforderung an das Management

«Führung und Organisation der Unternehmung» Band 35. 128 Seiten mit 48 Zeichnungen. Kart. Fr. 38.–/DM 42.–

Die Umwelt der Unternehmung kann nicht auf den rein materiellen Aspekt der Güter, Ressourcen und Kapitalströme reduziert werden. Diese Erkenntnis der Einbettung der Unternehmung in eine geistige Umweltsphäre ist denn auch der entscheidende Ausgangspunkt für die in diesem Band zusammengestellten Arbeiten.

Prof. Dr. Emil Brauchlin (Hrsg.)

Konzepte und Methoden der Unternehmungsführung

«Führung und Organisation der Unternehmung» Band 36. 261 Seiten. Kart. Fr. 64.–/DM 74.–

Nach welchen Konzepten und Methoden führen schweizerische Manager ihre Unternehmungen?
Elf Dozenten an der Hochschule St. Gallen besprechen die teilweise überraschenden Ergebnisse einer breit angelegten Untersuchung in der schweizerischen Industrie.

Dr. Andreas Thommen

Innerbetriebliche Information

Kompendium der betrieblichen Kommunikation

187 Seiten. Kart. Fr. 38.–/DM 44.–

In Zukunft gibt es keine einsamen Entscheide der obersten Betriebshierarchie mehr, sondern nur noch gemeinsam erarbeitete, auf gut informierten und motivierten Mitarbeitern aller Stufen basierende Unternehmungsentscheide. Von der qualifizierten innerbetrieblichen Information hängt künftig die Existenz der Betriebe ab.

Prof. Dr. Karl-Klaus Pullig

Brevier der Konferenztechnik

Ein Handbuch für Arbeitsgruppen

«Praktische Betriebswirtschaft» Band 9. 150 Seiten mit 63 Abb. Kart. Fr. 19.–/DM 23.–

Konferenzen bzw. die Arbeit in Arbeitsgruppen werden von intellektuellen, psychologischen und handwerklich-organisatorischen Abläufen geprägt.

Verlag Paul Haupt Bern und Stuttgart

PD Dr. Peter Gomez

Modelle und Methoden systemorientierten Managements

«Management-Zentrum St. Gallen» Band 2. 300 Seiten mit 140 Zeichnungen. Ppbd. Fr. 68.–/DM 75.–

Dieses Buch ist eine Einführung in kybernetische und systemtheoretische Modelle und Methoden, die durch eine einfache Darstellung und eine Vielzahl von Beispielen das Systemdenken im Unternehmungszusammenhang näherbringt.

Prof. Dr. Hans Ulrich/Prof. Dr. Wilhelm Hill

Brevier des Rechnungswesens

«Praktische Betriebswirtschaft» Band 2. 5. überarbeitete Auflage. 116 Seiten. Kart. Fr. 15.80/DM 17.50

Diese Schrift dient als Einführung in das weite Gebiet des neuzeitlichen Rechnungswesens und vermittelt vor allem auch jenen Unternehmungsangehörigen, welche mit der Auswertung der Rechnungsergebnisse zu tun haben, einen Überblick über Zwecke und Verfahren des Rechnungswesens.

Prof. Dr. Meinolf Kleine

Das betriebswirtschaftliche Hochschulstudium

Didaktisch-methodische Analyse und curriculare Elemente.

211 Seiten. Kart. Fr. 25.50/DM 28.–

In Anlehnung an Konzeptionen der Erziehungswissenschaften werden in dieser Publikation Überlegungen zu einem Curriculum der Betriebswirtschaftslehre entwickelt.

Prof. Dr. Meinolf Kleine

Fallstudien im betriebswirtschaftlichen Hochschulunterricht

Didaktisch-methodische Probleme einer aktiven Lehrmethode

269 Seiten. Kart. Fr. 30.–/DM 34.–

Aus der Analyse der Fallmethode und ihrer Anwendungsprobleme im betriebswirtschaftlichen Hochschulunterricht heraus werden Vorschläge – zusammengefasst zu Checklisten – für die Gestaltung von Fallstudienveranstaltungen im Rahmen betriebswirtschaftlicher Hochschullehre entwickelt.

PD Dr. Werner R. Müller

Führung und Identität

204 Seiten mit 25 Abb. Kart. Fr. 35.–/DM 39.–

Ein Entwurf für eine andere Sichtweise von Führung, der neue Forschungs- und Handlungsperspektiven im Bereich der Führung eröffnet.

Verlag Paul Haupt Bern und Stuttgart

Organisation

Dr. Friedrich Glasl
Konfliktmanagement
Diagnose und Behandlung von Konflikten in Organisationen

«Organisationsentwicklung in der Praxis» Band 2. 535 Seiten mit 50 Abb. Kart. Fr. 88.—/DM 98.—

Das Buch bringt — vorwiegend aus dem Blickwinkel der praktischen Konflikttherapie — ein Modell der Typologie von Konflikten und der Diagnose von Konflikten in Organisationen.

Prof. Dr. Wilhelm Hill/Dr. Raymond Fehlbaum/Dr. Peter Ulrich
Organisationslehre 1 + 2
Ziele, Instrumente und Bedingungen der Organisation sozialer Systeme.

3. verbesserte Auflage. «Uni-Taschenbücher» Band 259: 367 Seiten, 45 graph. Darst. und 1 Falttafel. Kart. DM 22.80

«Uni-Taschenbücher» Band 365: 274 Seiten, 19 graph. Darst. und 1 Falttafel. Kart. DM 22.80

Prof. Dr. B. C. J. Lievegoed
Organisationen im Wandel
Eine praktische Führung sozialer Systeme in der Zukunft

«Führung und Organisation der Unternehmung» Band 19. 194 Seiten. Geb. Fr. 48.—/DM 53.—

Dr. F. Glasl/Dipl. Ing. L. de la Houssay
Organisationsentwicklung
Das Modell des Niederländischen Instituts für Organisationsentwicklung (NPI) und seine praktische Bewährung

231 Seiten mit 17 graph. Darst. Kart. Fr./DM 42.80

Dr. Edgar Fluri
Massnahmenplanung in der Management-Ausbildung
239 Seiten. Kart. Fr. 42.—/DM 50.—

Verlag Paul Haupt Bern und Stuttgart

Schriftenreihe
Unternehmung und Unternehmungsführung

Band 1: Prof. Dr. Hans Ulrich

Die Unternehmung als produktives soziales System

Grundlagen der allgemeinen Unternehmungslehre
2. Auflage. Vergriffen

Band 2: Dr. Walter Krieg

Kybernetische Grundlagen der Unternehmungsgestaltung

177 Seiten, 12 Zeichnungen, gebunden Fr. 38.— /DM 42.—

Band 3: Dr. Matthias Steinbrüchel

Die Materialwirtschaft der Unternehmung

244 Seiten, gebunden Fr. 38.— /DM 42.—

Band 4: PD Dr. Bruno Bircher

Langfristige Unternehmungsplanung

Konzepte, Erkenntnisse und Modelle auf systemtheoretischer Grundlage
Vergriffen

Band 5: Prof. Dr. Emil Brauchlin

Problemlösungs- und Entscheidungsmethodik

Eine Einführung
Vergriffen

Band 6: Prof. Dr. Hans Ulrich

Unternehmungspolitik

246 Seiten, 62 Abbildungen, kart. Fr. 38.— /DM 42.—

Verlag Paul Haupt Bern und Stuttgart

Band 7: PD Dr. Peter Gomez

Die kybernetische Gestaltung des Operations Managements

Eine Systemmethodik zur Entwicklung anpassungsfähiger Organisationsstrukturen
268 Seiten, 87 Zeichnungen, kart. Fr. 44.–/DM 48.50

Band 8: PD Dr. Fredmund Malik

Praxis des systemorientierten Management

Festschrift zum 60. Geburtstag von Prof. Dr. h.c. Hans Ulrich
258 Seiten, 44 Zeichnungen, 1 Frontispiz, kart. Fr. 38.–/DM 42.–

Band 9: Prof. Dr. Charles Lattmann

Die verhaltenswissenschaftlichen Grundlagen der Führung des Mitarbeiters

565 Seiten, kart. Fr. 84.–/DM 98.–

Band 10: Prof. Dr. Cuno Pümpin

Management strategischer Erfolgspositionen

Das SEP-Konzept als Grundlage wirkungsvoller Unternehmungsführung
217 Seiten, 40 Zeichnungen, Pappband Fr. 58.–/DM 68.–

Band 11: Prof. Dr. Hans Siegwart/Dr. Gilbert J. B. Probst (Hrsg.)

Mitarbeiterführung und gesellschaftlicher Wandel

Die kritische Gesellschaft und ihre Konsequenzen für die Mitarbeiterführung
312 Seiten, 36 Zeichnungen, Pappband Fr. 58.–/DM 68.–

Band 12: PD Dr. Fredmund F. Malik

Strategie des Managements komplexer Systeme

Ein Beitrag zur Management-Kybernetik evolutionärer Systeme
480 Seiten, Pappband Fr. 75.–/DM 90.–

Weitere Bände in Vorbereitung

Verlag Paul Haupt Bern und Stuttgart

Karl Weber/Richard Trzebiner/Horst Tempelmeier

Simulation mit GPSS

Lehr- und Handbuch zu GPSS (General Purpose Simulation System) mit wirtschaftswissenschaftlichen Anwendungsbeispielen.

489 Seiten, 72 Zeichnungen, 71 Tabellen, kart. Fr. 68.–/DM 78.–

Karl Weber/Carl Wolfram Türschmann

FOSBIC-Compiler

Ein BASIC-Compilersystem auf FORTRAN-Basis.

«BASIC-Software» 1.
224 Seiten mit vielen Zeichnungen und Compiler-Ausdrücken, kart. Fr. 40.–/ DM 31.–

Karl Weber

BASIC für Anfänger

«BASIC-Software» 2.
153 Seiten mit 17 Abb. und 4 Tab., kart. Fr. 28.–/DM 31.–

Karl Weber

BASIC Programmier-Richtlinien für Austauschprogramme

«BASIC-Software» 3.
81 Seiten, kart. Fr. 30.–/DM 33.–

Institut für Informatik der Universität Zürich

EDV-Pflichtenhefte

Wegleitung für die Erstellung von EDV-Pflichtenheften

Computer-Beschaffungsprojekte sind anspruchsvoll und aufwendig und verlangen beträchtliche Investitionen an Geld und Arbeit. Im gesamten Beschaffungsorgan eines Computers oder einer Lösung ist das Pflichtenheft deshalb ein bedeutendes Element. Es muss ein Maximum an relevanten Informationen bieten. Aufbau und Substanz des Pflichtenheftes bestimmen sehr stark die Aussagekraft und den Wert der Offerte. Auch wird das Gelingen des geplanten Projektes nicht unwesentlich beeinflusst.

«Schriftenreihe des Instituts für Informatik der Universität Zürich» 4.
2. Auflage, 173 Seiten, kart. Fr. 28.–/DM 34.–

Institut für Informatik der Universität Zürich

EDV-Kennzahlen

Praxisbezogenes Instrumentarium zur Beurteilung der EDV-Wirtschaftlichkeit.
Mit Beiträgen von Walter J. Bruhin, Felix Brunner, Richard Heinzer, Hans Peter Koch, Gabriel G. Minder, Peter Nagel, Peter Nussbaumer, Reinhard Schretter jun., Edgar Vöhler, Heinz Waldburger.

«Lohnt sich unsere EDV eigentlich?» Um die für den Einsatz der EDV Verantwortlichen bei der Beantwortung dieser Frage zu unterstützen, hat die SVD ein Kennzahlen-System erarbeitet, das für eine betriebseigene, differenzierte und sachgerechte Beurteilung der Wirtschaftlichkeit, getrennt nach Kosten, Leistung, Nutzen, der EDV bildet.

«Schriftenreihe des Instituts für Informatik der Universität Zürich» 2. 2. Auflage, 122 Seiten, kart. Fr. 24.50/DM 27.–

Verlag Paul Haupt Bern und Stuttgart